스포츠와 ESG
지속 가능한 가치와 미래

스포츠와 ESG
지속 가능한 가치와 미래

저자　정인욱 · 김도균

초판 1쇄 발행 / 2024년 12월 27일

발행인 / 양원석
발행처 / DH미디어
신고번호 / 제2017-000022호
전화 / (02)2267-9731
팩스 / (02)2271-1469
디자인 / 최연정

ISBN 979-11-90021-53-1 93690
정가 25,000원

※ 이 책의 저작권은 DH미디어가 소유합니다. 저작권법에 의하여 대한민국 내에서 보호받는 저작물이므로 DH미디어의 사전 서면 허가 없이 이 도서의 일부라도 전자, 기계, 복사, 기록 또는 다른 방법으로 복사하거나 전송할 수 없습니다.
※ DH미디어는 대한미디어의 취미, 실용, 스포츠 전문 브랜드입니다.
※ 잘못 만들어진 책은 구입처 및 DH미디어 본사에서 교환해 드립니다.

Environmental · Social · Governance

스포츠와 ESG
지속 가능한 가치와 미래

저자 정인욱 · 김도균

DH 미디어

/ 머리말 /

ESG 경영은 선택이 아닌 필수
스포츠에도 ESG 도입을 위한 카운트다운이 시작되었다

　스포츠 현장에서의 경험을 토대로 작성한 이 책은 국내외 프로스포츠 구단과 스포츠 관련 공공기관이 ESG(환경, 사회, 지배구조) 경영 원칙을 어떻게 구현하고 있는지, 그리고 그 필요성에 대해 심도 있게 다루고자 한다. 오늘날 ESG 경영은 단순히 기업의 지속가능성을 평가하는 지표를 넘어 사회 전반에 걸쳐 책임 있는 운영과 투명한 경영을 요구하는 필수요소로 자리 잡고 있다. 스포츠 분야 역시 예외가 아니며, 프로스포츠 구단과 공공기관은 ESG 원칙을 통해 더 나은 사회를 만들기 위해 노력하고 있다.

　스포츠는 단순히 경기의 승패를 넘어서 지역사회와의 관계를 형성하고, 팬들과 소통하며, 환경을 보호하는 등 여러 방면에서 중요한 역할을 수행하고 있다. 일반적으로 스포츠는 실용적이고 문화적인 수준에서 행동 변화를 이끄는 기후위기를 해결하기 위한 핵심 도구다. 스포츠를 사랑하는 전 세계 수백만 명에게 쉽게 다가갈 수 있지만(그들의 환경에 대해 점점 더 우려하고 있음), 지금 우리가 처한 환경문제, 사회 문제, 지배구조 문제에 대해서는 다시 한번 생각해봐야 할 시기다.

스포츠 구단들은 지속가능한 경기 운영을 위해 친환경 에너지 사용, 재활용 프로그램 도입, 플라스틱 사용 줄이기 등의 노력을 기울이고 있으며, 이러한 노력은 구단의 브랜드 가치를 높이고 팬들의 지지를 얻는 데 크게 기여하고 있다. 또한, 스포츠는 다양한 사회공헌활동 및 각종 교육 프로그램을 운영하며 지역사회와 긴밀한 관계를 통해 긍정적인 영향을 미치고 있다. 청소년 스포츠 프로그램 지원, 지역사회와 함께하는 봉사활동, 소외계층 지원 등은 스포츠와 지역사회가 함께 성장할 수 있는 중요한 요소다.

스포츠 관련 공공기관 역시 국가 및 지역 단위에서 스포츠의 사회적 가치를 극대화하는 데 중요한 역할을 하고 있다. 이들은 스포츠를 통해 건강한 생활을 촉진하고, 사회적 통합을 도모하며, 공정한 경기 문화를 조성하는 데 앞장서고 있다. 공공기관은 다양한 스포츠 프로그램을 통해 모든 계층의 사람들이 스포츠에 참여할 수 있도록 지원하고, 이를 통해 사회적 불평등을 해소하는 데 기여하고 있으며, 다양한 스포츠 시설의 친환경적 개선과 지속가능한 관리 방안을 추진하여 환경보호에 앞장서고 있다.

미래의 스포츠 ESG 경영은 몇 가지 도전과제에 당면해 있다. 먼저 ESG 원칙의 실질적 구현이 어렵다는 점이다. 많은 구단과 기관이 ESG 원칙을 채택하고 있지만, 이를 실제 운영에 적용하는 데는 시간과 비용이 필요하다. 그리고 ESG 평가에 대한 객관성 확보가 필요하다. 현재 ESG 평가 기준은 다양하고 복잡하며, 이는 구단과 기관이 실제로 얼마나 지속가능하게 운영되고 있는지 정확하게 판단하기 어렵게

한다. 지속가능한 발전을 위한 장기적 관점이 필요하다. 단기적인 성과에 급급한 나머지 장기적인 환경보호와 사회적 책임을 간과할 위험이 있다.

이 책은 이러한 도전 과제들을 극복하고, 스포츠 분야에서 ESG 경영에 대한 원칙을 성공적으로 구현하기 위한 사례와 방안을 제시하고자 한다. 국내외 프로스포츠와 스포츠 관련 공공기관, 스포츠 관련 협회의 다양한 사례를 통해 스포츠가 어떻게 더 나은 세상을 만드는 데 기여할 수 있는지에 대해 깊이 있게 고민하고 탐구할 것이며, 이를 통해 독자들은 스포츠가 구현하는 사회적 역할과 환경의 중요성을 재인식하고, 지속가능한 미래를 위한 스포츠의 역할에 대해 다시 한번 생각해보는 계기가 되기를 바란다.

- 저자 일동 -

/ 추천사 /

스포츠와 ESG, 이 두 단어를 하나로 연결 지을 때 어떤 시너지가 가능할지 궁금했던 분들에게 이 책은 필독서입니다. 저자는 스포츠가 단순한 엔터테인먼트를 넘어 사회적 책임과 환경적 지속가능성에서 얼마나 중요한 역할을 수행할 수 있는지를 설득력 있게 보여줍니다. ESG 경영의 원칙을 스포츠 현장에 실질적으로 적용하는 방안과 글로벌 사례를 통해 독자들에게 새로운 시각을 열어줄 것입니다.

― 유승민 전 IOC 위원

스포츠와 ESG를 하나로 묶어 지속가능한 가치를 창출할 방법을 찾고 있다면, 이 책만큼 좋은 가이드가 없습니다. 특히 국내와 해외의 다양한 사례를 통해 ESG 원칙이 스포츠 산업에 어떻게 적용되고 있는지 생생하게 보여줍니다. 스포츠의 미래를 고민하는 모든 이들에게 이 책은 명확한 방향성과 영감을 제공합니다.

― 윤순진 서울대학교 환경대학원 원장

스포츠와 ESG의 융합은 단순한 트렌드를 넘어 필연적 과제로 자리 잡고 있습니다. 이 책은 이러한 변화를 선도하며 스포츠 산업에서 ESG 경영이 가지는 가치를 다각도로 조명합니다. 글로벌 스포츠의 성공적인 사례와 더불어 국내 스포츠가 나아가야 할 방향성을 제시하며, 독자들에게 실행 가능한 통찰을 제공합니다. 미래 스포츠 산업의 길잡이가 될 이 책을 적극 추천합니다.

- 홍충선 경희대학교 부총장

스포츠는 개인과 사회를 건강하게 만드는 힘을 갖고 있습니다. 국내 최고의 스포츠 경영학자 김도균 교수와 프로 스포츠 현장 전문가 정인욱 저자는 이 책을 통해 스포츠가 가진 위대한 힘을 이끌어내는 탁월한 능력을 활용하여 스포츠 ESG의 현장을 잘 보여주는 현장 지침서가 될 것입니다.

- 조현재 전 국민체육진흥공단 이사장

스포츠 현장에서 환경, 사회, 지배구조를 실천적으로 풀어낸 소중한 지침서입니다. 스포츠가 단순한 경기와 오락을 넘어 지속가능한 미래를 위한 가치를 창출하는 방법을 제시하며, 현장 전문가부터 학계, 스포츠 정책 관련자까지 모두에게 필요한 필독서로 자리할 것입니다. 이 책을 통해 스포츠와 ESG가 만들어 낼 밝은 미래를 함께 그려보시기 바랍니다.

- 오경록 경희대학교 체육대학원장

스포츠와 ESG'의 발간을 진심으로 축하드립니다. 사회와 환경의 긍정적인 변화를 이끄는 스포츠와 ESG의 지향점은 맞닿아 있다고 생각합니다. 이 책이 장애인스포츠를 포함한 모든 체육인들에게 통찰을 주고 미래를 향하는 지침서가 되길 바랍니다.

- 정진완 대한장애인체육회 회장

스포츠가 국가 지속가능발전에 중요한 역할을 하는 시대입니다. 국내 스포츠산업 발전과 스포츠 인재양성에 힘써온 저자들의 풍부한 경험과 전문성을 담아 출간한 이번 역저는 대한민국의 지속가능성을 향해 스포츠가 사회적 자산으로서 가능성을 찾는데 훌륭한 지침서가 될 것입니다.

- 정순표 한국뉴미어그룹 · ESG 행복경제연구소 회장

스포츠를 사랑하는 팬부터 산업 전문가까지 모두에게 영감을 줄 책이 나왔습니다. '스포츠와 ESG: 지속가능한 가치와 미래'는 스포츠 산업이 ESG 원칙을 통해 어떻게 사회적 책임을 다하며, 환경 보호와 지배구조 개선을 동시에 실현할 수 있는지에 대해 심도 있게 탐구합니다. 공공 스포츠와 프로 스포츠, 국내외 사례를 풍부하게 담아 독자로 하여금 새로운 관점과 실천적 통찰을 제공하는 이 책은 ESG 경영의 중요성과 가능성을 스포츠라는 강력한 플랫폼을 통해 풀어낸 서적입니다.

- 이한경 한국체육학회장

스포츠 산업의 미래를 고민하는 이들에게 이 책은 등대와 같습니다. 환경 보호, 사회적 책임, 그리고 투명한 지배구조라는 ESG 원칙이

스포츠 현장에서 어떻게 구현되고, 이를 통해 지속가능한 성과를 낼 수 있는지를 세밀히 분석합니다. 스포츠를 단순히 경기와 팬덤으로만 보던 시각에서 벗어나, 새로운 가능성을 발견하게 만드는 이 책은 스포츠와 ESG를 고민하는 모든 독자들에게 강력히 추천합니다.

- 이진숙 동아오츠카 마케팅본부 전무이사

스포츠를 통해 환경과 사회, 그리고 기업의 투명성을 논하다니, 이보다 더 흥미로운 주제가 있을까요? 저자는 스포츠 산업에서 ESG의 도입이 필수적인 이유를 설득력 있게 풀어내며, 환경 보호에서 지역사회 기여, 지배구조 개선까지 스포츠가 수행할 수 있는 역할을 명확히 제시합니다. 이 책은 스포츠와 ESG가 만들어 낼 지속가능한 미래의 청사진을 독자들에게 선물합니다.

- 정영재 중앙일보 스포츠기자

스포츠는 사람들을 하나로 묶는 힘을 가진 특별한 플랫폼입니다. 이 책은 그 힘을 ESG라는 가치와 결합시켜 어떻게 지속가능한 미래를 만들어갈 수 있는지에 대한 구체적인 비전을 제시합니다. 다양한 사례와 깊이 있는 분석은 독자들로 하여금 스포츠의 사회적, 환경적 책임을 다시 생각하게 만들고, 스포츠가 앞으로 나아가야 할 길에 대해 깨닫게 합니다. 스포츠와 ESG의 미래를 설계하고자 한다면 반드시 읽어야 할 책입니다.

- 민경혁 ㈜남이섬 대표이사

Environmental · Social · Governance

CONTENTS

PART 1 스포츠와 ESG
    01 스포츠와 ESG 18
    02 E: 스포츠 현장의 환경(Environmental) 23
    03 S: 스포츠의 역할과 사회적 책임(Social) 25
    04 G: 스포츠의 핵심목표 지배구조(Governance) 28

PART 2 스포츠의 변화는 ESG로부터
    01 스포츠의 지속가능성과 ESG 경영 34
    02 ESG 경영이 스포츠에 미치는 영향 37
    03 스포츠 ESG 경영의 외면 39
    04 프로스포츠, ESG 경영을 실천하다 41
    05 코로나19 이후의 뉴노멀, 스포츠 ESG 43
    06 프로스포츠 구단의 사회적 책임과 지속가능성 46

PART 3 ESG 탄생과 시작
    01 주주 자본주의 vs. 이해관계자 자본주의 50
    02 비즈니스라운드테이블(BRT) / 세계경제포럼 55
    03 ESG 변화의 서막 58
    04 ESG 경영을 부추긴 장본인 61

PART 4 모두가 잘사는 상생 키워드 '스포츠 ESG'
    01 스포츠와 ESG 경영을 위한 상생 전략 68
    02 K-스포츠 ESG 얼라이언스 구축 71
    03 탄소중립 달성을 위한 전략 74
    04 폐기물 관리 및 재활용을 위한 전략 77
    05 지속가능한 자원 활용을 위한 전략 81

06 상생을 위한 스포츠 ESG의 국내 사례 84
07 상생을 위한 스포츠 ESG의 해외 사례 87

PART 5 메가스포츠 ESG

01 국제올림픽위원회(IOC)의 ESG 경영 92
02 국제축구연맹(FIFA)의 ESG 경영 119

PART 6 뒷북치는 스포츠 ESG

01 무늬만 흉내 내는 ESG 그린워싱 135
02 홍보 수단으로 전락한 스포츠 ESG 147

PART 7 CSR에서 ESG까지

01 기업의 사회적 책임(CSR)과 공유가치 창출(CSV) 159
02 비재무적 측면의 중요성 161
03 기업의 사회적 책임과 지속가능경영 163
04 스포츠 산업에서 CSR과 ESG 166

PART 8 넷제로(Net Zero)를 향한 스포츠 탄소중립

01 '탄소중립 리그' 시대를 향한 도약 171
02 스포츠 현장의 탄소중립 173
03 프로스포츠 구단의 탄소중립 178
04 탄소중립을 위한 스포츠의 사회적 책임 182
05 지속가능한 재료로 만드는 건강한 스포츠 환경 184
06 탄소중립을 우선으로 생각하는 장비개발 186
07 스포츠 스폰서도 친환경, 탄소중립 성적표 제출 188
08 경기 서비스 가치사슬의 탄소배출 190

Environmental · Social · Governance

PART 9　스포츠 ESG의 우선순위
- 01　스포츠 ESG의 현재와 미래 과제　195
- 02　ESG 실천의 긍정적 효과와 미래 방향성　197

PART 10　앞서가는 ESG, 스포츠의 대응
- 01　국제기구 ESG　202
- 02　국내 스포츠 ESG　207
- 03　해외 스포츠 ESG　213

PART 11　스포츠 ESG, 비재무적 평가지표
- 01　ESG 평가지표 현황　227
- 02　국내 ESG 평가지표　233
- 03　해외 ESG 평가지표　238
- 04　스포츠 ESG 평가지표 예시　246

PART 12　국내 스포츠 ESG
- 01　공공기관　253
- 02　프로스포츠 구단　267
- 03　스포츠용품 기업　287
- 04　일반기업　301

PART 13 해외 스포츠 ESG

- 01 미국 프로스포츠 306
- 02 영국 프로스포츠 - 프리미어리그(EPL) 315
- 03 스페인 프로스포츠 - 라리가(La Liga) 329
- 04 프랑스 프로스포츠 333
- 05 독일 프로스포츠 341
- 06 이탈리아 프로스포츠 348

PART 14 행복을 꿈꾸는 스포츠 ESG

- 01 스포츠, ESG 활동의 새로운 가능성을 보다 357
- 02 스포츠, 사회 변화의 선봉에 서다 359
- 03 환경오염으로 인해 다가오는 미래 361
- 04 동계 스포츠 존폐위기, 운명의 카운트다운 363
- 05 스포츠 ESG 경영 실천 이유와 효과 365
- 06 스포츠 ESG 경영의 간접적인 효과 369

PART 15 ESG와 함께하는 미래 스포츠 세상

- 01 스포츠 ESG의 부정적인 부분 375
- 02 ESG가 스포츠에 미칠 영향 예측 376

- ■ ESG 주요 단어 379
- ■ 참고자료 381
- ■ 저자 소개 391

Environmental · Social · Governance

Part 1

스포츠와 ESG

01 스포츠와 ESG
02 E: 스포츠 현장의 환경(Environmental)
03 S: 스포츠의 역할과 사회적 책임(Social)
04 G: 스포츠의 핵심목표 지배구조(Governance)

01
스포츠와 ESG

우리가 살고 있는 세상은 점점 불안정해지고 있다. 시간이 가면 갈수록 이해할 수 없는 이상한 현상들이 벌어지고 있다. 2022년 파키스탄 영토의 1/3이 잠겨 3천만 명의 이재민이 발생한 홍수가 대표적이다. 캘리포니아 등 북미 서부지역에서 이전보다 빈번하게 발생하고 있는 대규모 산불 역시 그중 하나로, 캘리포니아주 최대의 손해보험사 스테이트 팜은 주택에 대한 신규 손해보험 인수를 중단하기에 이르렀다.

스포츠 현장에서도 이러한 현상은 계속해서 진행되어왔다. 2014년 영국의 잔디 경기장은 악천후로 인해 시즌당 평균 5주 동안 손실을 입었고, 경기장의 3분의 1이 시즌당 2개월에서 3개월 정도 기간의 손실을 보았다. 2015~2016시즌에는 악천후로 인해 20개 이상의 축구 리그 경기가 취소되었다. 잉글랜드 칼라일을 연고로 하는 칼라일 유나이티드 구단은 태풍 데스몬드(Desmond)로 인해 거의 20만 파운드(한화 약 3억 원)의 비용으로 49일 동안 홈그라운드를 사용하지 못했다. 또한, 2020년 태풍 시아라(Ciara)로 인해 프리미어리그 1경기와 여자 슈퍼리그 6경기가 취소되었다. 사회적으로도 불안정한 일들이 많이 일어나고 있다. 이러한 사회적인 현상과 문제점으로 인해 ESG 경영의 중요성이 더욱 이슈화되는 이유이기도 하다.

실제로 프리미어리그 축구장의 약 4분의 1이 향후 30년 이내에 홍수 위험에 직면할 것으로 예상된다는 보고가 있다. 유지하기가 불가능하다는 이야기가 나오는 경기장으로는 첼시의 스탬퍼드 브리지, 웨스트햄의 올림픽 스타디움, 사우스햄튼의 세인트 메리즈, 그리고 노리치의 캐로로드가 있다. 특히 헐시티와 카디프시티의 경기장은 2050년까지 완전히 물에 잠길 우려가 있어 더욱 큰 위험에 처해 있는 것을 확인했다. 기후변화에 대처하는 프리미어리그의 적극적인 대응은 더 이상 단순한 마케팅 전략이 아닌, 구단의 생존을 위한 필수적인 선택이 되었다. 이미 많은 프리미어리그 구단들은 지속가능한 축구를 위해 탄소중립을 실천하고 있다. 그중에서도 토트넘 홋스퍼 스타디움은 독보적인 친환경 행보로 주목받고 있다.

앞의 사례에서 보듯 스포츠와 ESG 경영은 아주 긴밀한 관계를 형성하고 있다. 스포츠계에서는 크고 작은 많은 조직과 기관들이 이미 지속가능성에 적극적으로 관여하고 있으며, 일반적으로 환경에 초점을 둔 '환경(Greening) 이니셔티브' 또는 더 광범위한 지역사회의 가치 있는 대의를 지지하는 '사회적 책임(Social Responsibility)' 프로젝트 중 하나로 분류되는 경향이 있다. 따라서 스포츠가 가지고 있는 특수성을 활용하여 ESG 경영 요인을 스포츠 현장에 적용하는 방법에 대해 고민해야 한다. 지구가 아파하고 있다. 사회가 병들고 있다. 기업이 병들고 있다. 이러한 현상은 우리가 살고 있는 곳곳에서 벌어지고 있으며, 그대로 방치하기에는 미래 세대에게 더욱 심각하다.

사람들은 착해 보이기 위한 수단으로 ESG 경영을 하는 것이라고 이야기한다. ESG 경영은 지구를 지키기 위해 환경을 보호하고 취약계층을 돕고 다 함께 잘사는 사회를 만들기 위한 사회적 가치 실현을 하며, 기업은 윤리적이고 투명한 경영을 함으로써 더 나은 세상을 만들기 위한 수단으로 여기고 있기 때문이다. 하지만 ESG는 착하지 않다. 착한 ESG에 대해 논하는 것은 올바른 접근법이 아니다. ESG 경영은 미래 세상을 준비하는 필수요소라는 접근이 더 올바를 것이다. 그렇다면 ESG와 스포츠는 어떠한 연관성이 있는 것일까? 우리가 접하고 있는 스포츠는 ESG와 어떠한 연관성이 있는지 궁금하다.

ESG는 환경(Environmental), 사회(Social), 지배구조(Governance)의 영문 첫 글자를 조합한 단어로, 기업 경영에서 지속가능성을 달성하기 위한 세 가지 핵심 요소다. ESG 경영은 단순히 기업의 사회적 책임만이 아니라, 장기적인 성장동력 확보에도 기여한다. 투자자들은 재무적 성과뿐 아니라 ESG 경영 실적도 기업 평가의 중요한 요소로 고려하고 있기 때문이며, ESG 경영을 통해 기업은 환경오염 및 사회적 문제 발생 위험을 줄이고, 직원들의 사기와 생산성을 향상시킬 수 있다는 장점이 있다. 국제적으로 기업 경영 패러다임의 전환을 불러왔고, 국내적으로도 기업 경영의 새로운 트렌드로 인식되고 있다. SK그룹의 최태원 회장은 2020년부터 공식적인 자리에서 ESG 경영의 중요성을 강조하는 모습을 보였다. ESG 경영을 강조하며 SK 와이번스 프로야구단 매각과 ESG 경영의 상관성을 인정하는 시각이 대표적이다. 이렇듯 기업의 지속적인 성장 및 생존과 직결되는 핵심 가치와 연관된 스포츠 ESG를 구성하는 세부 요소들은 〈그림 1-1〉과 같다.

그림 1-1. 스포츠 ESG 요소별 개념 정리

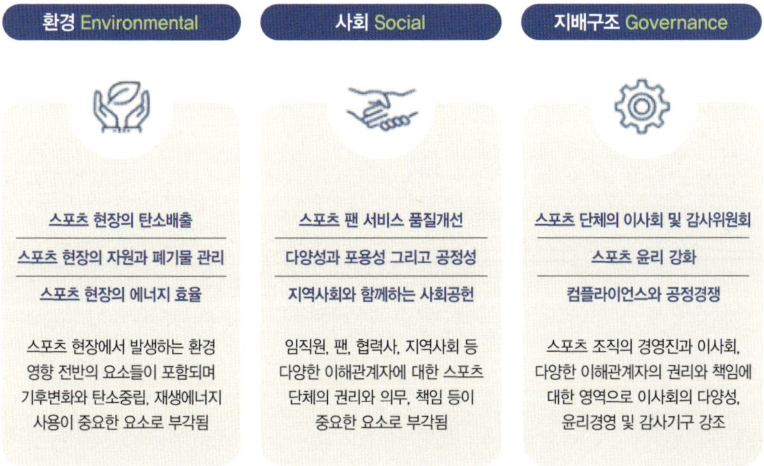

환경 Environmental	사회 Social	지배구조 Governance
스포츠 현장의 탄소배출	스포츠 팬 서비스 품질개선	스포츠 단체의 이사회 및 감사위원회
스포츠 현장의 자원과 폐기물 관리	다양성과 포용성 그리고 공정성	스포츠 윤리 강화
스포츠 현장의 에너지 효율	지역사회와 함께하는 사회공헌	컴플라이언스와 공정경쟁
스포츠 현장에서 발생하는 환경 영향 전반의 요소들이 포함되며 기후변화와 탄소중립, 재생에너지 사용이 중요한 요소로 부각됨	임직원, 팬, 협력사, 지역사회 등 다양한 이해관계자에 대한 스포츠 단체의 권리와 의무, 책임 등이 중요한 요소로 부각됨	스포츠 조직의 경영진과 이사회, 다양한 이해관계자의 권리와 책임에 대한 영역으로 이사회의 다양성, 윤리경영 및 감사기구 강조

출처: 저자 재구성

1) 재무적 가치 중심에서 비재무적 가치로 전환

스포츠 경영은 재무적 측면과 비재무적 측면에서 어떠한 효과를 거두고 있는지 알 필요가 있다. 스포츠는 비재무적인 측면에서 강점이 있는 콘텐츠다. 그러기 때문에 ESG 경영을 논하기에 적합하다. 환경과 사회, 지배구조를 뜻하는 영어단어 앞 글자를 딴 ESG는 기업의 비재무적 성과를 판단하는 기준으로 전 세계 경영 분야에서 가장 많이 회자하는 개념이다. 과거에는 기업을 평가할 때 '얼마를 투자해서 얼마를 벌었는가?' 중심으로 '재무적' 정량 지표가 기준이었다. 그러나 기후변화 등 기업이 사회에 미치는 영향력이 증가하면서 '비재무적' 지표가 기업의 실질적인 가치평가에서 더 중요할 수 있다는 인식이 늘어나고 있다. 기업의 사회적 책임에 대한 담론이 형성되며, 투자자와 소비자도 기업을 평가할 때 재무적 가치가 아닌 비재무적 가치를 중시하고 기업의 이익만 생각하는 것이 아닌 미래를 먼저 생각한다.

> 지속가능성은 '현재 세대의 필요를 충족시키기 위하여 미래 세대가 사용할 경제·사회·환경 등의 자원을 낭비하거나 여건을 저하시키지 아니하고 서로 조화와 균형을 이루는 것'으로 정의 (「지속가능발전법」 2020.6.26. 제정)

ESG가 곳곳에서 화두가 되면서 새롭게 등장한 개념처럼 느껴질 수 있다. 하지만 ESG는 낯선 개념이 아니다. 우리에게 친숙한 '지속가능한 발전'에서부터 시작된 개념이다. 스포츠도 사회적으로 비재무적인 측면에서 기여해왔다.

그림 1-2. 재무적 가치와 비재무적 가치

출처: KRX ESG 포털

02 스포츠 현장의 환경 (Environmental)

　스포츠는 단순한 육체 활동이나 여가 이상의 의미를 지니고 있는 콘텐츠다. 사회와 문화, 경제에 이르기까지 밀접한 영향을 미치는 강력한 플랫폼으로 자리 잡고 있다. 하지만 이처럼 영향력이 큰 스포츠 또한 환경을 빼고는 이야기할 수 없을 만큼 깊은 상호 연결성을 가지고 있다. 긍정적인 측면뿐 아니라 부정적인 측면까지 고려하여 스포츠와 환경의 관계를 살펴보는 것은 지속가능한 발전을 위해 필수적인 현황이다. 스포츠 분야에서 환경 요소 중 가장 핵심적인 사안은 기후변화와 탄소배출 관련 이슈다. 전 세계 인류의 지속가능성과 생존을 위해 앞으로 기업은 과감한 탄소배출 절감, 한발 더 나아가 탄소 제로화를 추구해야 하는 상황에 직면하고 있으며, 이와 함께 환경오염 완화를 위한 자원 및 폐기물 관리, 더 적은 에너지와 자원을 소모하는 에너지 효율화 및 절약, 지속가능한 경기장 시설, 경기장 이동수단의 친환경화, 다양한 환경과 관련하여 지역사회와의 노력도 스포츠 현장에 적용 중이다. 이처럼 다양한 활동을 진행 중이기는 하지만, 동시에 문제점이 발생한 것도 사실이다. 스포츠 행사는 대규모로 진행되는 경우가 많다. 대규모 스포츠 행사로 인해 환경오염이 야기되는 사례들도 많이 있었으며, 경기장 건설 및 유지관리 과정에서 발생하는 환경문제도 있었다.

외국에서는 선수단의 장거리 이동이 많기 때문에 원정경기로 인한 탄소배출까지도 신경 쓰고 있는 사례를 확인할 수 있다.

스포츠와 환경의 관계는 심각한 문제뿐만 아니라 재미있는 사례들도 많이 있다. 긍정적인 변화를 위한 노력과 창의적인 아이디어들이 스포츠 현장에서 활성화되고 있으며, 이는 환경보호에 대한 인식 개선에도 기여하고 있다. 예를 들면 쓰레기로 만든 유니폼이라는 환경보호 메시지를 전달하는 구단도 있고 바이오연료로 달리는 경기장, 태양광으로 가동되는 경기장, 해양쓰레기 청소 경기 등 환경과 스포츠가 떼려야 뗄 수 없는 관계라는 다양한 사례를 통해 환경보호에 앞장서는 모습을 보여주고 있다. 이러한 활동은 계속해서 증가하는 모습을 보이고 있으며, 스포츠를 통한 ESG 경영의 활성화하는 사례로 볼 수 있다.

그림 1-3. 창원 NC파크 구장에 설치된 태양광 설비

출처: 엔지피(NGP)

03
스포츠의 역할과 사회적 책임
(Social)

스포츠는 문화적 정체성을 확립하고 형성하는 데 큰 영향을 미친다. 사회적 책임 활동이란 기업의 사회적 책임 의식을 바탕으로 영리 추구를 위한 기업 본연의 활동 이외에 기업이 보유하고 있는 유·무형 자원을 활용하여 기업이 속한 사회를 더욱 풍요롭고 활기차게 만드는 활동이다. 또한, 기업이 기업 시민으로서 사회의 전반적인 문제를 함께 고민하고 해결하려는 노력을 통해 기업이 속한 사회에 기여하는 동시에 기업과 직간접적으로 연관된 이해관계자들(Stakeholders)과 좋은 관계를 유지하고자 하는 기업의 활동으로 정의된다. 국가적 자부심과 연대감을 고취하는 글로벌 이벤트에서부터 지역사회 단결을 증진하는 지역 스포츠 대회에 이르기까지 스포츠는 문화적 가치관과 전통을 반영하며 강화해왔다. 스포츠에는 다양한 사회적인 역할과 책임, 그리고 긍정적인 힘이 있다. 스포츠를 이용하여 사회 문제를 해결하는 것은 우리 모두의 과제다. 프로스포츠 리그, 팀, 선수, 팬, 정부, 기업, 시민 사회 등 다양한 이해관계자들이 협력하여 노력할 때 지속가능한 미래를 만들어갈 수 있다. 스포츠를 통해 사회적 가치에 대한 인식을 높이고, 지속가능한 행동을 실천하는 문화를 만들어나가야 한다. 스포츠는 단순한 오락이나 경쟁을 넘어 사회적 통합, 건강 증진, 교육 및 경제 발전에 이르는 다양한 사회적 역할을 수행한다. 스포츠를 통해 우리는 더 건강하고, 통합된, 그리고 활기찬 사회를 만들어나갈 수 있다.

이렇듯 스포츠와 사회적 책임은 상호 연결되어 있지만, 서로 분리될 수 없는 관계는 아니다. 스포츠는 건강한 사회구성에 기여할 수 있는 잠재력을 가지고 있지만, 동시에 사회적 불평등의 요인이 될 수도 있다. 따라서 스포츠와 사회적 책임의 관계를 넓은 시각으로 이해하고, 지속가능한 발전을 위한 전략을 모색해야 한다. 사회적 책임을 위한 스포츠의 역할을 강화하기 위해 스포츠 조직과 공공기관이 이러한 역할을 인식하고 적극적으로 참여할 때, 스포츠는 진정한 가치를 발휘할 수 있을 것이다. 마지막으로 스포츠는 사회적 변화와 문화적 영향력 면에

그림 1-4. 스포츠를 통한 사회적 책임

출처: 한국프로축구연맹

서 깊은 영향을 미친다. 스포츠는 억압받는 집단에 목소리를 제공하고, 문화적 정체성을 형성하며, 교육, 건강 증진, 사회적 통합을 촉진함으로써 우리 사회의 발전에 중요한 역할을 해왔다. 스포츠의 힘을 이해하고 활용함으로써 우리는 더욱 포용적이고 공정하고 건강한 사회를 구축할 수 있다. 지금까지 이어온 스포츠의 사회적 역할을 뛰어넘어 더욱 발전된 사회적 책임과 역할을 이루어가는 길목에 스포츠 ESG가 있다.

04
스포츠의 핵심목표, 지배구조
(Governance)

　스포츠 조직의 지배구조는 투명성, 책임성, 효율적인 자원 관리, 윤리적 경영, 이해관계자 참여, 그리고 지속가능한 발전을 위한 필수적인 요소다. 올바른 지배구조는 스포츠 조직이 공정하고 윤리적으로 운영되도록 보장하며, 다양한 이해관계자들의 신뢰를 얻는 데 중요한 역할을 할 수 있다.

　이러한 구조는 스포츠 조직이 장기적으로 성공하고, 사회에 긍정적인 영향을 미칠 수 있도록 도우며, 건전한 스포츠 조직의 경영에 큰 도움이 될 것이다.

표 1-1. 스포츠 ESG의 주요 범위

ESG 경영	범위	세부 사항
환경	탄소배출	경기장 및 사무실의 탄소배출
	환경오염	스포츠 현장의 환경오염
	폐기물 관리	스포츠 현장의 자원과 폐기물 관리
	에너지 사용	경기장 및 현장의 에너지 효율
	조달시스템	책임 있는 구매 및 조달

	스포츠팬	스포츠팬 만족
	데이터	스포츠와 관련된 데이터 보호
	개인정보	이해관계자의 개인정보 보호
사회	다양성	스포츠 인권, 성별 및 다양성
	상생발전	지역사회와 연계한 상생발전
	공급망 관리	협력업체 공급망 관리
	현장 안전	스포츠 근로자의 안전
	교육	스포츠 ESG 교육 프로그램
	위원회 구성	스포츠 단체의 이사회 및 감사위원회 구성
	반부패	뇌물 및 반부패 모니터링
지배구조	청탁	로비 및 청탁 금지
	윤리	스포츠 윤리 강화
	법규준수	스포츠 컴플라이언스

출처: 저자 재구성

　스포츠 ESG는 환경과 사회, 지배구조의 모든 요소를 포괄하고 있으며, 이를 통해 지속가능성을 강화하고 사회적 책임을 다하기 위해 스포츠 산업이 직면한 다양한 문제를 해결하고자 한다.

　사회 부문에서는 인적자본과 생산물 관리 및 보호가 중요하다. 직장 내 사고 방지와 직원의 건강관리를 포함한 공정한 노동 관행은 필수 요소다. 개인정보 보호와 생산물 안전 관리 등 생산 관리에 대한 책임도 중요하다. 스포츠팀과 조직은 다양한 사회적 기여 활동과 커뮤니티 프로그램을 통해 지역사회와 함께 유대를 강화해야 하고, 사회적 책임을 다해야 한다. 이를 통해 스포츠는 사회적으로 긍정적인 영향을 미치고, 지속가능한 발전에 기여할 수 있다.

마지막으로 지배구조 부문에서는 공정성과 투명성을 보장하는 다양한 이사회를 구성하는 것이 필요하다. 투명한 회계 및 재무 공시를 통해 이해관계자들에게 신뢰를 제공해야 한다. 부정부패 방지와 거래 투명성 확보는 스포츠의 공정하고 깨끗한 이미지를 유지하는 데 필수다. 스포츠 조직은 윤리적 경영을 실천하고, 모든 이해관계자의 신뢰를 받을 수 있도록 노력해야 한다.

결국 스포츠 ESG 경영은 환경보호, 사회적 책임, 투명한 지배구조를 통해 팬, 지역사회, 선수 등 모든 이해관계자의 이익을 고려한 종합적인 접근을 요구한다. 이러한 접근을 통해 스포츠 산업은 지속가능성을 강화하고, 사회적 책임을 다할 수 있을 것이다.

표 1-2. 스포츠 ESG 경영활동(예시)

E	친환경 스포츠 굿즈 기념품 제작, 친환경 스포츠 이벤트 개최
S	취약계층 대상 스포츠 프로그램 제공, 지역사회 (스포츠) 봉사활동, 기부 활동
G	ESG 정보공시 확대, 청렴·투명경영 강화, 스포츠 ESG 얼라이언스 활동 등

Environmental · Social · Governance

Part 2

스포츠의 변화는 ESG로부터

01 스포츠의 지속가능성과 ESG 경영
02 ESG 경영이 스포츠에 미치는 영향
03 스포츠 ESG 경영의 외면
04 프로스포츠, ESG 경영을 실천하다
05 코로나19 이후의 뉴노멀, 스포츠 ESG
06 프로스포츠 구단의 사회적 책임과 지속가능성

스포츠 산업은 끊임없는 발전과 성장을 이어오고 있으며, 코로나 19를 지나 지금도 발전하는 현재진행형이다. 스포츠 산업 시장은 1.0 시대를 거쳐 3.0 시대로 발전했으며, 요즘은 스포츠 4.0 시대를 논하고 있다. 스포츠 산업의 발전 과정은 제품 지향적으로 선수와 경기 중심의 1.0 시대를 시작으로 소비자 지향 관점인 2.0 시대를 거쳐 가치 주도를 지향하는 3.0 시대까지 이어져오고 계속해서 변화하고 있다.

스포츠 산업은 가치를 뛰어넘어 인류 지향적 관점으로 진화했으며, 더 나은 세상을 만들기 위해 노력하고 있다. 지구를 살리는 미래 가치 창출을 통해 세상에 기여하고 사회공헌을 통해 가치 실현, 투명하고 윤리적인 기업경영을 실천하고 있다.

그림 2-1. K리그 탄소중립 비전 선언

출처: 한국프로축구연맹

2019년 미국에서 가장 영향력 있는 181개 기업이 비즈니스라운드테이블(BRT)에서 성명을 발표했으며 "주주 이익의 극대화"가 아닌 "모든 이해관계자의 가치 창출"을 기업의 목적으로 한다고 공표했다. 이러한 변화에 발맞추어 스포츠도 환경변화에 대응하고, ESG 경영에 걸맞은 다양한 사업을 확대해야 한다. 더 이상 스포츠 산업도 이러한 트렌드 변화에서 자유로울 수 없다.

01
스포츠의 지속가능성과 ESG 경영

지속가능성은 미래 세대가 그들의 필요를 충족시킬 능력을 저해하지 않으면서 현세대의 필요를 충족할 수 있는 능력을 의미하며, 스포츠는 건강을 유지하기 위해 존재한다. 또한 즐거움, 경쟁을 위해 하는 모든 유형의 신체 활동을 의미하기도 한다. 스포츠와 지속가능성은 언뜻 관련이 없어 보이는 개념이지만, 시간이 갈수록 점점 더 밀접하게 연관되고 있으며, 다른 산업에 비해 상대적으로 작은 산업처럼 보일 수 있는 스포츠는 실제로 환경, 경제 등 사회 전체에 큰 영향을 미치고 있다. 국제적인 메가 이벤트인 올림픽과 월드컵의 경우 지속가능성에 대한 대중의 관심과 요구가 계속되고 있으며, 국제올림픽위원회(IOC)와 국제축구연맹(FIFA)은 매년 지속가능보고서 발간을 통해 ESG와 관련된 다양한 요인을 공표한다.

스포츠 산업은 다른 산업과 마찬가지로 ESG 경영의 중요성을 인식하고 있으며, 이에 발맞춰 현장에 적용할 수 있는 정책을 만들어 요구에 부응하고 있다. 스포츠 이벤트와 시설은 많은 에너지와 자원을 소비하여 환경적 영향이 크기 때문에 지속가능한 운영을 통해 환경보호에 기여하는 것이 중요하다. 또한, 스포츠는 사회적 영향력이 커서 지역사회와의 유대를 강화하고 사회적 책임을 다할 수 있으며, 투명한 지배구조를 통해 신뢰를 구축해야 한다. 더불어, 스포츠는 글로벌 팬층을 보유한 강력한 플랫폼으로서 ESG의 중요성을 널리 알리고, 지속가능한 실천을 독려할 수 있다. 이를 통해 스포츠는 ESG 개념의 확산을 촉진하고, 전 세계적인 환경보호와 사회적 책임 의식을 높이는 데 기여할 수 있다.

글로벌 스포츠 산업 시장에서 ESG 경영의 중요성도 상승하고 있다. 미국 투자 시장에서는 사회적 책임과 환경 지속가능성 트렌드를 빠르게 받아들이고 있지만, 스포츠 산업은 참여가 부족했다. 하지만 미국 4대 리그 스포츠 구단들이 ESG 활동 확대 및 집중을 하며 새로운 경영 방법을 발전시켜나가고 있으며, ESG 경영을 통한 새로운 수입원을 발굴하고 있다. 스포츠를 통한 ESG 경영이 확대될 것으로 전망된다.

그림 2-2. 미국 프로스포츠 리그별 친환경 캠페인

출처: 대한민국 정책브리핑

특히 잉글랜드 프리미어리그(EPL)의 ESG 활동이 활발해지고 있다. EPL에 속한 맨시티, 리버풀, 토트넘, 울버햄튼 등 네 구단은 구단 운영 전 과정에서 발생하는 탄소량인 'Scope 3' 배출량을 공시하고 있다. 또한 세계적인 프로축구단 AFC 아약스(Ajax Amsterdam) 같은 일부 구단은 챔피언스리그 경기를 위해 기차로 이동하는 등 대중교통을 이용하여 환경 영향을 줄이는 모범을 보이고 있다. 이는 다른 구단에도 지속가능한 이동수단의 사용을 장려하는 긍정적인 사례로 볼 수 있다.

이처럼 스포츠와 지속가능성은 서로 밀접하게 연결되어 있으며, 그 영향력은 점점 커지고 있다. 전 세계가 기후변화와 환경파괴라는 문제에 계속 직면하고 있는 가운데 스포츠 업계가 지속가능한 관행을 장려하고 지구에 미치는 영향을 최소화하는 데 적극적인 역할을 하는 것이 필수이며, 교육, 인식 제고, 지속가능한 실천을 통해 스포츠가 세상을 긍정적으로 변화시키는 강력한 힘이 될 수 있다.

02
ESG 경영이 스포츠에 미치는 영향

ESG 경영은 스포츠 환경보호 및 지속가능한 경영에 영향을 미친다. ESG 경영을 실천하는 스포츠 산업은 환경보호와 지속가능한 경영에 더 많은 관심을 기울인다. 이는 에너지 효율성을 높이고 탄소배출을 줄이는 등의 환경친화적인 시설과 운영을 추구함으로써 실현될 수 있다. 또한, 재활용 프로그램을 추진하고 환경보호 캠페인을 개최하는 등의 활동을 통해 환경보호에 기여할 수 있으며, 사회적 책임과 지역사회 기여에 효과를 볼 수 있다.

다음으로 ESG 경영을 실천하는 스포츠 산업은 지역사회에 기여하고 사회적 책임을 다하는 데 노력한다. 이는 지역사회와 파트너십을 구축하고, 지역사회 발전에 이바지하는 프로그램을 추진함으로써 실현될 수 있다. 또한, 사회적 문제에 대한 인식을 높이고 지역사회에 긍정적인 영향을 미치는 활동을 통해 사회적 가치를 실현할 수 있다. ESG 경영을 실천하는 스포츠 산업은 지속가능한 경영에 관한 관심을 높이고, 투자자들과 금융시장의 신뢰와 지원을 받을 수 있다. ESG를 고려하는 투자 전략을 채택하고, ESG 보고서를 작성하거나 인증을 받는 등의 활동을 통해 실현될 수 있으며, 현재 많은 정책과 활동들을 통해 이를 뒷받침해주고 있다.

마지막으로 팬들과 이해관계자들의 신뢰와 지지를 확보할 수 있다. 투명한 경영 및 지속가능한 활동을 통해 팬들의 지지를 얻을 수 있으며, 이는 스포츠 산업의 지속적인 발전과 성장에 기여하고 있다.

그림 2-3. 나이키 액티브 모두 프로그램

출처: 나이키코리아

03
스포츠 ESG 경영의 외면

지금 상황과 다르게 ESG가 현재처럼 주목받지 않았던 시기도 존재한다. 스포츠 산업에서 환경보호 및 지속가능한 경영, 사회적 책임과 지역사회 기여 등에 대한 활동이 미미했던 시기도 있었다. 과거에는 환경보호 및 지속가능한 경영에 대한 인식이 낮았기 때문에 스포츠 시설이나 행사에서 환경친화적인 시설 운영이나 에너지 효율성을 높이는 등의 활동이 이루어지지 않았다. 또한, 탄소배출을 줄이거나 재활용 프로그램을 추진하는 등의 활동도 부족했다. 사회적 책임과 지역사회 기여에 대한 인식이 부족했으며, 지역사회와의 파트너십 구축 및 지역

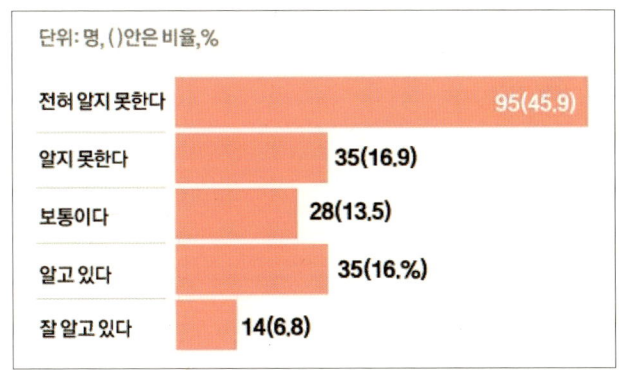

그림 2-4. ESG에 대한 인식조사

출처: 박정은 이화여대 교수팀

사회 발전에 기여하는 프로그램도 적극적으로 추진하지 않았고, 사회적 문제에 대한 인식이 낮아 사회적 가치 실현을 위한 활동도 제한적이었다.

그리고 ESG에 대한 인식이 낮았기 때문에 지속가능한 경영에 대한 관심도 미미했다. 투자자들과 금융시장의 신뢰와 지원을 받는 것이 어려웠으며, ESG 보고서를 작성하거나 인증을 받는 등의 활동도 이루어지지 않았고, 그럴 생각조차 하지 않았다. 이러한 이유로 ESG 경영을 하지 않았던 시기에는 스포츠 산업에서 환경보호, 사회적 책임, 지속가능한 경영 등에 대한 활동이 제한적이었다.

프랑스의 풋볼이콜로지가 실시한 조사에 따르면, 응답자의 62%는 축구를 친환경적인 스포츠로 보지 않았으며, 80%는 축구와 관련된 조직에서 진행하는 친환경 활동을 떠올릴 수 없다고 답했다. 이는 축구가 환경문제에 대해 더욱 적극적인 접근을 요구받고 있음을 나타낸다. 하지만 동일 조사에서 응답자 10명 중 8명은 프로축구가 지속가능성을 추구하는 방향으로 전환한다면 스포츠에 대한 긍정적인 이미지가 형성될 것이라고 응답했다. 이는 축구계가 환경친화적인 조치를 취할 경우, 이를 통해 팬들의 인식 개선과 더 넓은 사회적 지지를 얻을 수 있음을 시사한다.

04
프로스포츠,
ESG 경영을 실천하다

　　프로스포츠 구단들도 다양한 ESG 경영을 실천하고 있다. 탄소중립화 및 에너지 효율성을 증대하고 있다. 구단은 탄소중립화를 위한 노력을 강화하고, 에너지 효율성을 증대시키는 활동을 실시하고 있으며 그 방법으로 태양광 패널 설치, LED 조명으로의 전환, 에너지 효율적인 시설 관리 등의 조치를 통해 에너지 소비를 줄이고 친환경적인 운영을 실현하고 있다. 또한 구단은 재활용 프로그램을 강화하여 재활용률을 높이고 있다. 재활용 가능한 자원의 분리수거와 재활용품의 재활용을 통해 폐기물의 양을 줄이고 있으며, 이는 곧 환경보호에 기여하는 것으로 연결되고 있다.

　　야구장에서도 환경오염의 주범이 많다. 환경부 데이터에 따르면, 2016~2017년 제5차 전국 폐기물 통계조사에서 야구장 폐기물 발생량은 연 2,203톤에 이른다. 전체 스포츠시설 폐기물 발생량 6,176톤의 약 35.7%를 차지해 스포츠시설 중 폐기물 발생량이 가장 많은 것으로 나타났다.

그림 2-5. 야구장에서 발생한 폐기물

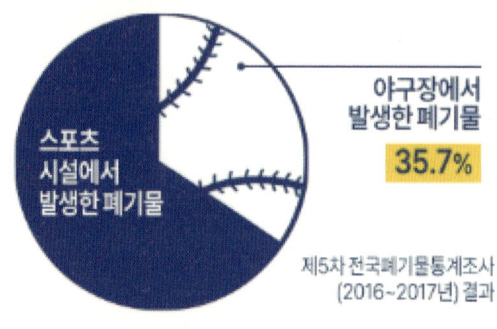

출처: 환경부

    2017년부터 2021년까지 국내 야구장에서 발생한 폐기물의 양은 다음과 같이 변화했다. 2017년에는 약 1,939만 명의 관중이 방문하여 5,413톤의 폐기물이 발생했고, 2018년에는 1,762만 명이 5,678톤의 폐기물을 발생시켰다. 2019년에는 1,708만 명이 참석하여 4,900톤의 폐기물이 발생했다. 코로나19 팬데믹으로 인해 2020년에는 무관중 경기가 진행되어 203만 명의 관중이 2,470톤의 폐기물을 발생시켰고, 2021년에는 부분 관중 입장으로 338만 명이 3,444톤의 폐기물을 남겼다.

05
코로나19 이후의 뉴노멀, 스포츠 ESG

코로나19 이후 2021년 야구장에서 발생한 폐기물은 전체 스포츠시설에서 발생한 폐기물의 약 8.1%를 차지했다. 이에 대응하여 환경부는 2021년 11월 야구장 및 기타 체육시설에서 합성수지로 만들어진 일회용 응원 물품의 사용을 제한하는 정책을 시행했다. 2022년 4월에는 환경부, 한국야구위원회(KBO), 그리고 10개 야구 구단이 함께 '일회용품 없는 야구장 조성을 위한 자발적 협약'을 체결했으며, 이 협약에 따라 막대풍선 같은 비닐류 응원용품의 사용이 금지되고, 그대신 플라스틱 응원 배트 같은 다회용 응원용품이 사용되기 시작했다.

그림 2-6. **KBO 리그 SAFE 캠페인**

출처: 환경부 자원순환정책과

또한, 환경부는 일회용 컵 사용을 줄이기 위해 캔 음료를 일회용 컵에 담아 제공하던 관행을 개선했다. 투명 페트병이 오염되거나 다른 폐기물과 혼합되지 않도록 별도의 배출 및 수거 체계를 운영하는 등 일회용품의 사용 및 폐기를 줄이기 위한 다양한 활동을 진행하고 있다.

더 나아가, 이러한 정책은 스포츠 산업 전반에 걸쳐 환경보호와 지속가능성을 증진하는 데 기여하고 있다. 야구장 외에도 축구장, 농구장 등 다양한 스포츠시설에서도 유사한 친환경 정책을 도입하고 있다. 일부 축구 경기장에서는 재사용이 가능한 컵을 사용하는 시스템을 도

그림 2-7. 프로축구단 리유저블컵

출처: 강원FC 프로축구단

입하고, 농구 경기장에서는 전자 티켓을 통해 종이 사용을 줄이는 등의 노력을 기울이고 있다. 또한, 스포츠 이벤트와 연계된 플라스틱 및 폐기물 감소 캠페인을 통해 팬들과의 소통을 강화하고, 환경보호의 중요성을 알리고 있다.

이러한 노력은 스포츠 산업이 환경적 책임을 다하고 지속가능한 운영을 실천하는 데 중요한 역할을 하고 있으며, 스포츠 조직과 팬들 모두가 환경보호에 대한 인식을 높이고, 일상생활에서도 지속가능한 실천을 이어나갈 수 있도록 독려하고 있다. 궁극적으로, 이러한 변화는 스포츠를 통한 긍정적인 사회적 영향력을 확산시키고, 전 세계적인 환경보호와 지속가능한 발전에 기여할 수 있을 것이다.

06
프로스포츠 구단의
사회적 책임과 지속가능성

　프로스포츠 구단은 지역사회 발전을 지원하는 다양한 프로그램을 추진하고 있다. 청소년 체육 활동 지원, 교육 프로그램 진행, 사회적 약자 지원 등의 사회적 책임을 다하는 활동을 통해 지역사회에 긍정적인 영향을 미치고 있다. 다음으로 구단은 다양성과 포용성을 증진시키는 활동을 실시하여 인종, 성별, 성적 지향, 장애 여부 등을 고려한 공정한 환경을 조성하고 있다. 이를 통해 스포츠에 참여하는 모든 이들에게 기

그림 2-8. FC서울 다문화 유소년축구교실

출처: 서울특별시 홈페이지

회를 제공하고 사회적 차별을 줄일 수 있다. 마지막으로 투명하고 효과적인 지배구조를 구축하여 기업의 건전한 경영을 증진하기 위한 노력을 하고 있다. 투명한 의사결정 프로세스, 윤리적인 경영 문화 확립, 윤리 강령 및 규정 준수 등의 조치를 통해 스포츠와 관계된 여러 조직과 단체들은 지속가능성을 높일 수 있다.

이러한 프로스포츠 구단의 사회적 책임과 지속가능성에 대해 많은 효과가 있다. 특히 프로스포츠 구단의 사회적 책임은 크게 경제적, 윤리적, 자선적 책임으로 나눌 수 있다. 경제적 책임은 연고 지역의 경제 발전에 기여하고 윤리적 책임은 스포츠맨십 준수와 도덕적 행동 실천에 영향을 주고 있다. 자선적 책임은 지역사회와의 공동체 의식 확립을 위한 후원 및 기부 활동으로 국내 프로스포츠 구단들의 다양한 사회공헌 활동을 펼치고 있다. 그 활동을 살펴보면 삼성라이온즈의 소년소녀가장 지원, 어린이 무료경기관람, 복지시설방문 등의 활동을 볼 수 있고 두산베어스는 기금조성을 통한 기부활동과 야구 클리닉 운영, 복지시설 자원봉사를 실시하고 있다. 그뿐 아니라 기아타이거즈는 타이거즈 러브펀드 운영 및 소외계층 지원, 야구장학금 지원 중이며 한화 이글스는 저소득층 문화·예술지원, 아동학대 예방 활동, 야구 교실 운영 등 다양한 활동을 이어가고 있다.

이처럼 프로스포츠 구단들의 사회적 책임과 지속가능성을 활용한 ESG 경영은 지속되고 있으며 사회적 책임과 지속가능성을 동시에 추구하는 방향으로 발전하고 있다.

Environmental · Social · Governance

Part 3
ESG 탄생과 시작

01 주주 자본주의 vs. 이해관계자 자본주의
02 비즈니스라운드테이블(BRT) / 세계경제포럼
03 ESG 변화의 서막
04 ESG 경영을 부추긴 장본인

01
주주 자본주의 vs. 이해관계자 자본주의

1976년 노벨경제학상 수상자이자 미국 시카고 경제학파의 거장인 밀턴 프리드먼은 1970년 뉴욕타임스에 '교리', '원칙' 등의 뜻을 가진 단어 '독트린'에 자신의 이름을 붙여 다음과 같이 선언한다.

"기업의 사회적 책임은 이익을 올리는 것이다." 기업의 역할을 정의하는 가장 강력한 문구였던 프리드먼 독트린은 새로운 시대적 개념에 자리를 내어주고 있다. 글로벌 경영업계 모두가 지속가능한 경영을 위해 이윤이 아닌 '이것'을 실천할 것을 요구받고 있다.

시대의 흐름에 따라 50년간 맹위를 떨쳤던 밀턴 프리드먼의 신자유주의가 이제 그 막을 내리고 있다는 점이다. 특히 전 세계적으로 영향을 미친 코로나19를 거치면서 사람들이 항상소득을 기준으로 자신들의 소비수준을 정해 일시적인 소득수준의 변화는 소비에 큰 영향을 주지 않는다는 그의 '항상소득 가설'도 여지없이 깨졌다. 자유방임과 통화주의를 근간으로 프리드먼이 이끌었던 신자유주의가 반세기 만에 저물고 있다는 의미다.

1) ESG의 역사와 현대적 의미: 비재무적 가치의 부상

ESG는 2004년 유엔 글로벌 콤팩트 보고서에서 공식 용어로 처음 등장했다. 코피 아난 당시 유엔 사무총장은 ESG를 고려한 글로벌 투자 운동을 주도하며 기업의 지속가능 운동의 씨앗을 뿌렸다. 사실 기업의 비재무적 가치를 강조하는 주장은 오래전부터 존재했으며, CSR(기업의 사회적 책임)과 SRI(사회적 책임 투자)라는 개념으로 나타났다. 18세기 감리교 창시자인 존 웨슬리 목사는 기업의 사회적 책임을 강조한 바 있다.

현대적 의미의 투자지표로 ESG 경영을 처음 활용한 투자회사는 '팍스월드'로 1971년 베트남전쟁 관련 기업에 투자하지 않는 윤리적 투자 펀드를 출시했다. 블랙록의 래리 핑크 회장이 발송한 서신에서 기후변화가 기업들의 장기 전망에 절대적인 요소가 되었다며, 화석연료 의존 기업을 투자 포트폴리오에서 제외하겠다고 발표했다. 이는 ESG 경영 시대를 앞당기는 촉매 역할을 했다.

그림 3-1. 미국 경제학자 밀턴 프리드먼

출처: 연합인포맥스

2) 이해관계자 이론의 부상과 지속가능성의 필요성

프리드먼 독트린을 부정하며 등장한 에드워드 프리먼(R. Edward Freeman)의 이해관계자 이론은 1984년 그의 저서 "Strategic Management: A Stakeholder Theory(전략적 관리: 이해관계자 이론)"에서 처음 소개되었다.

프리먼은 조직경영에 도덕과 가치를 결합한 기업윤리 이슈와 함께 이해관계자 개념을 정의하고 고객, 공급업체, 종업원, 투자자, 지역사회 등 다양한 이해관계자와의 상호연계성을 강조했다. 그는 기업이 주주만이 아니라 모든 이해관계자를 위해 가치를 창출해야 한다고 주장했다. 이러한 이론은 환경파괴 같은 구조적 문제를 해결하기 위한 지속가능성의 필요성을 강조하며, 자본주의의 현재 경제 체제가 지속가능하지 않다고 경고한 1987년 유엔 보고서 「우리 공동의 미래」와 맞물리며 그 중요성이 더욱 강조되었다.

그림 3-2. 이해관계자 이론의 에드워드 프리먼

출처: 구글

3) 기업 경영의 새로운 패러다임

　기업의 비재무적 가치는 오랜 기간 윤리적 선언에 머물러 있었지만, 현재의 ESG 개념은 기업의 지속가능한 성과를 위한 필수 지표로 인식하고 있다. 과거 회계 수치만을 중시하던 경영에서 벗어나 ESG를 주요 평가 잣대 및 비즈니스 전략으로 삼으려는 움직임이 보편화되고 있다.

　미국 주식시장에서 ESG 부문 상위 20%에 해당하는 기업들이 변동성 장세에서 더 높은 성과를 보였다는 점은 ESG의 중요성을 보여준다. 기업은 이해관계자 모두의 이익을 추구하는 체계를 갖추어야 하며, 이를 위해 ESG 측정이 필수적인 시대가 도래했다. ESG는 2004년 처음 거론된 이후 기후변화와 밀접한 관련이 있으며, 지금은 글로벌 경영의 화두로 떠오르고 있다.

4) 기후변화가 불러온 새로운 경영 패러다임

　지난 2004년 처음 등장한 용어 ESG가 현재 전 세계 경영 분야의 가장 중요한 화두로 떠오른 이유는 기후변화와 밀접한 관련이 있다. 튀르키예의 대형 산불, 독일 등 유럽에서 발생한 기록적인 폭우, 북미의 살인적인 폭염 등은 기후변화 문제에 대한 경고음이다.

　UN IPCC의 보고서에 따르면 현재 대기 중 이산화탄소 농도는 200만 년 만에 가장 높은 수준이며, 지난 5년간 지표면 온도는 1850년 이후 최고치라고 발표했다. 산업화 이후 지구 평균 온도는 이미 1℃ 이상 상승했으며, 상승 폭이 1.5℃에 도달하면 사상 전례 없는 기상이변 현상이 급증할 것이다. 안토니오 구테흐스 UN 사무총장은 현재의 기후변화 문제를 두고 복구 불가능한 지점이 가시화되고 있다고 경고했으며, 이러한 상황에서 전 세계 기업들 역시 ESG 경영이라는 이름으로 더 강력한 대처가 필요하다는 공감대가 확산하고 있다.

기후변화라는 절체절명의 위기 앞에 가장 주목해야 할 움직임은 RE100의 캠페인이다. 2050년까지 기업 사용 전력량의 100%를 재생에너지로 충당해야 하는 이 프로젝트에 구글, 애플, 아마존 등 300곳이 넘는 글로벌 기업들이 참여하고 있다.

02
비즈니스라운드테이블(BRT) / 세계경제포럼

1) 비즈니스라운드테이블(BRT, Business Roundtable)

비즈니스라운드테이블(BRT)은 미국에서 가장 영향력 있는 기업의 최고경영자 200여 명으로 구성된 협의체로, 2019년 기업의 사회적 책임을 강조하는 가치선언문(Statement on the Purpose of a Corporation)을 발표했고, 여기서 ESG 경영이 주목받는 데 큰 역할을 했다.

그 당시 발표한 가치선언문에는 아마존(Amazon)의 제프 베이조스(Jeff Bezos)와 애플(Apple)의 팀 쿡(Tim Cook), 지엠(General Motors Company)의 메리 바라(Mary Barra), JP모건(JPMorgan Chase & Co.)의 제이미 다이먼(Jamie Dimon), IBM(IBM Corporation)의 지니 로메티(Ginni Rometty) 등 181명의 주요 기업 최고경영자들이 참여했으며, 세부적인 내용은 기업의 존재 목적이 주주(Shareholder)의 수익 창출에 국한된 것이 아니라 고객 가치 제공, 직원에 대한 투자, 협력업체와 공정하고 윤리적인 거래, 지역사회 지원, 장기적인 주주가치 창출 등 모든 이해관계자(Stakeholder)에게 이바지하는 것이라는 내용을 담고 있다.

그림 3-3. 2019 BRT 가치선언문 일부

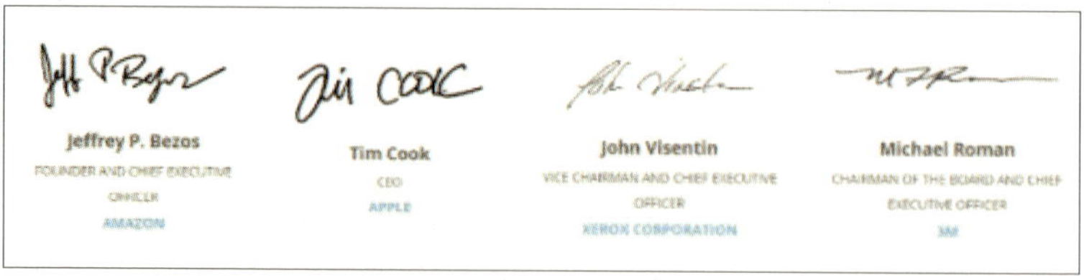

Jeffrey P. Bezos	Tim Cook	John Visentin	Michael Roman
FOUNDER AND CHIEF EXECUTIVE OFFICER	CEO	VICE CHAIRMAN AND CHIEF EXECUTIVE OFFICER	CHAIRMAN OF THE BOARD AND CHIEF EXECUTIVE OFFICER
AMAZON	APPLE	XEROX CORPORATION	3M

2) 세계경제포럼(다보스 포럼, Davos Forum)

다보스 포럼은 세계의 저명한 기업인·경제학자·저널리스트·정치인 등이 모여 범세계적 경제 문제를 주제로 토론하고 국제적 실천 과제를 모색하는 국제 민간 회의다. 독일 태생의 유대인 클라우스 슈밥(Klaus Schwab)이 1971년 비영리재단 형태로 창립했으며 정식 명칭은 세계경제포럼(World Economic Forum: WEF)이지만, 스위스 다보스에서 매년 초 총회가 열려 다보스 포럼으로 더 잘 알려져 있다.

2020년 다보스 포럼의 핵심 주제는 "결속력 있고 지속가능한 세계를 위한 이해관계자들(Stakeholders for a Cohesive and Sustainable World)"이었으며, 도널드 트럼프 미국 대통령을 포함하여 각국 정·재계 인사 3천 명 이상이 참석했다. "기후와 환경", "지속가능하고 포괄적인 비즈니스 모델" 등의 주제로 350개 이상의 세션에서 각 분야의 지도자들이 아이디어 및 의견을 공유했다.

포럼에서는 ESG(환경, 사회, 지배구조) 요소를 기업 경영의 핵심으로 삼고 지속가능한 비즈니스 관행을 촉진하는 방안이 논의되었다. 우선 ESG 지표를 재무 보고와 통합하여 기업의 지속가능성과 사회적 책임을 평가하고, 투명성을 높일 필요성이 강조되었다. 또한, 기업은 이윤을 넘어 사회적 가치 창출과 환경보호를 고려해야 하며, 지역사회와 협력하여 지속가능한 발전을 촉진해야 한다고 언급했다. 기후변화 대응은 기업의 주요 리스크관리 요소로 지적되었으며, 탄소배출 감축과 친환경 에너지 사용이 강조되었다. 또한 투자자들도 ESG 요소를 고려한 투자를 통해 지속가능한 비즈니스 모델을 지원할 수 있고, 이는 장기적인 수익성을 높일 수 있는 방법으로 논의되었다. 동시에 국제 협력과 표준화의 필요성도 강조되었고, 이를 통해 ESG 관련 정보를 일관되게 보고하고 비교 가능성을 높여야 한다고 제안했다. 마지막으로, 기업의 최고경영진과 이사회는 ESG 요소를 경영 전략의 핵심으로 삼아 투명하고 책임감 있는 거버넌스 구조를 유지해야 한다는 주장이 제기되었다. 요약하면, 다보스 포럼에서는 ESG 요소를 통합한 경영 전략이 기업의 지속가능한 발전과 사회적 책임을 달성하는 데 필수임을 강조하는 자리였다.

그림 3-4. 2020년 다보스 포럼

출처: 현대경제연구원

03
ESG 변화의 서막

2019년 BRT와 2020년 다보스 포럼으로 인해 ESG 개념의 발전과 기업의 사회적 책임에 대한 인식 변화를 이끌었고, 이 자리에서 발표한 기업의 목적 선언은 주주만을 위한 이윤 최대화보다는 다양한 이해관계자들(고객, 직원, 공급업체, 지역사회 등)을 고려하는 기업의 사회적 책임이 강조되었다. 이는 기업의 목적이 이윤 추구뿐만 아니라 사회적 가치 창출에도 초점을 맞추는 전환을 나타냈다.

2020년 다보스 포럼에서는 ESG가 중요한 토픽으로 부상했고, 이 행사에서는 기업들이 ESG 지표를 중심으로 비즈니스 전략을 재조명하며 사회적 책임과 지속가능한 경영에 대한 의지를 강조했다. 다보스 포럼에서는 기업의 사회적 책임과 지속가능한 발전을 위한 다양한 이니셔티브들을 발표했고, ESG가 기업의 경영 전략에 더 많은 중요성을 두어야 한다는 인식이 증대되는 시발점이 되었다.

그림 3-5. 2020년 다보스 포럼의 대안

다보스 포럼 의제	다보스 포럼의 7대 주제	다보스의 대안	
결속력 있고 지속가능한 세계를 위한 이해관계자들	미래의 건강	이해관계자 본주의	1973년 다보스 성명 2020년 다보스 성명 소득 불평등, 사회분열, 기후변화 등 과제 해결을 위해 이해관계자 자본주의 확립
	미래사회와 일자리		
■ 4대 어젠다 → 기후 및 환경문제 해결 → 지속가능하고 포괄적인 비즈니스 모델 구축 → 인류 번영을 위한 4차 산업혁명 관련 기술 → 인구, 사회, 기술 트렌드 변화에 대한 대비	선의를 위한 기술	등대 프로젝트	+
	지구 살리기		1. 사회 – 평등, 포용, 인간 잠재력 2. 경제 – 경제 발전과 통합 3. 생태학 – 기후, 환경보안, 지속가능한 식량 시스템 4. 기술 – 기술 거버넌스 5. 지정학 – 지역 발전과 응집력 6. 산업 – 산업 책임과 기업의 리더십 각 분야별로 이해관계자들이 구체적인 진척을 달성한 방법과 비전 제시
	더 나은 비즈니스		
	지정학을 넘어		
	공정경제		

출처: 현대경제연구원

    이렇게 BRT와 다보스 포럼은 기업의 사회적 책임과 ESG에 대한 인식 변화를 촉진하고, 기업들의 경영 전략과 사회적 가치 창출에 관한 관심을 높였다. 이를 통해 기업들은 이익 추구뿐만 아니라 사회적 가치 창출에도 더욱 집중하고, ESG 요소를 경영에 통합하는 데 더 많은 노력을 기울이고 있다.

    BRT와 다보스 포럼에서 나온 ESG 관련 발언들은 기업들이 사회적 책임과 지속가능한 경영에 대한 중요성을 인식하고, 경영 전략을 통합하는 데 큰 영향을 미쳤다. 이러한 변화에 더해 세계 최대 자산운용사인 블랙록(BlackRock)의 역할은 더욱 중요했다. 블랙록은 글로벌 자산운용사 중 하나로, 대규모 투자를 통해 기업들의 주주로서 큰 영향력을 가지고 있다. 블랙록은 ESG 요소를 투자 결정의 중요한 고려 사항으로 채택하고 있으며, 이를 투자 대상 기업들에 요구하는 등 ESG의 확산을 촉진하고 있다.

따라서 BRT와 다보스 포럼에서의 ESG 경영 강조는 기업들의 인식 변화를 이끌어내고, 이를 실질적인 투자로 이어지게 했다. 이러한 효과를 이끌어내는 것은 블랙록 같은 대형 투자사들의 역할로 블랙록의 ESG 중심 투자 전략은 기업들에 ESG 관련 지표를 개선하고 투명성을 높이도록 동기부여를 주었으며, 이는 기업들이 ESG를 경영 전략의 핵심 요소로 수용하고 통합하는 데 큰 영향을 미치고 있다.

04
ESG 경영을 부추긴 장본인

래리 핑크는 환경론자일까? 아니면 사회 환원을 위한 사회운동가일까? 세계 최대 자산운영사 블랙록을 이끌고 있는 래리 핑크(Larry Fink) 회장은 ESG(환경, 사회, 지배구조)의 열렬한 지지자로서, 전 세계적으로 기업들이 사회적 책임을 다하고 지속가능한 경영을 추구하도록 격려하고 있다. 그의 영향력과 리더십은 ESG 개념의 확산과 기업의 사회적 책임에 대한 인식 변화를 끌어냈으며, 그 변화는 현재도 진행되고 있다.

그림 3-6. 블랙록의 래리 핑크 회장

출처: 블랙록 홈페이지

래리 핑크는 투자자로서 영향력이 엄청나다. 세계 최대 규모의 자산운용사 중 하나로서 전 세계적으로 막대한 규모의 투자를 강조하며, 기업들에 ESG 경영을 경영 전략의 핵심 요소로 채택하도록 촉구할 때 더 큰 영향력을 가지고 있다는 것을 보여준다. 주요 투자자 및 금융 커뮤니티에서 높은 존경을 받는 인물로서, 그의 발언과 의견은 투자 커뮤니티에서 큰 영향력을 행사한다. 그는 경영 전략의 필수요소로 ESG 경영을 강조함으로써 각종 커뮤니티에 ESG 경영에 대한 인식을 높이고 있으며, ESG 관련 이니셔티브를 지지하고, 사회적 리더십으로 기업들이 사회적 책임을 다하는 데 필요한 리더십을 발휘하고 있다.

2022년 블랙록의 CEO 래리 핑크가 전 세계 주요 CEO에게 보내는 편지에서 이해관계자 자본주의를 언급했으며, ESG를 다시 한번 강조했다. 매년 전 세계 CEO에게 보내는 서신을 통해 앞으로의 투자 방침과 철학을 전하고 있는데, 2022년 편지(The Power of Capitalism)에서는 다음과 같은 세 가지 주요 내용을 전달했다.

1. 기후변화 영향의 중요성과 함께 기후변화가 미래 가장 유망한 비즈니스 기회를 만들 것이라는 점을 강조했으며, 향후 글로벌 경제에서 천 개의 유니콘이 탄생한다면 그것은 검색엔진이나 소셜미디어가 아니라 탈탄소 사회를 실현하고 모든 소비자가 누릴 수 있는 에너지 전환을 가능하게 만들 기업이라고 예측했다.
2. 기업들에 ESG 투자 원칙을 강요한 것은 그린워싱(greenwashing)이라는 비난을 의식해서 자신들이 투자 대상 기업의 ESG 성과를 중요하게 생각하고 환경주의자라서가 아니라 고객에 대한 수탁 책임을 지기 위해 자본가로서 지속가능성에 초점을 맞추는 것이라고 설명했다.
3. 이해관계자 자본주의에 관한 연구가 부족한 것을 진지하게 탐색하고, 이해관계자 자본주의 센터(Center for Stakeholder Capitalism) 설립을 선언했다. 이러한 점들을 총체적으로 본다면 래리 핑크는 블랙록을 통해 ESG 중심으로 투자와 기업의 사회적 책임 인식을 촉진하고 있으며, 이는 기업들이 지속가능한 경영을 선택하고 사회적 가치를 창출하는 데 큰 영향을 미치고 있다는 것을 확인할 수 있다.

1) 2024 래리 핑크의 연례 서한: 탈탄소 시대, 투자와 경제의 새로운 지평

2024년에도 변함없이 주주들에게 보내는 연례 서한을 통해 래리 핑크 회장은 세계 경제의 탈탄소화가 초래한 막대한 인프라 수요와 충분하고 안정적인 은퇴 이후 생활을 보장하기 위한 방안에 대해 언급했다. 비록 지난해에 이어 ESG에 대한 직접적인 언급을 자제했지만, 이 주제는 간접적으로 여러 차례 거론되었다.

2024년 연례 서한에서는 'climate'라는 단어는 4회, 'sustainable' 또는 'sustainability'는 2회, 그리고 'stakeholder'는 1회 언급되었다. 또한 'carbon' 관련 표현들은 'decarbonize'와 'lower-carbon' 형태로 총 19회 사용되어 그 중요성을 강조했으며, 'energy transition'이라는 용어는 5회 사용되어 그의 메시지에 담긴 중요성을 부각했다.

래리 핑크는 2012년부터 2024년까지, 2013년을 제외하고 매년 CEO 연례 서한을 통해 자신의 투자 관점을 공유해왔다. 그는 세계 최대의 자산관리회사인 블랙록을 이끌며 10조 달러의 자산을 관리하고 있다. 이로 인해 핑크는 세계 투자 시장과 비즈니스 커뮤니티에서 막대한 영향력과 권위를 발휘하고 있다.

그의 연례 서한은 단순한 통신을 넘어 투자와 경제 전반에 대한 중요한 가이드라인으로 기능하고 있다. 블랙록의 회장으로서 핑크가 제시하는 투자 철학과 전략은 전 세계 기업의 CEO들과 투자자들에게 큰 관심을 받고 있다. 특히, 핑크의 서한은 지속가능성과 ESG 투자, 장기적 가치 창출 등 현대 금융과 투자에서 중요한 주제들을 다루고 있어 더욱 주목받고 있다.

그림 3-7. 2024 래리 핑크의 연례 서한

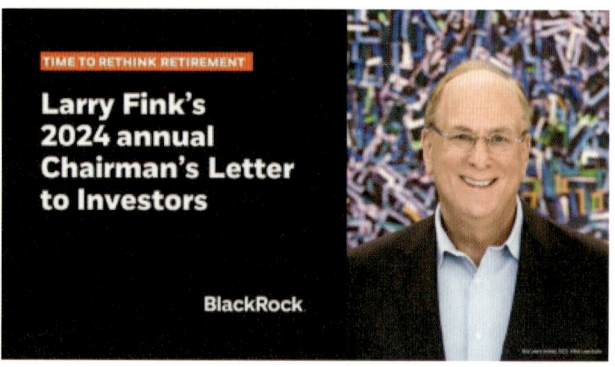

출처: 블랙록 홈페이지

핑크의 연례 서한은 단순한 투자 조언을 넘어 글로벌 경제와 시장의 방향성을 제시하는 중요한 문서로 자리 잡았다. 기업의 경영진들은 그의 서한을 통해 투자자들이 중요하게 여기는 가치와 기대를 이해할 수 있으며, 이는 기업의 전략과 운영에 직접적인 영향을 미친다. 또한 일반 대중도 그의 서한을 통해 현대 투자 시장의 흐름과 중요 이슈를 파악할 수 있다.

표 3-1. ESG 태동 및 확산

연도	1987년	2000년	2004년	2006년	2015년	2020년
주체	UNEP	UN	UNGC · 금융기관	UN	UN	WEF
주요 내용	브룬트란트 보고서 발간	MDGs (새천년개발목표) 채택	Who Cares Wins 보고서 발간	UN PRI (책임투자원칙) 제정	SDGs (지속가능발전목표) 채택	지속가능성 의제 논의

출처: 중소벤처기업을 위한 ESG 경영안내서

이처럼 래리 핑크의 연례 서한은 투자자와 기업, 그리고 일반 대중에게 중요한 정보를 제공하며, 전 세계 금융시장에 큰 영향을 미치고 있다. 그의 서한이 매년 발표될 때마다 주목받는 이유는 바로 여기에 있다.

Environmental · Social · Governance

Part 4

모두가 잘사는 상생 키워드
'스포츠 ESG'

01 스포츠와 ESG 경영을 위한 상생 전략
02 K-스포츠 ESG 얼라이언스 구축
03 탄소중립 달성을 위한 전략
04 폐기물 관리 및 재활용을 위한 전략
05 지속가능한 자원 활용을 위한 전략
06 상생을 위한 스포츠 ESG의 국내 사례
07 상생을 위한 스포츠 ESG의 해외 사례

01
스포츠와 ESG 경영을 위한 상생 전략

스포츠는 남녀노소를 가리지 않고 다양한 분야에서 상생이 이루어지고 있으며, 오랫전부터 가장 활발하게 진행된 활동은 바로 지역사회와 함께하는 상생이다. 스포츠는 오랫동안 지역사회 발전에 이바지했으며, 사회공헌활동을 통해 취약계층과 어려운 사람들을 위한 다양한 활동을 해왔다. 이는 스포츠만이 가지고 있는 특수성이라고 볼 수 있으며, 다양한 콘텐츠를 통해 함께 나누고자 하는 상생의 마인드에서 시작됐다고 볼 수 있다. 또한 스포츠는 전 세계인에게 즐거움과 영감을 선사하는 동시에 사회, 경제, 환경에 다양한 영향을 미치는 강력한 플랫폼이기도 하다.

스포츠와 함께하는 지역사회 프로그램과 청소년을 위한 스포츠 프로그램, 스포츠와 관련된 교육 프로그램 등을 통해 지역사회 구성원의 참여를 유도하고 관심을 유도하는 것이 그 예다. 또한, 모든 수준에서 다양성과 포용성을 촉진하고 성별, 인종, 장애 등에 관계없이 모두가 참여할 수 있는 환경을 조성하는 것이 중요한데, 선수와 팬들, 다양한 이해관계자의 건강과 웰빙을 증진하기 위한 프로그램 운영은 스포츠를 통한 사회적 책임을 실현하고 상생하는 키워드로 작용하고 있다.

그림 4-1. 페트병 분리수거 머신

출처: 네프론

　그뿐만 아니라 지역사회에 다양한 인종, 성별, 능력을 가진 사람들에게 참여 기회를 제공하고, 차별을 없애는 정책과 프로그램 도입으로 스포츠의 역할을 확대할 수 있다. 스포츠를 통해 환경보호, 사회적 책임, 지속가능한 개발 등의 주제에 대한 인식을 높이고 교육하는 데도 노력을 기울일 수 있으며, 스포츠 이벤트나 활동을 활용하여 환경교육 및 사회 문제에 대한 인식을 제고할 수 있다. 마지막으로 스포츠산업은 다양한 이해관계자들과의 협력을 통해 ESG를 실천할 기회를 창출할 수 있다. 이를 위해 지역 정부, 비영리 기관, 기업 등과의 파트너십을 강화하여 공동으로 ESG 프로젝트를 추진한다면 스포츠와 ESG가 함께 상생하며 발전할 수 있는 좋은 사례를 만들 수 있다. 이러한 방법들을 통해 스포츠와 ESG 상생을 실천해야 하고, 지속가능한 발전을 이룰 수 있으며, 사회적 가치를 실현할 수 있다. ESG 경영을 적극적으로 실천하는 스포츠 산업은 지속가능한 미래 구축을 위해 노력해야 한다.

02
K스포츠 ESG 얼라이언스 구축

K스포츠 ESG 얼라이언스(Korea-Sports ESG Alliance)는 스포츠 기관별로 개별 추진 중이던 ESG 활동을 얼라이언스 구성을 통해 스포츠 ESG 가치 확산, 공익 기여 효과성 제고에 힘쓰고 있다. 스포츠로 더 나은 세상을 만들자는 올림픽 운동에 동참하여 스포츠 분야의 국내 공공·민간기관 171개(2024년 4월 기준)가 참여 중이며, 2023년 스포츠 ESG 선언문을 발표했다.

그림 4-2. K스포츠 ESG 얼라이언스 중·장기계획

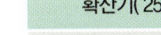

구축기('23년)	성숙기('24년)	확산기('25년)
■ 얼라이언스 구성 ■ 공동선언문 발표	■ 얼라이언스 추가 가입 ■ ESG 활동 합동 추진, 시범운영	■ 모든 체육 관련 단체 가입 ■ 참여기관 합동 ESG 활동 추가 발굴

지속가능한 스포츠 생태계 조성을 위해 미션을 설정하고 그와 동시에 탄소제로와 스포츠 사회공헌활동 선도, 윤리경영이라는 비전을 제시하며 스포츠 얼라이언스 4대 전략을 제시했다. 첫 번째 전략으로 스포츠 ESG 문화확산을 위한 얼라이언스 규모를 확대하고, 두 번째 전략으로 얼라이언스 내부 네트워킹 활성화 및 거버넌스 기반 구축을 이

야기했다. 세 번째 전략으로 스포츠 ESG 내재화 및 ESG 경영 실천을 추진하며 마지막으로 K스포츠 ESG 얼라이언스 활동성과 확산을 통해 스포츠 ESG 문화를 확산한다는 계획을 수립했다.

그림 4-3. 코리아 스포츠 ESG Alliance

출처: 국민체육진흥공단

K스포츠 ESG 얼라이언스는 '미래세대를 위해 스포츠로 더욱 나은 세상을 만들자'는 올림픽운동(The Olympic Movement)과 밀접한 관련이 있어 '23년 최초 구성 이후 '24년은 서울올림픽 기념 사업의 일환으로 추진중에 있다. 이와 관련하여 국민체육진흥공단은 서울올림픽레거시포럼 2024를 개최하였으며 올림픽 유산의 지속가능한 발전과 혜택 공유를 위한 방안을 논의하기 위해 '올림픽 레거시로 함께 누리는 혜택'을 주제로 진행되었다. 이 자리에는 국제올림픽위원회(IOC)와 아시아

패럴림픽위원회(APC)등 아시아-태평양 지역 20개국 31개 기관 관계자 40여명을 비롯한 400여명이 참석하였다. 스포츠는 단순히 경쟁과 승리의 장을 넘어서 모든 세대가 함께 성장하고 나누는 플랫폼으로 작용할 수 있음을 보여주고 있다고 하며 올림픽이 남긴 유산들은 단지 도시나 국가의 물리적 자산을 의미하는 것이 아니라 인간의 잠재력을 깨우고 공동체를 더 나은 방향으로 이끄는 소중한 자산이라는 메시지도 함께 남겼다. 이러한 활동들을 통해 스포츠를 통한 ESG 경영이 진행되고 있으며 앞으로 더 많은 행사를 통해 스포츠 ESG 경영은 확산될 것이다.

그림 4-4. 서울올림픽레거시포럼 2024

출처: 국민체육진흥공단

03
탄소중립 달성을 위한 전략

스포츠 현장에서 탄소중립을 달성하는 것은 환경 보호와 지속 가능한 발전을 위해 필수적이다. 스포츠 행사는 전 세계적으로 많은 사람들에게 영향을 미치는 중요한 활동이며, 동시에 대규모 에너지 소비와 온실가스 배출을 동반하고 있다. 이러한 탄소배출을 줄이지 않는다면 기후변화로 인해 스포츠 환경과 산업 자체가 위협받을 수 있는 상황이다. 예를 들어, 겨울 스포츠는 적설량 감소로 어려움을 겪고 있으며, 극단적 기후는 야외 스포츠 이벤트에 리스크를 초래하고 있다. 뿐만 아니라

그림 4-5. 물에 잠긴 축구장

출처: 다큐멘터리 〈플레이 온〉의 한 장면

갑작스러운 폭우와 태풍은 스포츠를 진행하는 현장에 악영향을 미치고 있다. 따라서 스포츠가 지속 가능한 방식으로 운영되도록 하기 위해 탄소중립은 중요한 목표이다. 이러한 측면에서 탄소배출의 심각성을 인지해야 하며 탄소중립 달성을 위한 전략을 생각해 볼 필요가 있다.

탄소중립 달성을 위해 네 가지 전략을 생각해볼 수 있다. 첫 번째로 과학적 목표 설정 및 로드맵을 구축하는 것이다. 단순히 감축률 제시가 아닌, 과학적 근거에 기반하여 탄소중립 목표를 설정하고, 이를 달성하기 위한 구체적인 로드맵을 마련한다. 두 번째로 에너지 효율을 개선하는 것이다. 에너지 사용량을 실시간으로 모니터링하고 분석하는 시스템을 구축하여 에너지 낭비를 줄여야 한다. 에너지 효율이 높은 조명, 난방 시스템 도입, 스마트 그리드 구축 등을 통해 에너지 소비량을 감소시키며 실제 많은 경기장에서 이러한 상황을 모니터링하고 있다.

그림 4-6. K리그 탄소중립 비전 선언

출처: 한국프로축구연맹

세 번째로 재생 에너지 사용을 확대해야 한다. 태양광 발전, 풍력 발전, 수력 발전 등 재생 에너지원을 적극적으로 활용한다. 경기장 내 태양광 패널 설치와 친환경 교통수단을 적극 이용하기 위한 정책 도입, 에너지 저장 시스템 구축 등을 통해 재생 에너지 사용 비율을 높여야 한다. 네 번째로 저탄소 건축 및 리모델링을 실시해야 한다. 국내 대부분 경기장은 20년 이상 노후화된 경기장이다. 신축 또는 리모델링 과정에서 친환경 건축 자재를 사용해야 하며, 단열 성능을 높여 에너지 손실을 최소화해야 한다. 저탄소 콘크리트, 재활용 소재, 친환경 페인트 등을 사용하여 최대한 환경 영향을 줄이는 정책을 펼쳐야 할 것이다.

04
폐기물 관리 및 재활용을 위한 전략

프로스포츠 구장의 폐기물 배출의 증가는 날이 갈수록 심각한 수준에 다다르고 있다. 특히 최근 인기에 힘입어 관중수가 증가하고 있는 야구장에서 나오는 폐기물의 양은 엄청나다. KBO(Korea Baseball Organization)에서 발표한 자료에 따르면, 최근 몇 년간 야구 경기의 인기가 급증하면서 관중수가 크게 증가하였고 그에 따라 경기장에서 발생하는 폐기물의 양도 눈에 띄게 늘어나고 있다. 제 5차, 6차 전국폐기물통계조사와 2022년 환경부 조사에 따르면, 2017년 우리나라 전

그림 4-7. 삼성라이온즈파크 폐기물 발생량

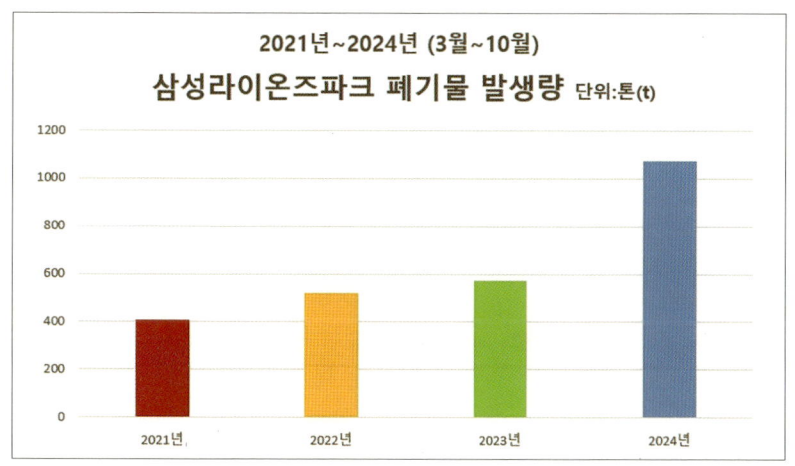

출처: 뉴스민

국 스포츠시설에서 발생한 폐기물은 총 6,176t, 이 중 36%인 2,203t이 야구장에서 발생하였다고 했다. 2021년 야구장에서 발생한 폐기물은 3,444t으로 크게 증가하였고, 야구장의 1인당 하루 평균발생량 또한 17년도 3.8(g/일/인)에서 21년도 7.95(g/일/인)으로 2배 가까이 증가한 상황이다. 삼성라이온즈파크의 경우 2022년 518.72톤이었고 2023년에는 571.38톤, 2024년에는 1074.57톤으로 전년 대비 약 88% 증가가 되었다.

이렇게 폐기물이 지속적으로 증가하는 가장 큰 이유는 관중수 증가이다. 2024년 삼성라이온즈파크는 34차례 매진을 기록하였으며 관중이 늘어나는 것과 비례하여 폐기물 양이 늘어나고 있는 것이다. 또 다른 문제는 부적절한 분리배출이다. 대부분의 재활용 가능 쓰레기가 일반 쓰레기로 버려지고 있으며 무분별한 쓰레기 배출은 음식물 쓰레기도 함께 버려지기 때문에 관중들의 위생 문제에도 위험한 상황에 놓이고 있다.

이러한 상황은 프로야구 뿐만이 아니다. 대구를 연고로 두고 있는 K리그 1부 구단인 대구FC의 홈구장 DGB대구은행파크의 경우 최근 4년간 폐기물 배출량도 176톤으로 엄청난 폐기물 배출이 일어나고 있다.

이처럼 폐기물 배출량은 빠른 속도로 증가하고 있다. 이에 따라 경기장에서 배출되는 폐기물 관리 및 재활용 방법에 대해서 구체적인 전략이 나와야 하는 시점이다.

그림 4-8. 스포츠 경기장 폐기물 1인당 하루평균발생량(단위 g)

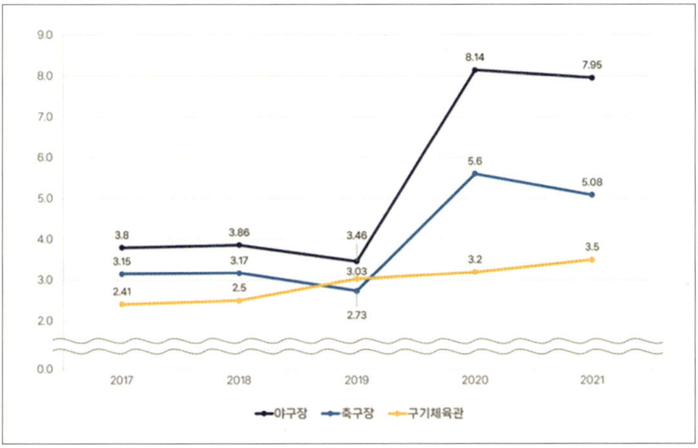

연도	야구장	축구장	구기체육관
2017	3.8	3.15	2.41
2018	3.86	3.17	2.5
2019	3.46	3.03	2.73
2020	8.14	5.6	3.2
2021	7.95	5.08	3.5

출처: 환경부

　　폐기물 관리 및 재활용을 위해서는 세 가지 방법을 고민해볼 수 있다. 첫 번째로 원천 분리 및 재활용 시스템을 구축하는 것이다. 스포츠 행사 발생 폐기물을 종류별로 분리수거하고, 재활용 가능한 폐기물은 적극적으로 재활용해야 한다. 음식물쓰레기는 퇴비로 재활용하고, 플라스틱 용기는 재활용업체에 전달하며, 재활용 불가능한 폐기물은 안전하게 처리한다. 실제로 프로스포츠 현장에서 쓰레기 재활용과 폐기물 문제는 심각한 문제로 제기되고 있으며, 이를 해결하기 위한 노력도 계속되고 있다. 두 번째로 재사용 및 재활용 용품을 사용하는 것이다. 우리가 평소 소비하는 스포츠용품과 의류, 유니폼 등에서 재사용 가능한 소재를 활용하거나, 재활용된 소재로 제작된 제품을 사용하는 것이 좋다. 일회용품 사용을 줄이는 것은 당연한 일상이 되어야 하고, 리필 가능한 용기를 사용하는 것은 항상 신경을 쓰고 실천해야 한다. 이를 통해 폐기물 발생량을 최소화해야 하며, 실질적인 쓰레기 양을 줄이는 생활을 하는 것이 중요하다. 세 번째로 폐기물 감량을 위한 캠페인을 운영하는 것이다. 선수 및 코칭·스태프, 스포츠팬들을 대상으로 폐기물 감량의 중요성을 교육하고, 참여를 유도하는 캠페인을 운영해야 한다. 지속적인 캠페인이 운영되지 않는다면 팬들의 머릿속에서 잊힐 것이다. 주기적으로 인식시켜주는 전략을 사용하여 언제 어디서든 생각나게 하는 그런 방법을 지향해야 할 것이다. 동시에 폐기물 줄이기 팁 공유, 재활용 제품 할인 행사 개최, 폐기물 관련 퀴즈 및 공모전 진행 등 팬들과 이해관계자들이 좋아하고 관심을 가질만한 캠페인을 계속하여 개발하고 활성화해야 한다.

그림 4-9. 축구장 쓰레기 분리배출 캠페인

출처: 대전하나시티즌

05
지속가능한 자원 활용을 위한 전략

지속가능한 자원 활용을 위한 전략은 환경보호와 사회적 책임, 경제적 지속가능성을 모두 고려해야 한다. 유엔총회에서 SDGs 지원을 위해 스포츠가 중요한 역할을 한다는 것은 이미 확인되었다. 유엔 2030 어젠다 제37항은 다음과 같이 명시하고 있다.

"지속가능발전 이행에 스포츠도 중요한 요소 중 하나다. 우리는 스포츠가 관용과 존중을 증진하고 여성 및 청년, 개인, 공동체의 역량 강화와 함께 건강, 교육 및 사회적 포용 관련 목표에 기여하면서 개발과 평화의 실현에 기여하고 있음을 인식한다."

2030년을 위한 17개 SDGs는 공공 및 민간 주체들이 지속가능발전에 기여하기 위해 어떻게 계획을 수립할지를 설명하기 위한 공통의 프레임워크를 제시한다. SDGs에는 빈곤 종식, 기후변화 해결, 불공평과 불평등 해결 등과 같이 더욱 지속가능하고 좋은 세상을 만들기 위한 많은 열망을 담고 있다. 이러한 UN의 지속가능발전목표(SDGs, Sustainable Development Goals)와 연계하여 한국 프로스포츠에서 채택할 수 있는 항목을 보면 에너지 효율화(SDG 7)와 자원 재활용 및 쓰레기 감소(SDG 12), 지역사회 협력(SDG 11), 평등과 포용(SDG 5), 지속가능한 투자(SDG 8), 글로벌 파트너십 구축(SDG 17) 등으로 볼 수 있다.

표 4-1. 스포츠 현장의 지속가능한 자원을 위한 전략

ESG	지속가능발전목표		전략
환경		SDG 7 Affordable and Clean Energy	경기장과 훈련 시설에 에너지 효율적인 시스템을 도입하고, 재생 가능 에너지원 (태양광, 풍력 등) 활용
		SDG 12 Responsible Consumption and Production	경기장에서 발생하는 쓰레기를 줄이기 위해 분리수거 시스템을 강화하고, 일회용 플라스틱 사용 최소화
사회		SDG 11 Sustainable Cities and Communities	지역사회와의 협력을 통해 지역 경제를 활성화하고, 지역 주민에게 스포츠 프로그램을 제공하여 건강 증진과 사회적 포용 도모
		SDG 5 Gender Equality	성별, 연령, 장애 여부에 관계없이 모든 사람이 스포츠에 참여할 수 있도록 지원하고, 포용적인 환경 조성
지배구조		SDG 8 Decent Work and Economic Growth	장기적인 관점에서 유소년 육성, 시설 개선, 마케팅 등 다양한 분야에 지속가능한 투자 유도
		SDG 17 Partnerships for the Goals	글로벌 스포츠 단체와 협력하여 기술·자원·지식을 공유하고, 국제적인 지속가능성 목표를 달성하기 위해 노력

출처: 저자 재구성

지속가능한 자원 활용을 위해 다양한 방법을 생각해볼 수 있다. 먼저 지역자원을 우선 활용하는 것이다. 물건을 만들고 판매를 위해 먼 거리를 이동하는 경우들이 많다. 자원 또한 마찬가지다. 최대한 가까운 곳에 있는 자원을 활용하여 생산한다면 그만큼 운송 거리를 줄이고 환경 영향을 최소화할 것이다. 지역 식재료를 사용하고, 현지 업체 이용하는 방법도 좋은 방법일 것이다. 또한 지역에서 생산되는 특산품을 활용하는 것도 지역 경제 활성화에 큰 기여를 할 것이다. 따라서 지속가능한 자원을 활용하기 위해 현지에서 생산되는 자원을 최대한 활용하는 방법을 고민해봐야 한다.

두 번째로 지속가능한 임산 관리를 해야 한다. 목재는 다양한 환경에서 사용되고 있으며, 환경파괴와도 밀접한 관계를 맺고 있다. 목재자원은 인공림에서 생산된 친환경 목재를 사용하고, 삼림 벌채를 최소화하기 위해 노력해야 한다. FSC 인증 목재를 사용하고 산림 재생 프로그램 지원하며 불법 벌채 방지 캠페인 참여 등을 통해 지속가능한 임산 관리를 실천한다면 지속가능한 자원을 활용하는 데 많은 도움이 될 것이다.

그림 4-10. 구단별 특색 있는 다회용 컵

출처: 한국프로스포츠협회

06
상생을 위한 스포츠 ESG의 국내 사례

    KB금융그룹과 2018 평창올림픽기념재단은 올림픽 선수들과 청소년을 위한 토크쇼를 개최하며 청소년들에게 꿈과 희망의 메시지를 전했다. 김연아 선수는 올림픽이라는 큰 무대에서 그간 쏟았던 노력을 최고의 연기로 선보일 수 있었던 선수로서의 도전정신과 노하우를 전했으며, 묵묵하게 꾸준히 자신의 페이스를 유지했던 경험담을 진솔하게 이야기하면서 청소년들에게 희망의 메시지를 전달했으며, 새로운 목표

그림 4-11. 2024 올림피언 토크콘서트

출처: KB금융그룹

를 설정할 수 있는 동기부여를 제공했다. 또 다른 스포츠 스타 유승민 IOC 선수위원은 청소년들을 직접 만나 고민에 대해 진솔한 이야기를 해주었으며, 토크콘서트가 꿈나무들이 목표를 향해 더욱 힘차게 나아갈 수 있도록 조금이나마 도움이 되었기를 바란다는 이야기를 통해 스포츠를 통한 상생의 메시지를 전했다.

신한은행은 국내 최초로 개최하는 월드테이블테니스(WTT) 챔피언스의 공식 명칭을 '신한은행 2024 인천 WTT챔피언스'로 확정하며 네이밍을 통한 대회 후원을 한다고 했으며, 대한민국 탁구 파트너로서 향후 탁구 종목의 발전은 물론 올림픽을 위한 지원을 이어나가고 있다.

또한 대구FC의 스폰서인 DGB대구은행은 우승을 기원하며 현장 이벤트와 특판 예금 판매, 비대면 경품 추첨 등 다양한 행사를 진행했다. 대구FC의 리그 성적에 따라 우대이자율이 적용되는 상품도 판매하여 스포츠와 지역사회의 상생을 이어나가고 있으며, 지역 주민에게 실질적인 혜택이 돌아가도록 하고 있다.

그림 4-12. DGB대구은행 상생 이벤트

출처: DGB대구은행

기업에서 이렇게 각종 후원과 행사를 통해 스포츠와 소통하고 있다면, 연맹이나 협회 등 스포츠 단체에서도 다양한 상생 활동을 하고 있다. 우리나라 K리그를 운영하는 한국프로축구연맹은 매년 사회공헌활동 리포트를 발간함으로써 이러한 사회공헌활동을 독려하고 있다.

07 상생을 위한 스포츠 ESG의 해외 사례

ESG를 통해 지속가능성을 증진하고 긍정적인 사회적 영향을 촉진하는 해외 사례도 있다. 먼저 독일에서 열리는 UEFA 유로 2024는 지속가능한 스포츠 이벤트의 기준이 되도록 하는 포괄적인 ESG 전략을 발표했다. 이 전략에는 기후 보호 및 폐기물 관리를 포함한 환경적 영향 감소 조치와 토너먼트 관련 배출을 완화하기 위한 기후 펀드 투자가 포함되어 있다. 사회적 이니셔티브 차별을 퇴치하고 평등한 권리를 증진하며 지역사회 연대를 강화하기 위한 노력에 중점을 두었다. 지배구조 측면에서의 노력은 투명하고 책임 있는 운영을 강조하며 지속가능한 유산을 보장하기 위해 개최 도시 및 파트너와의 지속적인 지식 공유 및 협력을 포함했다.

1) NFL(미식축구리그)

미국 미식축구리그인 NFL(National Football League)은 탄소중립 경기를 위해 탄소 오프셋 프로그램을 도입했다. 탄소 오프셋 프로그램은 개인이나 기업, 정부가 직접 배출한 온실가스량을 상쇄하기 위해 다른 곳에서 온실가스 배출 감축을 지원하는 프로그램이다.

경기장에서 발생하는 탄소배출량을 측정하여 신재생 에너지 구매,

나무 심기 프로젝트 등의 프로그램에 의해 탄소배출을 상쇄하고 있다. 일각에서는 이러한 탄소 오프셋 프로그램의 한계도 지적하고 있다. 그 이유는 실질적인 온실가스 감축이 부족하다는 점을 이야기하며, 미래의 온실가스 배출량 감소에 기여하지 못할 것이라는 문제가 제기된다. 또한 투명성이 부족하다는 지적도 나온다. 일부 탄소 오프셋 프로그램의 데이터 신뢰가 부족하여 투명성이 보장되지 못하는 상황이고, 이는 실질적으로 온실가스 감축에 기여하는지에 대한 의심까지 받고 있는 상황이다. 따라서 투명한 공개에 의한 신뢰 구축이 중요한 점으로 이야기되고 있다. 마지막으로 윤리적인 문제도 제기되고 있다. 개발도상국에서 이루어지는 탄소 오프셋 프로젝트는 현지 사회에 부정적인 영향을 미칠 수 있다는 우려도 존재하고 있다.

그림 4-13. NFL 슈퍼볼 자원봉사자들의 나무 심기

출처: KTNV

2) FC 바르셀로나

　FC 바르셀로나는 'FCB 스포츠 & 사회'라는 프로그램을 통해 소셜인클루션(social inclusion)을 증진하고 사회적 문제에 대한 대응을 강화하고 있다. 여기서 이야기하는 소셜인클루션은 1995년 코펜하겐에서 열린 사회개발을 위한 세계정상회의에서 정의한 '모두를 위한 사회'를 의미한다. 이 프로그램은 청소년에게 스포츠와 교육을 통해 리더십과 자기개발을 지원한다. 또한 스키 리조트에서는 장애인 아동들을 위한 스키 클리닉을 개최하여 스포츠의 즐거움을 경험할 기회를 제공하고 있다. 이를 통해 장애를 가진 아이들도 스포츠가 주는 즐거움을 누릴 수 있으며, 교육적인 측면에서도 상생의 예를 찾아볼 수 있다.

그림 4-14. FCB 바르셀로나 로고

출처: FC 바르셀로나 홈페이지

3) 국제축구연맹(FIFA)

스포츠계에서도 전 세계가 직면한 문제에 따라 지속가능성의 중요성과 그 개념은 점점 더 중요해지고 있다. 국제축구연맹(FIFA)은 환경보호 및 지속가능한 개발에 대한 인식을 높이기 위해 다양한 환경 교육 프로그램을 운영하며 상생을 실현하고 있다. 환경 교육 프로그램은 축구를 통해 환경 인식을 높이고, 지속가능한 실천을 장려하기 위한 다양한 활동과 교육 프로그램을 포함하고 있다. 축구 경기 및 행사에서 환경보호를 촉진하고, 축구팬과 지역사회의 환경문제에 대한 인식을 제고하는 데 중점을 두며 진행한다. FIFA에서 진행하는 이러한 프로그램은 선수와 스포츠팬, 지역사회 구성원들에게 환경보호에 대한 중요성을 알리는 중요한 프로그램으로 평가된다.

그림 4-15. FIFA 청소년 축제 상생 프로그램

출처: FIFA 홈페이지

Environmental · Social · Governance

Part 5

메가스포츠 ESG

01 국제올림픽위원회(IOC)의 ESG 경영
02 국제축구연맹(FIFA)의 ESG 경영

01
국제올림픽위원회(IOC)의 ESG 경영

고대 그리스에서 시작된 올림픽은 인류 평화의 축제, 국가 간의 종교·정치·경제적 차이를 뛰어넘어 전 세계를 하나로 묶는 화합의 장으로서 역할을 해왔다. 근대 올림픽의 창시자 쿠베르탱이 주창한 올림피즘(올림픽 정신)은 스포츠를 통해 심신을 향상시키고 문화와 국적 등 다양한 차이를 극복하며 우정, 연대감, 페어플레이 정신으로 평화롭고 더 나은 세계의 실현에 공헌하는 것이다. 지금까지 전해져 내려온 올림픽 정신은 오늘날 ESG 경영과 맞물려 미래에도 이어질 것이다.

지속가능성은 광범위한 사회와 환경, 경제 문제에서 이 시대가 직면한 시급한 도전 과제 중 하나이며, 기후변화, 경제적 불평, 사회적 불의 등의 주요 이슈는 전 세계 모든 곳의 사람들에게 영향을 미치고 있다. 국제올림픽위원회(IOC, International Olympic Committee)는 "스포츠를 통해 더 나은 세상을 만든다(Building a better world through sport)"라는 올림픽 무브먼트(Olympic Movement) 비전에 발맞춰 전 세계 지속가능성에 대한 의무와 기회가 있다고 강조하고 있다. 특히 SDGs는 올림픽 정신(Olympism)의 세 번째 목적인 "사회에서 스포츠와 올림픽 가치 장려"와 그 뜻을 함께한다. 올림픽 무브먼트는 지속가능성을 우리의 활동에 한층 더 내재화하고, 관련 주체들과 파트너십을 구축함으로써 이러한 SDGs 실현에 더욱더 기여할 수 있다. 또한 올림픽 무브먼트의 세 번째 사명인 "사회에서 스포츠와 올림픽의 가치를 증진한다"는 여러 SDGs와 긴밀하게 연관되어 있다. 특히 건강 및 웰빙(SDG 3), 양질의 교육(SDG 4), 양성평등(SDG 5), 평화, 정의, 강력한 제도(SDG 16), 지속가능성을 위한 파트너십(SDG 17) 분야가 이에 속한다. 지속가능성을 IOC의 활동에 한층 더 내재화하고 관련 주체들과 파트너십을 구축함으로써 IOC는 여러 SDGs에 기여함과 동시에 SDGs의 기여를 강화하고자 한다. 이는 IOC 지속가능성 전략의 중요한 요소이고 이를 바탕으로 IOC가 앞으로 ESG를 적극적으로 추진할 경우, 다가올 미래의 올림픽 대회에서는 다음과 같은 변화가 있을 것이다.

그림 5-1. IOC가 기여하고자 하는 핵심 SDGs

출처: IOC

먼저 환경친화적인 대회 운영을 할 수 있다. 2024 파리올림픽은 환경친화적인 대회를 운영하기 위해 환경을 최우선 과제로 설정했다. 대회 장소 및 시설에서 친환경적인 에너지 사용을 강조하고, 탄소배출을 최소화하는 노력이 강화되었으며, 친환경적인 건물과 시설, 재활용 시설 및 재활용 프로그램을 도입하여 대회의 환경 영향을 최소화하였다. 또한 사회적 책임 및 포용성을 강화하여 다양한 인종, 문화, 성별 등의 차별 없는 대회를 위한 노력을 강화했으며, 다양한 사회적 책임 프로젝트를 확대하고, 지역사회와 협력을 강화하여 대회가 지역 발전에 긍정적인 영향을 미칠 수 있는 긍정적인 효과를 기대했다. 대회 조직의 투명성과 윤리적 경영은 미래 올림픽의 핵심 요인으로 강조될 것이며 투명한 회계 및 재무 보고, 부패 방지를 위한 강력한 정책 및 절차가 시행될 것이다. 앞으로 이러한 활동을 발전시켜나간다면 올림픽에 대한 신뢰성과 신뢰도가 향상될 것이다.

마지막으로 지속가능한 유산의 유지 및 보존에 힘쓸 것이다. 대회가 종료된 이후에도 대회 시설 및 인프라가 지속가능한 유산으로 남을 수 있도록 더욱 노력할 것이고 재생 에너지 시설, 재사용 가능한 시설, 지속가능한 공간 계획 등이 이루어져 올림픽이 지역 발전에 지속적인 이점을 제공할 것이다.

1) 올림픽, ESG 실천의 선두 주자로 거듭나다

메가스포츠 이벤트인 올림픽에서 ESG 활동을 다양한 방법으로 실천하고 있다. 환경과 관련하여 올림픽에서는 환경보호를 위한 다양한 노력을 기울이고 있다. IOC는 지속가능성 증진을 위해 다양한 파트너와 함께 협력관계를 형성하고 있다. 지속가능개발목표(Sustainable Development Goals: SDGs) 달성을 위해 UN과의 협력을 시행하고 있으며, 스포츠를 통한 글로벌 지속가능성을 촉진하고 있다. 또한 환경단체와 파트너십 구축을 통해 환경보호와 지속가능한 자원 관리를 위한 노력을 하고 있다. 아울러 사회적 책임을 다하기 위해 사회적 기업 및 정부 기관과 협력하여 다양한 프로그램을 운영함으로써 ESG 실천에 앞장서고 있다. 이러한 활동으로 IOC는 스포츠를 통한 지속가능한 발전을 촉진하고, 전 세계 스포츠의 발전을 ESG 경영을 통해 구현하려는 노력을 하고 있다.

그뿐만 아니라 친환경적인 경기장 및 시설 건설, 재활용 및 폐기물 관리 프로그램, 에너지 효율적인 시설 운영 등을 통해 탄소배출을 줄이고 환경적 파급효과를 최소화하고자 한다. 또한 올림픽에서는 사회적 가치를 증진하기 위한 다양한 사회 프로그램을 운영한다. 이러한 프로그램은 청소년 교육, 지역사회 발전 프로젝트, 다문화 및 인종 간 이해 증진을 위한 활동 등을 포함한다. 다양성과 포용을 증진하기 위해 장애인 및 소외계층을 위한 프로그램도 운영되고 있다. 마지막으로 투명하고 윤리적인 지배구조를 강화하기 위해 노력하고 있다. 부패 방지 및 금융 투명성을 위한 정책과 규정을 강화하고, 기업의 사회적 책임을 강조한다. 또한, 이해관계자들과의 투명하고 개방적인 소통을 촉진하고 있다. 이러한 활동들을 통해 올림픽은 지속가능한 미래를 준비하고, 스포츠의 사회적 및 환경적 가치를 증진시키는 데 기여하고 있으며, 메가

스포츠 이벤트가 ESG를 실천하는 모범사례 중 하나로 평가되고 있다.

오래전부터 IOC는 올림픽 지속가능성에 대해 집중해왔다. 2014년, 2020년 올림픽의 핵심 요소로 지속가능성을 인지했고, 2017년 전략적 로드맵을 구축하며 IOC의 세 가지 책임과 다섯 가지 집중영역을 명시했다(지속가능한 조기, 폐기, 소통 등의 내용과 인권, 노동, 반부패 등의 이슈 포함). 또한 뮌헨 2022 유럽선수권대회 조직위원회(European Championships Munich 2022)는 지속가능한 스포츠 이벤트로 대회를 개최한다고 발표했으며 경기장은 지속가능성, 탄소중립, 재활용 등 여섯 가지 핵심 목표를 설정하여 대회를 진행할 것이라고 발표했다.

하지만 아직 체계적인 시스템이 없는 상태에서 IOC의 역할이 중요하다. IOC가 ESG 활동을 좀 더 적극적으로 추진해야 하고, 다양한 정

표 5-1. 올림픽에서의 ESG 변화과정

연도	지역	형태	주요 내용
1992	프랑스 알베르빌	동계올림픽	최악의 환경오염 올림픽 사례. 이후 IOC가 '환경올림픽'이라는 새로운 이념 도입의 계기가 됨
1998	일본 나가노	동계올림픽	'자연과 공생'을 내세워 환경올림픽을 홍보했지만 효과는 미미함
2006	이탈리아 토리노	동계올림픽	'지속가능성'이라는 슬로건과 함께 환경 보전기준인 ISO 14000이 적용된 첫 번째 올림픽
2016	브라질 리우데자네이루	하계올림픽	'미래를 위한 나무 심기', '자연과 환경보호'의 가치를 강조한 올림픽. 이후 탄소배출에 대한 대비 미흡
2020	일본 도쿄	하계올림픽	올림픽에 ESG 경영이 최초로 도입됨. 수소에너지, 리사이클링 제품 사용
2022	중국 베이징	동계올림픽	기업들이 자발적으로 나서기 시작. 업사이클링 제품 사용, 메타버스 같은 기술 도입
2024	프랑스 파리	하계올림픽	'지속가능성'을 중심으로 올림픽 경기장과 각종 시설 건설

책으로 ESG 경영이 정착할 수 있도록 해야 하며, 지속가능한 대회 조직과 운영을 위한 정책을 수립하여 시행해야 한다.

환경보호와 탄소중립, 자원절약을 위한 노력은 ESG 경영을 수행하는 데 기초적인 환경적 요소다. 환경적인 활동을 강화하고, 재활용 프로그램을 확대하는 등 적극적인 활동을 통해 대회 개최 시 위험 요소로 작용할 수 있는 환경적 영향을 최소화해야 한다. 또한 사회적 책임을 강화하며, 지역사회 발전을 촉진하는 프로젝트를 지원해야 한다. 지역사회는 사회적 가치를 실현하는 데 중요한 요소이고, 동시에 지속적인 가치를 제공하고 사회적 불평등을 해소하기 위한 프로그램을 확대해야 한다. 또한 다양성과 포용성을 증진하기 위한 노력을 강화하고, 모든 국가와 지역에서 온 참가자들에게 공정한 기회를 제공해야 하며, 차별과 편견을 없애는 데 힘쓰고 투명성을 높여야 한다. 윤리적 경영을 강조하는 정책을 함께 시행하는 것에 소극적인 자세를 취하는 것이 아니라 정책적으로 확대하여 투명한 회계 및 재무 보고, 부패 방지를 위한 강력한 조치들을 취하여 조직 내부의 윤리적 경영을 해야 한다. 마지막으로 지역사회와의 협력을 강화하고 그들의 의견을 수렴하는 데 더 많은 노력을 기울이고 지역주민, 환경단체, 정부 등과의 협력을 통해 대회를 조직하고 운영해야 한다.

이러한 변화들은 지속가능한 스포츠 이벤트로서 올림픽의 역할을 더욱 강화하고, 사회적 가치를 실현하는 데 중요한 역할을 할 것이다. 지속가능한 발전을 위한 노력은 올림픽의 의미와 가치를 높이는 데 기여할 것으로 기대된다.

2) 2020 도쿄올림픽 ESG

2020 도쿄 올림픽의 슬로건은 "더 나은 미래로 함께 나아가자. 지구와 인류를 위해(Be better, together-For the planet and the people)"라는 주제로 지속가능성에 대해 강조하는 모습을 보였다. 조직위원회는 이번 올림픽을 통해 인류애를 굳건히 하고 지구환경을 회복시키는 지속가능성의 선도 모델을 구축하겠다고 발표했다. 지속가능성을 강조하며 유엔 지속가능개발목표(SDGs)를 기반으로 포스터도 제작해 발표했고 기후변화와 자원 관리, 자연환경과 생물 다양성, 인권·노동 존중 및 공정한 사업 관행, 협력 및 소통을 이야기하며 기후 대응과 탄소 저감을 글로벌 주요 어젠다로 넣기도 했다.

그림 5-2. 2020 도쿄올림픽의 지속가능성 슬로건 포스터

출처: https://tokyo2020.org

이번 대회에서는 친환경 재료를 이용하기 위한 노력도 돋보였다. 올림픽 수상자들에게 수여된 메달은 일반 대중이 기부한 전자기기를 재활용하여 제작되었는데, 이는 지속가능한 사회를 위한 노력과 메시지를 담은 것으로 역대 올림픽에서도 재활용 메달은 있었지만, 그 비율이 100%에 달하는 것은 이번이 처음이라고 했다. 더불어 메달 시상대는 재활용 플라스틱을 사용하여 제작되었다.

그림 5-3. 재활용 올림픽 메달과 시상대

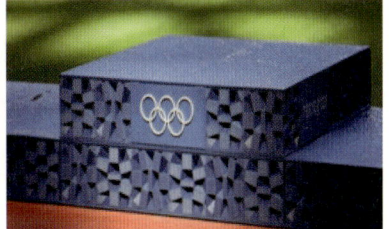

출처: https://tokyo2020.org

3) 2024 파리올림픽 ESG

2024 파리올림픽은 시사하는 바 크다. 파리올림픽은 2015년 처음 유치 신청서를 낼 때부터 '친환경 대회'를 필살기로 내세웠다. 준비부터 운영, 사후 활용에 이르기까지 순환 경제(Circular Economy) 개념을 적용해 '더 적게' 쓰면서 '더 나은' 그리고 '더 길게' 활용하는 대회를 열겠다고 공언했다. 올림픽 슬로건 "더 빨리! 더 높게! 더 강하게"에 '더 친환경적으로'가 더해지게 된 배경이다.

파리올림픽 경기장 중 95%는 기존에 지어진 시설을 활용하여 경기를 진행하고 나머지 5%도 대회 이후에 철거가 쉬운 공법으로 지어졌다. 우리가 생각했던 화려한 경기장과 최신식 시설을 건설하고 어마어마한 건설 인프라 비용을 투입하는 올림픽과 다르게 2024 파리올림픽은 최대한 덜 짓는 것을 목표로 올림픽을 준비했다. 우리에게는 참으로 낯선 풍경이 연출되었다.

탄소배출량 감축을 위해 신규 경기장 건설을 최소화하고, 경기장 건설에 친환경 건축 자재를 사용하여 환경 부담을 줄였으며, 기존 시설을 최대한 활용하여 건설 과정에서 발생하는 탄소배출량을 줄였다. 경기장과 시설에 태양광, 풍력 등 재생 에너지를 적극적으로 도입하여 화석연료 사용을 줄였으며, 선수단과 관중에게는 대중교통을 이용하도록 유도하고, 자전거도로 확충 등을 통해 개인 차량 이용을 최소화했다.

그뿐만이 아니었다. 폐기물 감축, 재활용을 위해 일회용 플라스틱 사용을 금지했으며, 다회용기와 식기류를 사용하여 플라스틱 폐기물 발생을 최소화했다. 또한 지역 주민이 올림픽에 참가하고, 지속가능한

그림 5-4. 2024 파리올림픽 엠블럼

출처: 파리올림픽 홈페이지

생활 방식을 실천하도록 교육했으며, 이러한 모습들은 올림픽이 추구하는 가치를 보여주는 현장이었다.

4) 지속가능한 올림픽, 친환경 올림픽 시설

2024년 올림픽을 앞두고 프랑스 파리는 '지속가능성'을 핵심 원칙으로 삼아 올림픽 경기장과 관련 시설을 건설했다. 이는 과거 올림픽 개최 도시들이 대규모 토지 개발과 지역 개발 프로젝트를 진행한 것과 대조적이다. 2004년 그리스 아테네는 올림픽을 앞두고 교통 수요를 충족시키기 위해 광범위한 지하철 네트워크 개발 프로젝트를 시행했으며, 2012년 영국 런던은 상대적으로 개발이 더딘 리벨리 지역을 재개발하여 대규모 경기장과 시설들을 구축했다.

파리는 올림픽 준비 과정에서 '최대한 덜 짓기'를 목표로 삼았다. 블룸버그의 보도에 따르면, 파리는 기념비적인 건설보다는 '지속가능성'을 올림픽의 주요 유산으로 남기길 원하고 있다. 이를 위해 파리올림픽에 사용될 경기장의 95%는 이미 존재하는 시설을 활용하고 새로 지어질 나머지 5%의 경기장과 시설 역시 대회 후 재활용이 쉽도록 설계되어 있다. 친환경 대회로 개최하기 위한 노력은 여기에 그치지 않았다. 파리올림픽 전체 35개 경기장 등 시설 중 신축 건물은 아쿠아틱 센터와 올림픽·미디어 빌리지 단 3개가 전부다. 2012년 런던(6개)의 절반, 2016년 리우와 2020년 도쿄(9개)의 3분의 1 수준에 불과하다. 아쿠아틱 센터(아쿠아틱 수영·다이빙·수구)는 전체 자재의 50%가 목재나 대마, 짚 등을 원료로 만든 저탄소 바이오 자재가 쓰였다. 내부 좌석은 플라스틱 폐기물로 만들고, 면적 4,680㎡의 옥상에는 태양광 패널을 설치해 시설 가동에 필요한 전력의 100%를 자체 충당했다. 프랑스 정부는 아쿠아틱 센터 건립에 앞서 공공건물 신축 시 자재의 최소 50%를 목재나 천연 자재를 사용하도록 의무화했다. 또한 아쿠아틱 센터와 올림픽·미디어 빌리지는 목재와 저탄소 시멘트, 재활용 자재를 사용해 기존 공법 대비 탄소배출량을 30% 넘게 줄였다고 발표했다. 신축 건물 중 사후 관리·운영비 부담이 발생하는 경기장은 아쿠아틱 센터가 유일

그림 5-5. 파리올림픽 마스코트 '프리주'

출처: Paris2024.org

하다. 나머지 95%에 가까운 경기장 시설은 기존 건물을 개조하거나 대회 이후 철거하는 임시 구조물을 사용한다. 이러한 접근 방식은 지속가능한 도시 개발과 자원 활용에 중점을 두는 동시에, 올림픽 이후의 환경 부담을 최소화하는 데 기여할 것으로 기대된다.

5) 올림픽 선수촌도 친환경, 경기장도 친환경

파리 북쪽에 건설한 올림픽 선수촌은 친환경 건축과 지속가능한 에너지 사용을 중심으로 설계되었다. 이 선수촌은 8층 미만의 모든 건물이 목재와 유리를 주재료로 사용하여 친환경적인 구역으로 조성되었다. 또한, 모든 건물은 히트펌프와 재생 에너지를 통해 필요한 에너지를 지속가능한 방식으로 공급받는다. 특별히 주목할 점은 선수촌에 전통적인 에어컨 시스템 대신, 지하수 냉각 시스템을 도입하여 자연적인 냉각 방법을 활용한다는 것이다. 이 시스템은 지열을 효과적으로 피할 수 있게 도우며, 건물 설계는 태양열을 직접적으로 받지 않도록 계획되어 자연 냉각 효과를 극대화한다.

선수촌과 함께 지은 8천 석 규모의 체육관은 재활용 알루미늄으로 외관을 마무리하여 환경보호에 기여한다. 이는 지속가능한 올림픽 개최를 위한 파리의 노력을 보여주는 또 다른 예다. 그뿐만이 아니다. 파리올림픽을 위해 특별히 건설된 아디다스 아레나를 포함한 두 곳의 경기장은 지속가능성에 초점을 맞추어 관중석을 모두 재활용 플라스틱으로 제작했다. 이를 위해 약 100톤의 재활용 플라스틱이 사용되었다는 점은 환경보호와 자원 재활용에 대한 파리의 약속을 보여주는 사례다. 친환경적 접근 방식은 프랑스 건설업계의 친환경 전환을 촉진하는 중요한 발판을 마련하고자 하는 프랑스 정부와 파리시의 전략과도 일치한다. 비록 프랑스 정부가 2020년에 제안한 모든 신축 공공건물에서 목재 또는 기타 생물 소재를 50% 사용하도록 의무화하는 법안이 폐기되었지만, 그 이후로 프랑스 정부는 목재 및 기타 생물 소재를 사용하는 건축 프로젝트에 대해 약 2억 유로의 보조금을 지급하는 등 지속적으로 지원을 아끼지 않고 있다.

프랑스가 재생 에너지 분야에서 일부 유럽 국가들에 비해 다소 뒤처질 수 있지만, 친환경 건물 분야에서의 발전은 주목할 만하다. 툴루즈 대학교의 환경 전문가 뤼크 플루아삭은 프랑스의 목재 건축 산업이 오스트리아나 독일만큼 발전하지는 않았음에도 건물에 바이오 기반 재료를 사용하는 것은 유럽의 다른 국가들을 합친 것보다 앞서 있다고 평가했다.

6) 온실가스 배출감소를 위한 입법 절차

유럽연합(EU)은 건물 부문에서 온실가스 배출량 감소를 적극 추진하고 있다. 유럽연합 집행위원회(EC)에 따르면, EU 내 건물은 전체 에너지 소비의 40%, 온실가스 배출의 36%를 차지하고 있다. 이러한 상황을 개선하기 위해 EC는 2021년에 발표한 '핏포 55(Fit for 55)' 입법 패키지를 통해 2030년까지 EU의 평균 탄소배출량을 1990년 대비 55%로 감축하는 목표를 설정했다. 이 패키지의 일환으로 건물의 에너지 성능을 개선하기 위한 입법 제안들이 포함되었다.

유럽의회를 통과한 「그린 건물법」에 따라 2030년부터 모든 신축 건물은 탄소배출이 전혀 없어야 하며, 공공기관이 소유하거나 사용하는 신축 건물에 대해서는 2028년부터 이 요건이 적용된다. 또한, EU 회원국은 2040년까지 난방 및 냉방에서 화석연료 사용을 단계적으로 폐지하기 위해 난방 시스템의 탈탄소화 조치를 계획하고, 그 구체적인 방법을 마련해야 한다.

이러한 조치들은 EU가 건물 부문에서의 지속가능한 발전을 도모하고, 장기적으로 환경보호 및 기후변화 대응에 기여하고자 하며 회원국들에 지속가능한 에너지 소비와 온실가스 감축을 위한 구체적인 행동 계획을 수립하도록 촉구하는 중요한 법적 틀을 제공하고 있다.

그림 5-6. 목재가 사용된 프랑스 파리올림픽의 주요 경기시설

경기시설	특징	사진
샹 드 마르스 아레나 에펠탑 인근 나무로 만든 레슬링 경기장	- 1,500m²의 PEFC 인증 유럽 가문비나무를 사용하는 대규모 집성목 구조 - 조립식(prefab)과 모듈러 건축 방식이 주로 활용 - 행사 후 해체되어 목재는 다른 용도의 건축물로 재활용 예정	
파리 아쿠아틱 센터 올림픽 수영장	- 신축 영구적 건축물(5천명 수용, 5천m²) - 목조 매스팀버 구조로 800톤 이상 하중 버티도록 설계, 레고처럼 조립 - 내부도 눈에 보이는 모든 구조는 목재로 만들어짐	
올림픽 선수촌 8층까지 목조	- 목재와 저탄소 철강을 결합한 하이브리드 건축시스템 적용 - 8층 이하는 나무와 유리로만 시공, 8층 이상부터 철골로 지지 - 행사 후, 사회복지 주택(6천채)으로 활용 예정	

[대전=뉴시스] 목재가 사용된 프랑스 파리올림픽의 주요 경기시설.(사진=산림청 제공) *재판매 및 DB 금지

7) 폐기물을 최소로, '파리 푸드 비전'

파리올림픽 조직위원회는 음식 쓰레기와 플라스틱 컵 및 용기 등의 폐기물 배출을 줄이기 위해 '파리 푸드 비전' 프로그램을 운영했다. 이 프로그램의 목표는 2012년 런던올림픽 대비 음식물쓰레기와 플라스틱 사용을 절반 수준으로 줄이는 것이었으며, 이를 위해 조리 전 식재료 주문 단계부터 정확한 양을 예측하여 재료 낭비를 줄이고, 배출된 음식물쓰레기는 정밀한 수거 시스템을 통해 퇴비화하는 관리 및 처리 프로세스를 도입했다. 조직위원회는 이러한 노력을 통해 파리올림픽이 스포츠 행사에서 제공되는 케이터링 서비스의 새로운 가능성과 방향성을 제시했다.

그림 5-7. 식물성 재료 위주로 탄소 감소

출처: Paris2024.org

208개 지역과 국가에서 온 1만 5천 명의 선수들의 영양과 문화적 식습관을 충족시키기 위해 모든 유형의 요리를 제공하는 세계 최대의 레스토랑이 될 선수촌에서 식사를 제공했다. 자원봉사자들은 주로 지역 및 제철 식품으로 만든 푸짐한 식사를 나누며 시간을 보냈으며 관중은 파리, 마르세유 및 리옹 경기장에서 프랑스 지역의 제품을 사용하여 만든 다양한 샌드위치를 맛볼 기회가 제공되었다. 여기에는 저렴한 가격에 더 많은 식물성 식품 및 로컬 푸드를 사용해 건강하고 맛있고 창의적인 음식이 제공된다는 공통점이 있다. 올림픽과 패럴림픽 기간 중 대회에 관련된 모든 선수와 스태프에게 제공되는 1,300만 끼의 식사는 평균 탄소배출량을 기존의 2.3kg에서 절반 이하인 1kg으로 줄이는 것을 목표로 진행했다. 이를 위해 식물성 재료 사용을 2배 늘리고, 식재료의 80%를 지역 농가에서 조달하여 운송 거리를 최소화했으며, 일회용 플라스틱 컵과 용기 사용을 줄이기 위해 보증금 반환 제도를 도입하고, 경기장 내에서는 개인용 텀블러 사용도 허용했다. 이러한 다양한 전략을 통해 파리올림픽은 지속가능한 행사 운영의 모범이 되는 모습을 보여주었다.

8) 최초, 최초, 그리고 또 최초의 파리올림픽

파리올림픽은 여러 방면에서 '최초'라는 수식어가 따라붙는 기존 올림픽과 차별화된 모습을 보여주었다. 2024 파리올림픽에서 가장 주목되는 부분은 프랑스의 문화유산으로 손꼽히는 장소에서 경기가 펼쳐졌다는 점이다.

그림 5-8. 에펠탑 배경의 비치발리볼 경기장

출처: https://olympics.com/ioc

　또한 이번 올림픽에서는 ESG 경영을 실천하기 위한 노력으로 탄소발자국을 최소화하는 친환경적인 솔루션을 제시하고 지속가능성을 실현하기 위해 기존 국가의 랜드마크를 최대한 활용하는 낯선 풍경이 펼쳐졌다. 이러한 발상의 효과는 대규모 건설을 통해 도시를 개조할 기회로 삼아온 이전 올림픽과 다르게 파리는 올림픽을 개최했다는 추억과 경험만 남기고 경기장을 비롯한 물질적인 것들은 남기지 않으려 했다. 그 효과로 올림픽 경기장을 새로 개설하지 않고 에펠탑이나 베르사유 궁전, 콩코르드 광장, 마르세유 마리나 등 프랑스의 랜드마크로 손꼽히는 장소에서 대회가 개최되었으며 특히 태권도와 펜싱은 그랑팔레에서 열렸는데, 1900년 건물이 지어진 이래로 개최되는 가장 큰 이벤트라고 하여 높은 관심을 이끌었다.

그림 5-9. 베르사유 궁전의 승마와 근대5종 경기장

출처: https://olympics.com/ioc

파리올림픽은 경기적 측면뿐 아니라 경기 외적인 부분에서 친환경 올림픽을 진행하기 위한 노력의 흔적을 보여주었다. 환경오염을 최소화할 방안으로 자전거 주차 공간, 도보 등의 관중이 이용할 수 있는 이동수단을 친환경 우선으로 유도했으며 대회 관계자 역시 모두 친환경 차량을 이용했다. 또한 올림픽 선수촌을 비롯하여 경기장 시설에 각종 친환경 시설을 설치했으며, 풍력과 태양광을 이용한 재생 에너지 사용, 폐기물 처리를 위한 친환경 시스템 구축으로 폐기물 제로 정책을 시행했다.

9) 친환경 올림픽을 위한 ESG 전문 컨설팅 파트너

2024 파리올림픽 경기에서 가장 눈에 띄는 파트너는 딜로이트(Deloitte)다. '올림픽 파트너(The Olympic Partner, 이하 TOP)'하면

바로 떠오르는 기업으로 코카콜라(Coca-Cola), 삼성(Sansung), 비자(Visa), 오메가(OMEGA) 등이 있으며 이들은 이번 올림픽에도 어김없이 TOP 파트너 리스트에 이름을 올렸다. 기존 파트너 외에도 2010년대 후반부터 아래와 같이 인텔(Intel), 에어비앤비(Airbnb), 알리바바(Alibaba) 같은 IT·디지털 범주의 기업들이 파트너로 합류하기 시작했다.

그림 5-10. 월드와이드 올림픽 파트너

출처: https://olympics.com/ioc/partners

세계적인 전문 서비스 기업 딜로이트는 2022년 국제올림픽위원회(IOC)와 10년간의 전략적 파트너십을 체결하며 파리 2024 올림픽 및 패럴림픽 대회를 포함하여 올림픽 대회 공식 파트너로 5회 선정되었다. 딜로이트는 2012년 런던 올림픽에 참여했던 자문 격인 서포터 역할을 넘어 처음으로 'Worldwide Olympic Partners'라는 명칭으로 공식 파트너십을 맺었다. 딜로이트가 올림픽 공식 파트너로 선정된 가장 큰 이유는 바로 ESG(Environment, Social, Governance) 분야의 전문성이었다. 이번 선정으로 파트너십 기간 동안 환경, 사회, 거버넌스 서비스 전문 지식을 활용하여 다음과 같은 분야에서 IOC의 올림픽 2020+5 목표 달성을 지원한다.

- 기업 거버넌스 강화
- 지속가능한 전략 수립
- 다양성, 형평성 및 포용성 증진
- 선수 지원 및 복지 강화

딜로이트는 ESG 분야에서 쌓아온 풍부한 경험과 전문성을 바탕으로 올림픽 운동의 지속가능한 발전에 기여할 것으로 기대된다. 또한, 딜로이트와 IOC의 파트너십은 글로벌 사회가 직면한 중요한 과제 해결에서 상생협력의 모범 사례가 될 것으로 전망된다. 파트너십 기간 동안 다양한 활동을 했으며 IOC의 ESG 전략 및 정책 수립 지원 그리고 올림픽 관련 기관·조직의 ESG 역량 강화 지원, 지속가능한 올림픽 개최를 위한 컨설팅을 제공하고 올림픽 선수 및 관계자들의 ESG 교육 및 인식 개선 지원 등 ESG 전문성을 활용한 다양한 활동을 진행했다. 또한 이번 파트너십 체결로 올림픽 운동의 지속가능성 향상과 사회적 책임 강화, 글로벌 ESG 기준 마련에 기여하고 올림픽 가치를 통한 사회 변화를 촉진하고 있다. 딜로이트와 IOC의 파트너십으로 스포츠 ESG 분야에서 새로운 시대를 열 것으로 기대된다.

10) 지속가능한 올림픽을 위한 IOC의 노력

IOC 올림픽위원회의 지속가능성 전략에 따라 지속가능성을 모든 IOC 활동의 필수적인 부분으로 만들었다. 이 전략은 조직으로서의 IOC, 올림픽 개최자로서의 IOC, 올림픽 운동 리더로서의 IOC라는 세 가지 영향력 영역을 포괄하며, 지속가능성이 공동의 책임이라는 신념을 반영한다.

'조직으로서의 IOC'의 책임 영역에는 IOC가 직접 통제하고 조직의 일상 운영 업무와 관련된 모든 활동이 해당한다. 특히, 건축물 관리, 구매 조달 및 이동 활동, 인적자원관리, IOC 총회 및 위원회 회의 등 조직 행사 주최, IOC 미디어와 커뮤니케이션 채널 사용, 방송, 스폰서십 및 마케팅권의 관리, 올림픽 박물관 관련 활동이 포함된다. 또한 2016년에는 마드리드의 올림픽 방송 서비스(OBS, Olympic Broadcasting Services)와 올림픽 채널 서비스(OCS, Olympic Channel Services) 운영이 도심지에서 도심 외곽의 더 큰 신축 건물로 이전하고 올림픽 채널(Olympic Channel)이 개시되면서 큰 변화가 있었다. 2017년에는 신축 건물에 대해 국제표준화기구 기술위원회에서 제정한 환경경영체제에 관한 국제표준인 ISO14001과 에너지경영시스템 인증 중 하나인 ISO50001 표준에 따라 환경관리 및 에너지관리 시스템의 인증을 획득했다.

2016년 이 전략이 시행된 이후 이미 많은 성과를 거두고 있으며 IOC는 탄소중립을 달성하기 위한 활동을 계속하고 있고, 2024년까지 탄소중립 조직에서 기후 긍정적 조직으로 전환하기로 약속했다. 또한

IOC 지속가능성 전략에 따라 다가오는 모든 올림픽은 탄소중립을 진행하며, 2020 도쿄올림픽은 탄소제로 기술을, 2022 베이징올림픽에서는 모든 올림픽 경기장에 재생 가능 에너지로 전력을 공급했다. 2024 파리올림픽은 이전 올림픽 대비 올림픽의 탄소발자국을 55% 줄이는 것을 목표로 했다. IOC는 올림픽 운동을 대표하여 주도적인 역할을 수행해왔으며, 이는 전 세계 스포츠 커뮤니티에서 기후 행동을 추진하는 것을 목표로 하는 UN 스포츠 기후 행동 프레임워크 개발 및 구현에 핵심적인 역할을 하고 있다. 현재까지 IOC, 올림픽조직위원회, IPC, 수많은 국제연맹 및 국가올림픽위원회를 포함한 170개 이상의 스포츠 단체가 이 프레임워크에 참여하기로 약속했다.

그림 5-11. 올림픽 선수촌 설계에 태양광 패널 설치

출처: https://olympics.com/ioc

모든 IOC 직원을 한 지붕 아래 모으는 올림픽 하우스는 지속가능성, 운영 효율성 및 지역 경제를 위해 IOC의 민간 자금을 투자했다. 올림픽 하우스는 세계에서 가장 지속가능한 건물 중 하나로 평가되며, 국제 LEED 그린 빌딩 프로그램의 최고 인증 수준인 LEED 플래티넘을 받았다. 대회 운영 전반에 걸쳐 친환경 프로그램도 적극적으로 시행된다. 선수와 스태프 약 1만 4천 명의 베이스캠프 역할을 하는 올림픽 빌리지는 에어컨 대신 온도를 낮추는 단열재와 수성 냉각 시스템을 적용했다. 이 시스템은 발전기를 이용해 센강의 물을 냉각한 후 파이프를 통해 공급하는 방식이다. 그러나 실내외 기온 차를 6℃ 수준으로 유지하도록 설계된 이 수성 냉각 시스템은 폭염 시 선수들의 경기력에 영향을 미칠 수 있다는 우려가 제기되었다. 이에 따라 미국, 영국, 덴마크, 이탈리아, 호주, 그리스 등 일부 국가들은 선수들의 의견을 반영해 자체적으로 에어컨을 설치하겠다고 밝혀 논란이 되기도 했지만, 조직위원회에서 선수단의 경기력을 위해 에어컨 설치를 허용하겠다는 입장을 밝히는 해프닝이 벌어지기도 했다.

조직위는 탄소배출량 감축 목표 달성의 핵심 요소로 '교통'과 '폐기물' 분야에 주목하고 있다. 특히 교통 부문은 전체 탄소배출량의 약 40%를 차지하기 때문에 이를 해결하기 위한 친환경 교통 및 수송 대책을 마련했다. 조직위는 "선수단의 이동 거리를 줄이기 위해 거의 모든 시설을 선수촌 반경 10㎞ 이내에 배치했다"고 설명하며, 대회 기간 동안 2,650대의 도요타 전기차를 선수단 이동에 투입했다. 또한 약 1,530만 명으로 예상되는 방문객이 편리하고 안전하게 대중교통을 이용할 수 있도록 다양한 노력을 기울였다. 파리시는 각 경기장을 이어주는 표준 버스와 지하철 등의 대중교통 운행 횟수를 평소보다 15% 늘리고, 시내 곳곳에 총 2만 대 규모의 자전거 전용 주차 공간과 400km가 넘는 전용 도로를 조성했다. 한편, 노후화된 파리 지하철은 이용객이 한꺼번에 몰리지 않도록 수요 조절과 안전 인력 투입을 위해 한시적으로 요금을 두 배 인상하는 정책을 펼쳤다.

11) 2028 로스앤젤레스올림픽 ESG

2024년 파리올림픽 폐막식에서 로스앤젤레스의 캐런 배스(Karen Bass) 시장이 파리 시장 안 이달고(Anne Hidalgo)로부터 오륜기를 전달받고, 2028년 로스앤젤레스올림픽의 카운트다운을 공식적으로 선포했다. 2024 파리올림픽은 통합을 강조함과 동시에 친환경을 가장 최우선 과제로 설정하고 과거와 현재를 이어주는 프랑스인의 전통문화유산을 선보이는 경기 방식으로 세계인의 다양한 문화를 존중하는 문화축제로 선보이고자 했다. 이러한 점은 앞으로 열리는 미국 LA올림픽에 시사하는 바 클 것이다.

2028 로스앤젤레스올림픽은 새로운 역사를 창조하기 위한 준비가 시작되었다. 로스앤젤레스올림픽조직위원회는 친환경 올림픽을 목표로 하고 있으며, 재활용 가능한 재료 사용과 탄소발자국 감소 등 다양한 지속가능성 프로젝트를 추진하고 있다.

2028 LA 올림픽은 7월 21일에서 8월 6일에 열릴 예정으로 첫 "에너지 친화적인 대회(Energy Positive Games)"를 목표로 하고 있으며 이

는 올림픽에 필요한 자원과 에너지보다 많은 에너지를 효율적으로 재생 가능한 자원을 통해 만들어 내는 것을 의미하고 있다. 2028 올림픽은 재정 및 환경 측면에서 지속가능한 행사를 보장하기 위해 대회경기 시설로 기존 경기 시설을 활용하며 신규로 요구되는 시설은 임시 시설로 조성할 계획이다. 또한 선수촌 등 경기 시설 이외에 요구되는 대회 시설 또한 기존 시설들을 활용하고, 대회 개최와 무관하게 추진이 계획되어 있던 도시의 장기적 개발 계획에 맞춰 조성할 예정이다.

12) 과거 올림픽 ESG

(1) 2008 베이징 하계올림픽

베이징 하계올림픽은 대기오염이 심한 도시에서 개최되었기 때문에 대회 기간 동안 대기오염을 감소시키기 위한 다양한 노력이 이루어졌다. 이를 위해 산업 시설의 운영을 제한하고, 대중교통을 활용하여 교통 체증을 줄이는 등의 조치가 취해졌다.

(2) 2010 밴쿠버 동계올림픽

밴쿠버 동계올림픽은 생태계를 보호하고 지속가능한 개발을 촉진하기 위해 노력했다. 대회 기간 동안 산림 보호와 수생 동물 보호를 위한 프로그램을 운영하고, 친환경 시설을 구축하여 환경적 파급효과를 최소화했다.

(3) 2012 런던 하계올림픽

런던 하계올림픽은 지역사회 발전을 위한 다양한 프로그램을 실시하여 현지 주민의 삶의 질을 향상시켰다. 주거 개발 및 도시 재생 프로젝트, 청소년 교육 및 고용 프로그램 등이 이루어졌다.

(4) 2014 소치 동계올림픽

소치 동계올림픽은 지역사회와의 협력을 강화하여 사회적 가치를 증진했다. 대회 기간 동안 현지 주민을 위한 문화 이벤트 및 활동을 개최하고, 지역 경제 발전을 촉진하는 프로그램을 운영했다.

(5) 2016 리우 하계올림픽

리우올림픽은 '지구의 허파'라고 불리는 아마존 열대우림에서 열렸는데, 이러한 지리적 특징을 토대로 개막식에서 '대자연과 환경'을 주제로 "미래를 위한 지속가능한 환경을 만들자"는 메시지를 전 세계에 전달했다. 대회 중에는 다양성과 포용을 증진하기 위한 다양한 사회 프로그램을 운영했으며, 장애인을 위한 특별한 이벤트와 활동을 제공하고, 지역사회 발전 프로젝트를 지원하여 현지 주민의 삶의 질을 향상시켰다.

(6) 2018 평창 동계올림픽

평창 동계올림픽은 투명하고 윤리적인 지배구조를 강화하기 위해 노력했다. 부패 방지를 위한 강력한 대응책을 시행하고, 투명한 회계와 금융 관리를 실천하여 이해관계자들의 신뢰를 얻었다.

(7) 2020 도쿄 하계올림픽

도쿄올림픽은 친환경적인 대회를 개최하기 위해 노력했다. 대회 기간 동안 재활용 및 폐기물 관리를 강화하여 환경적 파급효과를 최소화했으며, 태양광 발전 및 에너지 효율적인 시설 운영을 통해 탄소배출을 줄이는 노력을 기울였다.

(8) 2022 베이징 동계올림픽

베이징 동계올림픽은 탄소중립을 달성하기 위한 노력을 기울였다. 대회 기간 동안 탄소배출량을 추적하고 감축하기 위한 다양한 프로그램을 운영하고, 탄소 오프셋 프로젝트를 통해 남은 배출량을 상쇄했다.

(9) 2024 파리 하계올림픽

파리올림픽은 청소년 교육과 문화 교류를 촉진하기 위한 프로그램을 개발했다. 이를 통해 지역사회의 청소년들에게 스포츠의 가치를 전파하고, 문화 교류를 통해 다양성과 이해를 증진시키기 위해 노력하고 있다.

02
국제축구연맹(FIFA)의 ESG 경영

FIFA 월드컵은 세계에서 가장 큰 단일 스포츠 이벤트로 각 대륙에서 펼쳐진 예선전을 거쳐 자격을 갖춘 324개의 남자 축구팀이 FIFA가 선정한 개최국에서 한 달 동안 열리는 최종 대회에서 세계 챔피언이 되기 위해 경쟁한다. 2018 FIFA 러시아 월드컵의 경우, 64개 경기에 300만 명 이상의 관중이 입장했으며, 결승전을 보기 위해 10억 명 이상의 팬들이 시청하는 전 세계 36억 명의 TV 시청자를 기록했다.

경기 외에도 추첨, 팀 및 심판 세미나 및 워크숍, 개막식 및 폐막식, 시상식, 문화 행사, 기자회견 및 출시 행사 등 다양한 공식 대회 관련 행사가 진행된다. 토너먼트 진행은 3단계에 걸쳐 진행되며, 준비 단계는 개최국에 대회 개최권을 부여하는 것으로 시작되어 독점 사용 기간이 시작될 때까지 계속된다. 준비 단계는 독점적 사용 기간 동안 이루어지며, 이 기간 동안 모든 또는 일부 구성 그룹은 FIFA 월드컵 사이트에 대한 독점적 액세스 및 사용권을 가지며 다른 당사자에 대한 액세스를 제한할 수 있다. 토너먼트 후 단계는 독점 사용 기간이 종료된 후 모든 임시 구조물이 해체되고 최종 토너먼트 지속가능성 보고서가 발행될 때까지 진행된다.

FIFA 월드컵 개최는 종종 개최국의 역사적 이정표이자 상징적인 업적을 나타내며 지역사회, 인프라 개발 및 서비스 제공에 큰 영향을 미친다. 여기에는 수천 명의 근로자와 자원봉사자의 고용 및 교육, 수십만 명의 팬 수송, 토너먼트 기간 동안 사람들의 건강과 안전 보호가 포함된다. 이 모든 단계 중 ESG를 빼놓고 이야기할 수 있는 것은 하나도 없다.

1) FIFA의 지속가능한 월드컵

지난 10년 동안 FIFA는 기후변화, 폐기물 관리, 재활용, 지속가능한 건설 및 조달 같은 문제를 포괄하는 환경보호와 관련된 요구사항과 프로그램을 지속적으로 강화해 왔다. FIFA는 2016년 스포츠연맹 최초로 UN 기후 행동 프레임워크에 가입했다. 이 프레임워크의 목표는 스포츠연맹, 조직, 팀, 선수와 팬을 모아 파리협정의 목표를 달성하기 위한 공동의 노력을 기울이고 있다.

이러한 약속은 지구를 보호하기 위한 구체적인 행동으로 이어졌으며, 특히 FIFA의 주력 행사를 중심으로 이루어졌다. FIFA는 2014년 브라질, 2018년 러시아, 2022년 카타르 월드컵 대회 운영과 관련된 불가피한 온실가스 배출량을 측정하여 감축한 다음 상쇄하기 위한 조치를 취했으며, 2023년 FIFA 호주 및 뉴질랜드 여자 월드컵까지도 계속 이어가고 있다. 2022 FIFA 카타르 월드컵 지속가능성 전략에는 에너지 효율적인 경기장, 저배출 운송, 지속가능한 폐기물 관리 관행 등 토너먼트 관련 배출량을 완화하기 위한 포괄적인 이니셔티브를 포함했다.

그림 5-12. FIFA 지속가능성 프레임워크

출처: www.fifa.com

이러한 FIFA의 노력으로 월드컵에서도 ESG(환경, 사회, 지배구조) 관련 활동이 점차 활성화되고 있다. 몇 차례의 월드컵 대회에서는 이러한 측면들이 점차 강조되고 있으며, 대회를 조직하고 운영하는 주체들이 ESG 원칙을 적용하고 있다. 그러나 아직도 모든 월드컵 대회에서 완벽한 ESG 실천이 이루어지고 있는 것은 아니고 부족한 측면이 있다. 대회마다 진행 규모, 개최국의 사회·경제적 상황, 주관 조직의 관리 능력 등이 차이가 있지만, 월드컵 대회에서는 환경적·사회적·지배구조적 측면에서 다양한 노력이 이루어지고 있다.

2) 지속가능한 미래를 향한 여정: ESG 경영 실천의 중요성

　　ESG 경영 중 환경적인 활동으로는 친환경 시설 구축, 탄소배출 감소, 재활용 프로그램 운영 등의 노력이 진행되고 있으며 사회적으로는 지역사회 발전을 위한 프로젝트, 다양성 증진을 위한 프로그램, 봉사활동 등이 이루어지고 있고 지배구조적으로는 투명성을 높이고 부패 방지를 위한 조치들이 이루어지고 있다. 앞으로 더 많은 월드컵 대회에서 ESG 경영의 실천이 더욱 강화될 것으로 기대되며, 이는 스포츠 이벤트가 지속가능성을 고려하고 사회적 책임을 다하는 글로벌 행사로 발전하기 위한 노력의 하나다.

　　조금 더 자세하게 이야기해보면 환경적인 활동으로 친환경 시설을 구축하고 있는데, 월드컵 경기장 및 대회 시설의 건축 및 관리에 친환경 기술과 재료를 사용하여 친환경 시설을 구축하고 있다. 태양광 패널을 설치하거나 에너지 효율적인 시설을 채택하여 에너지 소비를 줄이고 친환경 환경을 조성하고 있다. 또한 탄소배출 감소와 관련해서는 대회 기간 동안 대중교통을 사용하도록 장려하고, 이동수단으로 전기자동차를 활용하거나 차량의 탄소배출을 제한하는 등의 조치를 통해 탄소배출을 줄이는 활동들을 진행한다. 대회 장소와 주변 지역에는 재활용을 촉진하는 프로그램이 운영되며, 분리수거함이 설치되고, 관중에게 재활용에 대한 교육이 제공된다.

　　사회적 활동으로는 사회 프로젝트를 진행하는데, 월드컵이 열리는 지역의 지역사회 발전을 지원하는 다양한 프로젝트를 실행한다. 이는 교육, 보건, 인프라 개발 등 다양한 영역에 걸칠 수 있으며 공원 개발,

청소년 스포츠 프로그램 지원, 재난 구호 활동 등을 포함할 수 있다. 또한 다양성을 증진하고 인종, 성별, 출신 국가 등의 차별을 없애기 위한 다양한 프로그램을 실행하고 있으며, 월드컵 참가자나 관중을 대상으로 봉사활동을 하는데 환경미화 청소, 공원 정리, 재난 구호 물품 분배 등의 다양한 활동을 포함한다.

지배구조 활동으로는 투명성 강화에 노력하고 있다. 대회 준비 및 운영에 관한 정보를 투명하게 공개하고, 이해관계자들과의 소통을 강화하여 지배구조를 향상시키고 있다. 부패 방지를 위한 강력한 정책을 시행하고, 공정하고 투명한 경쟁을 촉진하여 월드컵의 공정성을 유지하고 있다.

이와 같은 ESG 활동은 월드컵을 개최하는 국가 및 지역사회에 긍정적인 영향을 미치고, 스포츠 행사의 지속가능성과 사회적 책임을 강조한다. 이러한 활동들은 월드컵을 더 포용적이고 지속가능한 행사로 만들기 위한 노력의 일부로 받아들여지고 있다. 이러한 노력의 하나로 교육 프로그램을 통해 청소년들에게 다양한 기회를 제공하기도 한다.

또한 FIFA에서 운영 중인 Generation Amazing Foundation(GA) 프로그램은 전 세계 20개국 이상에서 운영되고 있으며, 수십만 명의 청소년이 프로그램을 통해 혜택을 받고 있다. 제너레이션어메이징재단은 2022년 FIFA 월드컵 카타르 개최를 위해 최고 전달 및 유산위원회(SC)가 설립한 인간 및 사회 유산 프로그램이다. 카타르 월드컵을 계기로 시작된 GA 프로그램은 스포츠를 통해 청소년의 삶을 변화시키는 것을 목표로 하고 있다.

표 5-2. FIFA GA 프로그램

YOUTH FESTIVAL	YOUTH ADVOCATES	COMMUNITY CLUB	F4D CURRICULUM DEVELOPMENT
청소년 축제	청소년 지지자	커뮤니티 클럽	F4D 커리큘럼 개발
매년 개최되는 이벤트로, 청소년들에게 영감을 주고 지역사회에서 스포츠를 통해 긍정적인 사회 변화에 기여할 수 있는 방법을 소개하는 것을 목표로 한다.	청소년들이 능력 강화 기회를 통해 독특한 여정을 떠나 글로벌 시민이자 지역사회 리더로 성장할 수 있도록 돕는 포괄적이고 상호작용적인 프로그램이다.	사회적 포용과 결속 문제를 해결하는 다목적 허브 역할을 한다. 안전한 공간이자 청소년 역량 강화를 위한 인큐베이터 역할을 하는 GACC는 지속가능한 사회 발전을 촉진한다.	F4D 커리큘럼은 모든 GACC 및 학교 프로그램에서 제공된다. 하마드 빈 칼리파 대학교 및 러프버러 대학교의 인증을 받았다. 또한 FIFA, AFC, CONCACAF, FA, QFA의 공식 인증을 받았다.

3) FIFA의 ESG 활동 강화 방안

　FIFA는 ESG(환경, 사회, 지배구조) 활동을 단순한 단계로 여길 수 있지만, 이는 더 큰 목표를 향한 첫걸음이다. 재활용 프로그램은 환경보호와 지속가능한 소비문화를 촉진하는 중요한 활동이고, 복잡한 사회적 문제와 연결되어 있으며, 이를 해결하기 위해 다양한 차원에서의 노력이 필요하다. 또한 ESG 활동을 적극적으로 추진하기 위해 다음과 같은 정책을 수립해야 한다.

　우선 ESG 원칙의 통합이 필요하다. FIFA는 ESG 원칙을 명확히 하여 대회 조직 및 운영에 완전히 통합해야 한다. 이를 실행하기 위해 FIFA 내부에서 강력한 정책과 가이드라인을 수립하고, 대회 조직 및 협력사들에 이를 준수할 수 있도록 필수사항으로 규정해야 한다.

두 번째로 환경보호 및 탄소중립 정책을 실행해야 한다. FIFA는 환경보호를 강화하고 탄소중립을 실현하기 위해 명확한 계획을 수립해야 하며, 대회 장소와 시설에서 에너지 효율적인 운영, 재활용 프로그램의 확대, 친환경 시설 구축 등을 통해 환경 영향을 최소화할 방법을 강구해야 한다.

세 번째로 사회적 책임을 강화하여 지역사회 발전을 위한 프로젝트를 지원해야 한다. 이 같은 프로젝트는 지역사회에 긍정적인 영향을 미치고 사회적 불평등을 해소할 수 있을 것이다. 또한, 지배구조의 투명성을 강화하여 투명한 회계 및 재무 보고, 부패 방지를 위한 강력한 정책 및 절차를 시행함으로써 신뢰를 회복하고 조직 내부의 윤리적 경영을 강조할 수 있다.

마지막으로, 이해관계자 참여를 강화해야 한다. FIFA는 스포츠팬, 지역주민, 환경단체, 정부 등의 의견을 수렴하고 이를 반영하여 대회를 조직하고 운영해야 한다. 이러한 정책들은 FIFA가 ESG 경영을 적극적으로 추진하고 사회적 가치를 실현하기 위한 중요한 첫걸음이 될 것이며, 이는 단순히 축구 대회를 조직하는 것을 넘어 지속가능한 스포츠 이벤트를 만들어가는 의미 있는 일이다.

4) FIFA, 환경 우려에 급선회. 2030 월드컵 개최 방식 급변

FIFA는 지속가능한 월드컵과 관련하여 환경문제에 대한 우려에 즉각 대응 했다. 이 같은 우려를 의식한 듯 FIFA가 웹사이트에 올린 성명에는 남미에서 단 세 경기만 열린다는 사실을 강조하며 "스페인·

포르투갈·모로코가 2030 FIFA 월드컵의 개최국이 될 것이고, 101경기 동안 대회는 지리적으로 가깝고 잘 발달한 광범위한 교통망과 인프라를 갖춘 이웃 국가들에서 치러질 것"이라고 했다. 이어서 "FIFA 월드컵이 환경에 미치는 영향을 완화하기 위해 필요한 모든 조치를 취할 것"이라고 덧붙였다. 동시에 공식 홈페이지를 통해 2030년 축구 월드컵은 월드컵 100주년을 기념해 3대륙 6개국에서 경기가 열린다고 발표했다. 스페인·포르투갈·모로코 3국이 공동 주최하되 100주년을 기념해 제1회 개최국인 우루과이에서의 별도 행사를 포함해 남미 3개국(우루과이·파라과이·아르헨티나)에서 한 번씩 경기가 열린다.

과거 친환경 월드컵을 강조한 2022년 카타르 월드컵 때는 환경 피해 논란에 시달렸다. 이처럼 즉각적인 대응에 나선 것은 과거에도 친환경 월드컵 개최를 표방했지만 실제로는 친환경적이지 않았던 것으로 드러나면서 비난에 시달린 경험이 있기 때문이다. 2022년 카타르 월드컵 때 개최국인 카타르와 FIFA 모두 탄소중립적 월드컵을 개최했다고 대대적으로 선전했지만, FIFA 자체 집계상으로도 월드컵과 관련된 탄소배출량은 무려 아이슬란드의 연간 배출량과 맞먹는 360만 톤인 것으로 추산되었으며 이는 사하라사막 이남 아프리카 국가들의 배출량보다 많은 양이었다. 이 추산치에는 대회 개최를 위한 7개의 신규 경기장 건설과 공조 시스템, 교통인프라, 개최국 안팎으로 팬들을 실어 나르는 매일 1,300편의 항공편에서 나오는 탄소 등이 모두 포함된 것으로 탄소중립적 월드컵을 개최한다는 발표가 무색해졌다.

이와 관련하여 비영리단체인 카본마켓워치(Carbon Market Watch)

는 영구적인 새 경기장 건설과 관련된 배출량이 과소 계상되었기 때문에 360만 톤은 과소 평가된 수치라는 주장을 펼쳤다. 즉, 실제는 이보다 더 많은 탄소가 배출됐다는 것이다. 미국·캐나다·멕시코가 공동 개최하는 2026년 북중미 월드컵 대회에서도 참가국이 48개국으로 늘어남으로써 FIFA는 이로 인한 환경 영향을 줄이는 노력을 취해야 한다는 목소리도 커지고 있다.

또 다른 비영리 축구단체인 Football for Future는 향후 월드컵 개최국 선정 과정에서 월드컵 개최에 나선 국가들이 지속가능성과 기후 친화적인 대회를 개최할 수 있는 국가인지를 중점적으로 알아봐야 한다고 주장하면서 월드컵 개최국가 선정부터 대회 준비 도중 나오는 탄소배출량 추정치에 대한 계산도 필요하다고 주장했다. FIFA는 친환경을 추구하고 홍보했지만, 이러지도 저러지도 못하는 난처한 상황에 직면하여 이에 따른 조치와 정책적 방향이 수립되어야 한다는 현실을 직시하고 있다.

5) FIFA의 ESG 8대 전략

(1) 건강을 위한 금연 전략

FIFA는 2002년 월드컵부터 금연 정책을 도입했다. FIFA 주최로 대회가 열리는 지역(야외 흡연 구역이 있는 지역 제외)에서 흡연 및 전자담배 사용을 금지하고 있으며, 담배회사로부터 후원은 받지 않고 있고, 담배 광고와 판매 등을 포함하여 담배산업과의 연결을 금지하고 있다. 2022 월드컵이 열린 카타르는 공공장소 흡연을 금지했으며, 2019 FIFA 클럽월드컵, 2021 FIFA 아랍 컵 같은 대회에서 자원봉사자 및 관련자들에게 금연 정책에 대한 교육을 실시하여 대회 기간에는 상대적으로 낮은 흡연율을 기록하기도 했다.

(2) 인권을 위한 전략

FIFA는 강제노동, 차별, 단체교섭권, 근로자 건강 및 안전, 보수, 생활수준 등 구체적인 구제 수단에 대한 정책을 발표했다. 카타르의 법률도 노동권 보호를 위해 극심한 더위와 습도로부터 근로자의 건강을 보호하기 위해 매년 6월부터 9월까지 오전 10시부터 오후 3시 30분까지 개방된 작업장에서 일하는 것을 금지하고 있으며, 국제노동기구와의 기술협력 프로그램을 개발하기 위해 많은 노력을 기울이고 있다.

(3) 대회 후 시설 활용을 위한 전략

카타르 월드컵 개최를 위해 구축된 경기장 및 주변 시설을 장기적으로 사용할 수 있도록 월드컵이 열리는 도하 주변 8개의 경기장 및 주변 시설에 대한 개보수가 진행되었다. 이에 경제 다각화 목표를 지원하기 위해 국가 수입의 원천으로 스포츠 및 문화 부문을 홍보하고 있다. 또한 카타르 월드컵과 관련해 스포츠 시설과 관련된 투자 기회를 민간 부문에 부여하여 민간 부문의 역할을 강화하는 정책적 전략도 수립했다.

(4) 온실가스를 줄이기 위한 전략

월드컵을 개최하기 위한 대회 준비 기간에 교통 및 숙박, 건설 활동 등에서 배출되는 온실가스를 줄일 수 있도록 석유 및 가스 자원의 사용률을 줄이고 대체 에너지 사용률을 높여 에너지 효율을 높이는 정책을 발표했다. 카타르는 석유 자원의 의존율을 줄일 수 있도록 대체 에너지 사용을 위한 시설을 설치했다. 또한, 월드컵 기간 탄소배출량을 줄이기 위해 건설계획 단계에서 모든 시설 및 경기장 간의 거리를 최소화하여 장거리 이동을 없애는 방법을 선택했다.

(5) 물 절약을 위한 전략

월드컵이 열리는 기간에는 참가자의 대규모 유입으로 인해 개최국의 물 수요가 급증한다. 월드컵 기간에 물 사용량을 줄이기 위해 카타르는 다양한 용도로 처리된 하수 및 공업용수의 재사용을 극대화했을 뿐만 아니라 물 효율성을 높이고 1인당 소비를 줄이기 위한 정책을 실시했다. 카타르는 처리된 폐수의 50%를 농업 및 조경에 재사용하고, 국가 프로젝트에서 폐수의 70%를 재사용할 수 있는 기반 시설을 개발하고 있다. 또한 물 공급을 확대하기 위한 기반 시설에 투자하고 음용수를 위한 초대형 저수지 개발에 투자하고 있다.

(6) 투명한 운영 시스템

FIFA에서 발표되는 정책이나 계획들이 성공적으로 전달되고 차질 없이 진행되려면 여러 기관의 협력이 필요하다. 이벤트 산업은 전체 산업 분야에서 최초로 지속가능한 전략 관리 시스템인 ISO20121을 구축했으며, 2022 카타르 월드컵의 운영은 지속가능한 전략 관리 시스템의

표준을 따르기도 했다. 관리 시스템 표준에서는 효과적인 지배구조, 실행 계획, 지속적인 이해관계자 참여, 성과 추적 및 보고가 포함된다.

(7) 폐기물 최소화 전략

월드컵 준비 단계에서부터 대회 폐막 후 주변 시설 정리까지 모든 단계에서 발생하는 폐기물의 양은 평소보다 많이 발생할 수밖에 없다. 카타르의 재활용 산업은 카타르에서 발생하는 폐기물의 10% 미만을 처리하고 있다. 특히 산업 및 제조 폐기물뿐만 아니라 철거 폐기물의 재사용 및 재활용에 중점을 두고 국가에서 산업 폐기물 재활용을 늘리는 목표를 설정했다. 2022 카타르 월드컵에서는 폐기물 배출에 대한 관리에 집중했으며, 향후 FIFA에서 개최되는 대회에서 폐기물 관리 및 재활용 시스템 개발에 촉매제가 될 수 있는 역할을 했다.

(8) 청소년 교육 및 스포츠 참여 기회 제공

월드컵 개최는 청소년들에게 자원봉사자의 자격으로 대회에 참가하게 하여 월드컵 참가 경험을 제공한다. 또한 다양한 축구 프로그램 개발을 통해 축구 기반 커뮤니티 프로그램 지원, 축구클럽 시설개발 지원 등 중동지역과 북아프리카 지역의 젊은 세대들에게 스포츠 참여 기회를 제공했다. FIFA는 청소년을 위한 전략이 청소년들에게 스포츠 이벤트 개최에 필요한 지식과 축구와 관련된 경험을 개발하고 지원함으로써 사회에서 적극적인 역할을 할 수 있게 도움을 줄 수 있을 것이라는 전략을 수립했다.

6) 과거 월드컵 ESG

(1) 2010 FIFA 월드컵(남아프리카공화국)

탄소배출 감소를 위해 대중교통 시스템을 확장하고, 친환경 시설을 구축했다. 지역사회 개발을 위한 프로젝트와 함께 공공보건 캠페인을 실시했으며, 조직의 투명성을 높이고 부패 방지를 위해 강력한 조치를 취했다.

(2) 2014 FIFA 월드컵(브라질)

재생 에너지를 사용하는 경기장을 건축하고, 재활용 프로그램을 운영했다. 지역사회 발전 프로젝트 및 다양성 증진을 위한 프로그램을 실행했으며, 조직의 투명성을 강화하고 부패 방지를 위한 노력을 했다.

(3) 2018 FIFA 월드컵(러시아)

에너지 효율적인 시설을 건축하고, 탄소배출을 줄이기 위한 노력을 실시했다. 지역사회 개발 프로젝트와 다양성 프로그램을 운영했으며, 투명성을 높이고 부패 방지를 위한 조치를 이어갔다.

(4) 2022 FIFA 월드컵(카타르)

탄소중립을 위한 노력을 강화하고, 지속가능한 인프라 구축을 위한 프로젝트를 추진했다. 노동자 권리 보호와 인권 존중을 위한 노력을 강화했으며, 투명성과 윤리적 경영을 강조하는 정책을 시행하고 있다.

Environmental · Social · Governance

Part 6

뒷북치는 **스포츠 ESG**, 이대로는 안 된다

01 무늬만 흉내 내는 ESG 그린워싱
02 홍보 수단으로 전락한 스포츠 ESG

스포츠 산업이 뒤처지지 않기 위해서는 지금부터라도 발 빠르게 움직여야 하며, 그러기 위해서는 정책적인 변화가 필요한 시점이다. 스포츠 ESG 정책에 대한 명확한 목표가 있고 나아가야 할 방향이 있다면 선택과 집중을 할 수 있으나, 스포츠 ESG에 대한 정책이 모호하고 방향성이 없는 상태에서 이러한 활동들을 한다면 단발성인 행위에 그치는 경우가 생길 수 있고 하나의 홍보적인 수단으로만 사용하는 경우가 대부분일 것이다. ESG 경영이 점점 중요한 경영 방법으로 인지되고 다양한 산업으로 확산하고 있는 이 시점에 기업이 실시하고 있는 활동이 ESG 경영과 친환경으로 위장하는 ESG 워싱, 그린워싱으로 이어지면 안 된다. 따라서 이와 관련된 문제가 증가하고 있는 지금, 그에 따른 규제와 체제 정비가 절실하다.

01
무늬만 흉내 내는 ESG 그린워싱

스포츠에서 ESG와 관련된 그린워싱은 기업이나 조직이 환경·사회·지배구조 측면에서의 책임을 강조하거나 홍보하는 것이지만, 실제로는 해당 가치를 준수하지 않거나 미비한 경우를 말한다. 즉, 회사나 단체가 본인들의 행동이나 제품을 환경친화적이라 하고, 사회적으로 책임 있는 것처럼 보이도록 꾸며내며, 긍정적인 이미지를 취하려는 현상을 의미한다.

스포츠에서 그린워싱은 다음과 같은 경우에 나타날 수 있다. 우선 환경과 관련해서는 스포츠팀이나 대회가 환경친화적인 이미지를 얻기 위해 환경을 주제로 한 캠페인을 진행하고 환경에 관련된 제품을 판매하지만, 실제로는 환경보호에 미비한 경우가 있을 수 있다. 글로벌 스포츠 브랜드인 나이키의 소재가 "지속가능하거나 환경적으로 책임 있는 소재"가 아니며 실제로 일부 제품에만 재활용 소재가 포함되어 있다는 주장이 제기되었다. 나이키가 지속가능성 컬렉션에 나열한 2,452개 제품 중 "실제로 재활용 소재로 만들어진 제품은 239개, 약 10%에 불과하다"고 말하며 나이키의 이러한 행위는 소비자를 기반하는 그린워싱이라고 했다.

그림 6-1. 나이키 Move To Zero

출처: MADTimes

　2022년 개정된「자원의 절약과 재활용 촉진에 관한 법률」시행규칙에 따라 체육시설의 합성수지 재질의 일회용 응원용품(막대풍선, 비닐 방석 등)은 사용이 금지되었다. 정부는「자원재활용법」시행규칙을 개정해 체육시설에서 합성수지로 된 일회용 응원용품은 사용이 금지된다고 홍보했다. 그에 대한 후속 조치로 환경부와 KBO(한국야구위원회) 10개 구단이 야구장 내 일회용품 사용을 줄이기로 했다고 밝히는 홍보를 진행하기도 했다. 하지만 프로야구장 입구에서는 일회용 막대풍선이 버젓이 판매되고 있었으며, 관람객에게 정확한 정보를 제공하지 않았고 반입금지를 제재하지도 않았다. 법이 개정되어도 스포츠 경기장은 예외인 것이다.

그림 6-2. 여전히 판매 중인 일회용 응원용품

출처: JTBC News

정부가 규제하는 것은 정확하게는 체육시설이 일회용 응원용품을 무료로 나눠주거나 판매하는 것이라고 하는데, 체육시설이 아닌 외부 노점상들이 일회용 응원용품을 파는 것까지는 규제할 근거가 없다. 또한 규제 대상이 체육시설이기 때문에 관람객이 일회용 응원용품을 사서 가지고 들어오는 것도 막을 수 없는 허점이 있었다.

그림 6-3. 여전히 사용 중인 응원용품

출처: JTBC News

두 번째 사회 부문은 스포츠 조직이나 행사가 사회적 책임에 대한 홍보만 강조하면서 실제로 사회 문제 해결이나 사회적 가치 실현에 미비한 경우도 이에 속한다. KB금융은 세계적인 피겨스케이팅 스타 김연아를 시작으로 동계 스포츠와 깊은 인연을 가지고 있다. 피겨스케이팅, 쇼트트랙, 스켈레톤 선수들을 지원하고, 동계 스포츠 유망주 육성을 위한 '플레이윈터' 캠페인에도 후원사로 참여 중이다. 2016년에 이어 7년 만에 한국에서 열린 'ISU 세계 쇼트트랙 선수권대회'에는 타이틀 스폰서로 참여하기도 하며 스포츠를 통한 사회적 책임을 실현하고 있지만, 일회성 행사에 그치는 경우가 있어 그에 따른 대비책도 함께 마련해야 한다.

마지막으로 지배구조 부문은 스포츠 조직이나 다양한 팀이 앞에서는 지배구조 개선을 소리높여 이야기하면서도 실제로 내부적인 상황은 투명성이 부족하고 윤리적인 문제를 해결하지 못하는 경우가 있다. 스포츠 조직은 대부분 사업 방향으로 공공성과 수익성을 모두 추구해야 한다고 제시하는데, 실제로 이 둘은 현실적으로 공존하기 어렵다. 그렇기 때문에 투명하게 내부 상황을 공개하여 윤리경영에 앞장서야 한다.

1) 스포츠 그린워싱의 문제점

그린워싱은 기업이나 단체의 신뢰성을 훼손시키고, 사회적으로 문제를 야기할 수 있을 뿐만 아니라 ESG에 대한 실제적인 노력과 성과가 희석될 수 있다. 따라서 스포츠 산업에서 ESG를 실천하는 데 가장 우선순위로 생각해봐야 할 것은 그린워싱을 방지하고, 투명하고 신뢰할 수 있는 행동을 통해 실제적인 사회적 가치를 창출하며, ESG가 가진 본질적인 목적에서 벗어나지 않는 것이 중요하다.

2021년 한국프로축구연맹 총재는 '탄소중립 리그'라는 비전을 선포하면서 친환경 캠페인을 확대하고 일회용품 감소 등의 친환경 노력을 담은 '그린킥오프' 프로젝트를 공언했다. 이 선언은 축구단 운영과 경기에서 발생하는 온실가스 배출을 '0'으로 만들겠다는 야심찬 목표를 설정한 것이다.

그림 6-4. 프로축구연맹 그린킥오프 캠페인

출처: 한국프로축구연맹

하지만 K리그의 '탄소중립 리그' 선언은 측정 범위와 기준에 대한 명확한 기준을 제시하지 않았으며, 온실가스 감축 로드맵이나 실질적인 감축 방안도 공개하지 않아 선언과 실제 노력 사이에 큰 간극이 존재한다는 비판을 받았다. 이러한 상황은 '그린워싱'이라는 비판으로 이어졌다.

그린워싱은 친환경적이지 않은 기업이나 제품을 친환경적으로 위장하는 행위를 지칭한다. 이에 대응하여 공정거래위원회는 2023년 6월 '환경관련 표시·광고에 관한 심사 지침' 개정안을 발표했다. 이 개정안에 따르면, 친환경이나 탄소중립 같은 표현을 사용해 광고나 표시할 경우, 구체적이고 사실적인 근거를 제시하도록 요구하고 있다. 이로 인해 무심코 '탄소중립'을 선언했던 조직이나 기업은 자신들의 선언이 법적 규제의 대상이 될 수 있음을 인식하게 되었다. 이러한 상황은 프로축구 연맹뿐 아니라 다른 스포츠 리그와 기업들에도 환경적 책임을 실질적으로 이행하도록 하는 중요한 계기가 되고 있으며, 환경보호와 관련된 규제와 기준이 강화되는 추세를 보여준다.

2) 스포츠 산업 그린워싱 사례

스포츠 산업에서 ESG와 관련한 그린워싱 사례는 다양하다. 먼저 환경 부문에서 나타나는 사례는 스포츠용품과 이벤트를 들 수 있다. 스포츠용품 브랜드가 환경친화적인 이미지를 내세우면서 실제로 환경오염을 유발하는 공정을 이용하거나 환경파괴를 초래하는 재료를 사용하는 경우들이 있다. 이는 소비자가 직접 확인하기 어려운 사항으로 기업에서 친환경적인 공정과 재료 사용을 더욱 신경 써야 하며, 동시에 환경인증을 통한 신뢰성을 구축해야 한다.

그림 6-5. 아디다스 스탠스미스

출처: Ministry of Waste from X

아디다스 신발 베스트셀러 중 하나인 '스탠스미스' 스니커즈 관련 그린워싱 사례가 있다. 2021년 아디다스는 스탠스미스를 소개하며 50% 이상 재활용 소재가 사용되었다는 광고를 했는데, 재미있는 점은 어떠한 방법으로 어떤 물질이 재활용되었는지에 대한 설명이 전혀 없었다. 애초에 50% 이상 재활용 물질이 사용된 것이 맞는지도 확인할 수 없었으며 자세한 설명이 필요했지만, 그에 대한 부분을 찾아볼 수 없었다. 결국, 2021년 프랑스 광고 윤리 위원회로부터 제재당해 친환경 스탠스미스는 간판을 내렸다. 이렇듯 ESG 활동에 대해 환경만 강조하고 자세한 내용을 보면 아무것도 없는 사례들이 존재한다.

또한 스포츠 이벤트나 스포츠 대회를 개최하는 경우 주최하는 단체가 환경보호를 강조하면서 실제로는 대규모 환경파괴로 자원 소비를 유발하는 경우가 발생하고 있다. 1억 명이 마실 물로 만든 인공눈을 만든다는 이야기가 있었다. 동계올림픽을 진행하기 위해 필수적인 것이 바로 눈이다. 2022 베이징 동계올림픽은 100% 인공눈으로 대회를 개최했고, 이 지역 대부분은 2월 평균 3.3cm의 눈만 내리기 때문에 올림픽 주최 측에서 300여 대의 제설기를 동원하여 스키 경기에 필요한 눈을 만들었다. 여기에 사용되는 물과 전기가 천문학적으로 든 것이다. 또한 눈의 수명을 최대화하기 위해 화학물질과 제조기에서 소음이 발생하여 생태계에 피해를 준 것에 대해 중국 정부는 올림픽에 사용하는 전기를 풍력발전, 태양 전지판 등에서 얻어 100% 재생 가능 에너지로 채우겠다고 밝혔으나 중국은 여전히 석탄 화력발전에 대한 의존도가 높아 "눈 가리고 아웅"이라는 비판이 일기도 했다. 이는 대회 개최를 위해 행해지는 대표적인 그린워싱 사례라고 볼 수 있다.

그림 6-6. 우주에서 포착한 베이징올림픽

출처: NASA

사회적으로 스포츠팀이나 대회 주최자가 사회적 책임을 강조하면서 실제로 노동자의 권리를 침해하고 일방적인 노동 조건을 이용하여 열악한 공정을 이용하는 경우도 있으며, 특정 인종, 성별, 성적 지향 등에 대한 차별을 실제로 행하면서 다양성과 포용성을 강조하는 예도 발생하고 있다.

마지막으로 지배구조 부문에서는 스포츠 조직이나 팀이 지배구조 개선을 강조하면서 실제로는 내부적으로 투명성이 부족하거나 부패한 경우가 있다. 이는 내부적인 상황이기 때문에 외부에서는 인지하기가 쉽지 않으며, 기업에서 공개하는 자료에만 의존해야 한다는 문제점이 있다. 실제로 회계 문제나 부적절한 재무 보고를 감추거나 조작하는 행위가 실제로 드러나는 경우들도 발생하고 있다.

3) 2020 도쿄올림픽 그린워싱

2020 도쿄올림픽이 지속가능한 친환경 올림픽으로 보기 어렵다는 지적은 주경기장 건설에 사용된 목재와 관련된 여러 문제로 인해 더욱 설득력을 얻고 있다. 제기된 문제를 보면 주경기장 건설에 사용된 목재는 말레이시아와 인도네시아 등 동남아시아의 열대우림에서 남벌된 것으로 밝혀졌다. 이 목재는 총 13만 4천여 개의 합판으로 구성되었으며, 이는 열대우림의 손실을 초래했을 뿐만 아니라 인도네시아 보르네오섬에 서식하는 멸종위기종인 오랑우탄의 서식지를 파괴하는 일이었다.

그림 6-7. 환경단체들의 2020 올림픽 보이콧

출처: NOlympis LA from X

　추가로, 이러한 목재 사용은 국제 인증을 받지 않은 불법 벌목 목재일 가능성도 제기되었다. 불법 벌목은 산림 생태계를 심각하게 훼손하고, 기후변화에 부정적인 영향을 미칠 뿐만 아니라 지역사회의 생계와 생활 방식에도 큰 피해를 입힌다. 이와 관련하여, 환경단체들은 도쿄올림픽조직위원회가 친환경 올림픽을 주장하면서도 이러한 사실을 숨겼다고 비난했다. 목재 조달 과정에서의 투명성과 윤리성 부족도 문제로 지적되었다. 올림픽조직위원회는 목재의 출처와 조달 과정을 투명하게 공개하지 않았으며, 이에 대한 독립적인 감시와 검증이 부족했다. 이는 올림픽조직위원회의 환경 책임과 윤리적 경영에 대한 신뢰를 저하하는 결과를 초래했다.

　그 밖에도 경기장 건설에 따른 환경파괴는 목재 사용 외에 여러 측면에서 문제가 되었다. 경기장 건설로 인해 인근 생태계가 파괴되었고,

그로 인해 다양한 동식물이 서식지를 잃게 되었다. 이는 생물 다양성 감소로 이어지며, 장기적으로는 지역 생태계 전체에 부정적인 영향을 미친다.

다른 사례도 존재한다. 친환경 올림픽을 강조했던 도쿄올림픽 현장에서는 도시락 수천 개가 날마다 무작위로 폐기되는 문제가 발생했으며, 이와 관련하여 올림픽조직위원회는 식품 조달과 관련하여 UN 지속가능개발목표(SDGs)에 따라 자원을 관리하겠다고 명시했지만 이를 제대로 지키지 않았다. 하루에 폐기된 도시락 수는 수천 개에 달했으며, 이로 인해 매일 수톤의 음식물쓰레기가 발생했다. 이러한 음식물 낭비는 막대한 경제적 손실을 초래했고, 식량 부족 문제와 대비될 때 더욱 심각한 사회적 문제로 부각되었다.

그림 6-8. 2020 도쿄올림픽 때 폐기된 도시락

출처: TBS News

결국 조직위는 자원봉사 등에 따른 도시락 수요를 과다하게 추정했다고 시인하며, "식품 손실이 일어나 사과드린다"고 고개를 숙였으나

문제를 인식한 이후에도 도시락 발주를 취소하거나 수량을 조정하지 않아 매일 음식물쓰레기가 계속해서 발생했다. 도쿄올림픽 홈페이지에는 전 세계 식재료 생산량의 약 3분의 1인 13억 톤이 폐기되고 있다며 UN의 지속가능개발목표(SDGs)에 공헌하겠다고 명시했으나, 이는 실제 행보와는 크게 달랐다. 또한, 폐기된 도시락이 환경에 미치는 영향도 큰 문제였다. 음식물쓰레기는 매립지에서 메탄가스를 배출하며, 이는 온실가스 중 하나로 기후변화에 큰 영향을 미치고 이러한 대규모 음식물 낭비는 도쿄올림픽의 친환경 이미지를 심각하게 훼손했다.

이러한 상황은 도쿄올림픽이 친환경을 표방했지만 실제로는 그 약속을 지키지 못한 대표적인 그린워싱 사례로 남게 되었다. 올림픽조직위는 문제를 시인하고 사과했으나, 실질적인 개선 조치를 취하지 않아 신뢰를 잃었다. 이 사건은 스포츠 이벤트에서의 진정한 지속가능성 실현이 얼마나 어려운지를 보여주는 사례다.

결론적으로, 2020 도쿄올림픽은 친환경을 표방한 올림픽의 그린워싱 사례로 남게 되었으며, 미래의 대규모 이벤트들이 환경보호와 지속가능성을 진정성 있게 실현하기 위해서는 더욱 철저한 계획과 투명성을 필요로 한다는 교훈을 남겼다. 이러한 사례들을 통해 스포츠 산업에서 그린워싱이 발생할 수 있는 다양한 상황을 보여줌으로써 스포츠 조직이나 단체의 신뢰성을 훼손하고 사회적인 문제를 초래할 수 있다는 문제점을 드러냈으며, ESG 경영에 대한 실제적인 노력과 성과, 감독을 강조하는 것이 중요하다는 시사점을 제공한다.

02
홍보 수단으로 전락한 스포츠 ESG

스포츠 기업이나 대회에서 환경보호를 강조하면서 실제로는 환경오염을 초래하는 공정을 이용하거나 환경파괴를 일으키는 제품을 생산하는 경우가 있다. ESG 활동과 관련해서도 홍보 수단으로만 사용하는 사례가 빈번하게 발생하고 있다. 이러한 경우 기업이나 단체가 ESG를 강조하고 홍보함으로써 사회적 책임을 다하는 것처럼 보이려는 의도가 있을 수 있으나, 실제로는 ESG에 대한 실질적인 노력이나 변화가 없는 경우가 대부분이다.

1) 2022 카타르 환경 월드컵

2022 카타르 월드컵은 중동에서 열린 대규모 빅이벤트로 카타르월드컵조직위원회는 친환경적인 대회를 준비하고 지속가능한 월드컵을 개최하겠다고 약속함과 동시에 환경과 사회, 인간, 거버넌스, 경제 등 5대 영역의 지속가능 전략과 목표를 발표했다. 하지만 실제로 대회 운영에서 전문가들이 보는 시선은 카타르 월드컵에서 발생한 탄소배출 및 쓰레기, 폐기물 배출량이 이전 다른 대회에 비해 많다고 지적되었다. 국제환경단체 탄소시장 감시(CMW)는 카타르 조직위의 탄소중립 주장을 전면 반박하는 보고서를 제출했다. 7개 구장의 탄소배출량

산정 방식 자체가 잘못됐다고 이야기했으며 기존에 알려진 것보다 8배 많은 140만 톤을 배출했는데, 이는 18만 가구가 연간 배출하는 탄소와 동일하다는 결과를 발표했다.

그림 6-9. 2022 카타르 월드컵의 지속가능경영 리포트

출처: FIFA

또한, FIFA는 이번 월드컵을 계기로 탄소배출량 51%가 항공기 등 교통수단에서 발생한다고 주장하나, 이 수치도 실제와 다르다는 지적이 많았다. 경기장이 있는 각 도시로 관중을 실어 나르는 교통편을 고려하지 않은 데다 숙박시설이 부족한 카타르 대신 쿠웨이트, 사우디아라비아, 아랍에미리트 등 주변국에서 오가는 관중도 상당히 많았기 때문이다. 경기장이 집약적이기 때문에 탄소배출량이 적다는 주장도 반박했다. 경기장 거리가 가까울지 몰라도 선수들이 머무는 숙소는 경기장과 상당히 멀리 떨어져 있고, 일일 168회 비행편이 운행됨으로써

여기서 발생하는 탄소배출과 환경오염은 친환경 월드컵과는 거리가 멀었다.

그뿐만이 아니었다. 카타르에서는 물도 온실가스를 배출한다. 국토 대부분이 사막이라 식수도 부족한데 경기장마다 매일 물 1만 리터가 소모되었다. 이 물은 주로 화석연료가 쓰이는 해수담수화 시설에서 에너지 집약적인 공정을 거쳐 생산되며 담수를 뽑아낸 뒤 염도가 더해진 염수는 바다로 방출돼 해양 생물에 치명적 피해를 준다. 물을 만들고 사용하는 모든 과정이 결과적으로 공해라는 얘기다. 또한 새로 조성된 공원과 새로 심은 나무가 이산화탄소를 흡수할 것이라는 주장도 비판을 받았는데, 그 이유는 척박한 사막 기후에서 녹지가 영구적으로 유지될 가능성은 희박하기 때문이다.

그림 6-10. Bad Sport Awards 2022

출처: Rapid Transition Alliance

카타르 월드컵이 첫 탄소중립 월드컵이라는 기대와 달리 오히려 이전 대회보다 더 친환경적이지 않았다는 지적이 나오는 이유이기도 하다. 카타르 월드컵의 지속가능성에 대한 주장은 그린워싱에 불과하며, 특히 가장 집약적이기 때문에 가장 친환경적이라는 월드컵 조직위원회의 홍보 내용도 전혀 맞지 않는다는 것이 합리적인 생각일 것이다.

표 6-1. 카타르 월드컵 지속가능 전략 및 목표

요인	전략	세부 사항	목표
환경	세계적 수준의 환경 솔루션 적용	- 지속가능한 건물 - 온실가스 감축 - 공기오염 - 폐기물 배출 - 물 사용	탄소 발자국 최소화
사회	포용적인 토너먼트 경험 제공	- 접근성 - 문화적 이해 - 포용성 - 인권을 옹호하는 미디어와 단체의 권리보장 - 참석자, 참가자 및 지역사회를 위한 건강과 안전 보장 - 금연	사회적 안정성과 포용성을 최고 수준으로 유지
인간	인적자본을 개발하고 노동자의 권리 보호	- 노동자 생활과 환경 - 노동자 고용 - 인력개발 - 청소년 교육과 역량 강화	노동자의 안전 및 생활, 권익보장 및 역량개발에 힘씀
거버넌스	좋은 거버넌스 및 윤리적 관행의 모범	- 투명성과 책임 - 지속가능한 조달 - 규정 준수, 뇌물수수 금지 및 부패 방지	효과적이고 지속가능하며 윤리적인 거버넌스 운영
경제	경제발전의 촉매작용	- 지역 산업과 비즈니스 가치사슬의 발전 - 경기 후 지속적인 자산 활용 - 인프라 및 서비스의 적용성	국가 및 지역경제 발전과 지속가능한 자원 사용

이렇듯 2022 카타르 월드컵은 말로만 친환경을 내세운 대회로 막을 내렸으며, 100점 만점에 50점이라는 부정적인 평가와 함께 ESG 경영 측면에서 실패한 대회로 기록되었다.

2) 사회적 책임과 실제 실행의 괴리

스포츠 조직이나 단체가 사회적 책임을 강조하면서도 실제로는 사회적 문제에 대한 해결이나 사회적 가치 실현에 미비한 경우들이 많이 있다. 스포츠와 관련된 기업이 사회적 책임을 강조하면서도 실제로는 노동자의 권리를 침해하거나 노동 조건이 열악한 공정을 이용하는 경우가 대표적이다. 실제로 나이키에서 생산되는 축구공은 파키스탄에서 주로 생산했으며, 축구공 제작을 위한 노동력 대부분은 어린이들이었다. 이들이 축구공 하나를 만들 때마다 버는 돈은 고작 100~150원 정도였으며, 나이와 숙련도에 따라 다르지만 하루 12시간 이상 작업했다. 종일 작업하고도 받는 일당은 2천 원을 넘기기 어려운 저임금이었다. 5~6세 어린 노동자의 경우 축구공 하나를 만드는 데 14시간가량 소요됐으며, 작업 과정에서 발생하는 유독물질로 인해 시각을 잃어버리는 아이들도 있었다.

이러한 열악한 상황으로 인해 아동노동을 착취한다고 전 세계에서 비난 여론이 일어났으며, 나이키의 매출과 주가는 폭락했다. 처음에는 사태의 심각성을 인지하지 못하고 본인들 책임이 아니라 외주사의 잘못으로 돌리는 무책임한 모습을 보였지만, 회사에 막대한 손해가 일어나고 여론이 악화하자 경영진은 뒤늦게 사과하고 재발 방지를 수립하는 대책을 마련했다. 이후 나이키뿐만 아니라 푸마, 아디다스 등 세계적인 스포츠 기업들이 기업이미지 제고를 위해 어린이노동독립감시협회(IMAC)에 자발적으로 참여했으며, ESG 경영에 더 많이 신경 쓰는 모습을 보이고 있다.

3) 환경친화적 이미지와 현실의 차이

일부 스포츠 이벤트가 환경친화적인 이미지를 내세우면서도 실제로는 대규모 환경파괴를 유발할 수 있다. 대규모 경기장 건설로 인한 토지 개발이나 자원 소비, 폐기물 생성 등으로 인해 환경 부담이 커지는 경우가 있을 수 있으며 이로 인해 심각한 환경문제가 발생할 수 있다.

그림 6-11. 2022 카타르 월드컵 스타디움 974

출처: 연합뉴스

카타르 월드컵조직위원회는 경기장은 친환경 설계가 적용됐으며, 대회가 끝나면 경기장 좌석 일부를 개발도상국에 기부해 탄소배출을 줄일 수 있다는 점을 부각시켰다. 일례로 스타디움 974 경기장은 버려진 컨테이너 974개를 재활용해 지어졌는데, 월드컵이 끝나면 100% 해체한다고 홍보했지만 경기장에는 고도로 첨단화된 자재가 투입되었고 그 자재를 해외에서 조달하기 때문에 매우 탄소집약적인 시설이라는 문제도 제기되었다. 월드컵 개최 이전 카타르에 경기장이 단 한 곳뿐이었다는 사실을 고려하면, 인구가 290만 명인 작은 나라에서 경기장이 어떻게 활용될지는 불투명하다.

일부 스포츠팀이 사회적 책임을 강조하면서도 실제로는 사회문제에 대한 해결이나 지원이 미비한 경우를 찾아볼 수 있는데, 팀이 지역사회 발전을 강조하면서도 실제로는 재정 지원이나 사회 프로그램 운영에 소홀한 경우가 있다. 스포츠 브랜드가 환경친화적인 제품을 홍보하면서도 실제로는 환경파괴를 초래하는 생산 과정이나 자원 소비를 유발하는 경우가 대표적이고, 재활용한 페트병을 활용하여 리사이클링 의류를 만드는데 높은 생산원가 때문에 단발성 이벤트에 그치고, 친환경 소재를 사용한 의류를 홍보하면서도 생산 과정에서 대규모 화학물질 사용이나 노동자의 권리 침해가 발생하는 것은 공개하지 않는 경우가 발생한다. 이러한 사례들을 보아 스포츠 산업에서도 그린워싱이 발생할 수 있음을 여실히 보여주며, 소비자와 이해관계자들이 스포츠 기업이나 팀의 실제적인 ESG 실천을 평가하고, 투명성과 진정성을 요구하는 중요성을 부각하고 있다.

그림 6-12. 무늬만 친환경 제품

출처: 일요신문

4) 그린워싱으로 나타날 수 있는 결과

　스포츠 기업이나 단체가 ESG 경영을 강조하는 홍보를 하면서도 실제로는 그에 대한 실질적인 노력이나 행동이 없는 경우가 나타난다. 이는 단순히 외면적인 홍보 목적으로만 ESG 관련 사항을 사용하는 것으로, 사회적 가치를 실현하려는 의도보다는 이미지나 명성을 증진시키려는 목적으로만 활용된다. 또한 일부 기업이나 단체가 ESG를 강조하는 홍보를 하면서도 실제로는 그에 반대되는 행동을 하는 경우가 있다. 환경보호를 강조하면서도 실제로는 환경오염을 유발하거나, 사회적 책임을 강조하면서도 반대로 사회적 문제를 일으키거나 악화시키는 행동을 하는 경우를 찾아볼 수 있다. 일부 기업이나 단체가 ESG를 강조하는 홍보를 하면서도 실제로는 그에 대한 책임을 다하지 않고, 허위로 주장하거나 과장된 내용을 홍보하는 경우가 종종 일어난다. 이는 소비자나 이해관계자들을 속이는 허위 광고나 홍보로, 기업의 신뢰성과 신뢰도를 훼손시킬 수 있다.

그린워싱으로 인해 기업이나 단체의 신뢰가 훼손될 수 있으며, 허위 광고나 홍보로 간주될 수 있고, 이는 법적으로 문제가 될 수 있다. 일부 국가에서는 그린워싱을 금지하는 법률이 존재하기도 하며, 법정 소송이 점차 증가하고 있다.

그린워싱은 지속적인 비판과 논란의 대상이 될 수 있고, 소비자나 이해관계자들은 그린워싱으로 나타나는 홍보를 경계해야 한다. 소비자는 이러한 현상으로 인해 기업이나 단체의 ESG 실천에 대한 진정성을 의심할 수 있으며, 이는 스포츠 산업도 마찬가지로 심각한 이미지 손상과 그동안 쌓아올린 명성에 돌이킬 수 없는 훼손을 초래할 수 있다.

그림 6-13. 그린워싱 캠페인

출처: FOX

5) 앞으로 더 심각해질 그린워싱

친환경 마케팅이 대세를 이룬 이상 '그린워싱'도 더욱 증가할 수밖에 없다. 지금보다 더 교묘하게 소비자를 기만하는 상황들이 발생할 것이고, 법적 분쟁은 더욱 늘어날 것이다. 이럴 때일수록 더욱 관심을 가져야 하며, 조심스럽고 신중하게 제품을 선택해야 한다. 최대한 그린워싱 기업들에 속지 않는 것이 중요하고, 그 방법으로는 친환경 제품이라는 겉 포장지만 보지 말고 자세히 표시된 성분과 공인된 인증 마크를 꼭 확인하고 제품을 소비하는 자세가 더욱 중요해질 것이다.

그림 6-14. 가짜 친환경 주의

출처: 환경부

Environmental · Social · Governance

Part 7

CSR에서 ESG까지

01 사회적 책임(CSR)과 공유가치 창출(CSV)
02 비재무적 측면의 중요성
03 기업의 사회적 책임과 지속가능경영
04 스포츠 산업에서 CSR과 ESG

CSR은 기업(Corporate), 사회(Social), 책임(Responsibility)의 약자로, 기업의 사회적 책임을 의미한다. 이 개념은 기업들이 자신들의 이해관계자들로부터 기대되는 사회적 의무를 수행함으로써 기업 평판을 관리하고, 기부와 봉사활동을 통해 얻은 이윤을 사회에 환원하는 데 중점을 두고 있다. CSR에 대해 지금까지도 가장 널리 쓰이는 분류는 캐럴(Caroll. 1979)의 분류 방법이며 기업의 책임을 경제, 법, 윤리, 자선 네 가지로 분류해 제시했다.

표 7-1. 캐럴의 CSR 분류 방법

경제적 책임	사회가 원하는 제품과 서비스를 생산하여 적정한 가격에 판매하고 이윤을 창출할 책임
법적 책임	기업이 속한 사회가 제정한 법을 준수할 책임
윤리적 책임	법적으로 강제되지는 않으나, 모든 이해당사자의 기대와 기준 및 가치에 부합하는 행동을 해야 하는 책임
자선적 책임	기부나 사회공헌과 관련된 책임

CSR은 ESG(환경, 사회, 지배구조) 용어가 등장하기 전부터 사용되어 왔다. OECD는 CSR을 "기업과 사회 간의 공생관계를 성숙시키고 발전시키는 기업의 행동"으로 정의하며, EU 위원회는 "기업이 자신의 사업 활동 및 이해관계자와의 상호관계에서 환경적 및 사회적 요소를 자발적으로 고려하는 행위"라고 설명하고 있다. 1970년대부터 주목받기 시작한 CSR은 2000년대 초반 많은 기업에 필수적인 전략으로 자리 잡았으며, 이와 함께 책임 있는 기업 행위를 의미하는 RBC(Responsible Business Conduct)와 병행하여 사용되기도 한다.

01
기업의 사회적 책임(CSR)과 공유가치창출(CSV)

지속가능경영은 ESG 경영보다 근원적인 개념으로 오늘날 ESG 경영은 지속가능경영과 사회적 책임(CSR)이 진화하고 규범화·제도화된 것으로 볼 수 있다. 기업과 사회의 관계 및 회사의 책임에 대한 기대가 시간이 지남에 따라 변화해왔기에 지속가능경영 개념에 대한 이해를 통해 ESG를 더욱 용이하게 받아들일 수 있다.

지속가능성이라는 용어는 1713년 처음으로 사용되었고, 현재 가장 널리 통용되고 있는 발전한 지속가능성 개념은 1987년 「우리 공동의 미래」라는 보고서를 근간으로 한다. 이후 기업의 사회적 책임(CSR)과 공유가치창출(CSV)이라는 개념이 제시되며, ESG 용어가 새로운 패러다임으로 자리 잡게 되었다.

한국에서 CSR은 주로 기업이 지역사회 또는 환경에 대한 환원을 자발적으로 수행하는 활동이나 기부를 의미하며, 때로는 기업의 사회공헌사업이나 프로젝트를 지칭하는 데도 사용된다. ESG 개념의 확장으로 CSR은 이제 기업의 지속가능성 및 장기적 성공에 필수적인 요소로 인식되고 있다. ESG 접근법은 CSR을 포괄하는 넓은 프레임워크를 제공하여 기업이 환경보호, 사회적 책임, 그리고 투명하고 효율적인 운영을 통해 지속가능한 발전을 추구하도록 하고 있다.

표 7-2. CSR·CSV·ESG 개념 비교

구분	CSR (Corporate Social Responsibility)	CSV (Creating Shared Value)	ESG (Environment, Social, Governance)
개념	기업의 사회적 책임	공유가치창출	환경, 사회 및 지배구조에 관한 비재무적 요소
특징	기업이 지역사회, 이해관계자들과 공생할 수 있도록 의사결정을 해야 한다는 윤리적 책임의식	기업 활동 자체로 사회적 가치를 창출하면서 동시에 경제적 수익까지 추구	기업의 비재무적 요소인 환경·사회·지배구조, 기업가치 평가지표

출처: 한국사회적기업진흥원(2021)

02 비재무적 측면 중요성

ESG(Environment, Social, Governance)는 환경, 사회 그리고 지배구조의 약자로, 기업 경영의 세 가지 핵심 요소를 나타낸다. 환경적 측면에서는 기후변화 대응, 탄소배출 감소, 자원절약 및 재활용 촉진, 청정 기술 개발 등을 고려한다. 사회적 측면에서는 지역사회 상생, 사회적 약자 지원, 데이터 및 프라이버시 보호, 차별 금지 및 다양성 존중 등을 중시한다. 지배구조 측면에서는 이사회의 투명성 증진, 고용 평등, 법과 윤리 준수, 반부패 및 공정성 강화를 추구한다. 이러한 ESG 개념은 전통적인 기업 경영의 관점을 변화시키고 있다. 과거에는 주로 "기업이 얼마나 많은 돈을 벌었는지"에 집중했다면, 현재는 "기업이 돈을 어떻게 벌었는지"에 관심을 갖는 방향으로 이동하고 있다. 이는 기업이 단기적 이익을 추구하는 것뿐만 아니라, 그 이익이 어떤 방식으로 얻어졌는지에 대한 중요한 관심을 반영하는 것이다. 이를 통해 지속가능경영을 추구하고, CSR에서 한 걸음 더 나아가 장기적인 기업 가치와 지속가능한 발전에 영향을 주는 환경, 사회, 지배구조 요소들을 고려하는 비재무적 측면의 중요성이 강조되고 있다.

CSR(Corporate Social Responsibility)과 ESG(Environmental, Social, and Governance)는 기업의 사회적 책임을 다루는 방식에서 비

숫한 부분이 있지만, 접근 방식에서 중요한 차이가 있다. CSR은 주로 소비자와 사회의 관점에서 기업에 사회적 책임을 요구하며, 기업이 소비자와 사회에 긍정적인 영향을 미치도록 유도한다. 반면, ESG는 투자자 관점에서 환경, 사회, 윤리 그리고 지배구조의 측면에서 기업에 구체적이고 정량적인 성과를 요구한다. 이는 ESG가 CSR보다 더욱 진화하고 강화된 경영 철학으로 간주될 수 있음을 의미한다. ESG는 기업이 지속가능한 방식으로 운영되어 장기적인 가치를 창출하도록 장려하는 반면, CSR은 사회적 기대에 응답하는 데 중점을 두는 점에서 차이를 보인다.

표 7-3. CSR과 ESG의 차이점

	CSR	ESG
주체	기업이 주체 투자자가 아닌 기업 행동에 초점	투자자가 주도(ESG 투자) → 기업이 이에 대응(ESG 경영)
목적	사회적 공헌	환경, 사회, 지배구조 등 지속가능한 발전 도모
효과	기업에 긍정적인 이미지 부여	기업의 재무 안정성 달성 가능

03
기업의 사회적 책임과 지속가능경영

CSR(기업의 사회적 책임)은 주로 투자자가 아닌 환경단체, 소비자 단체, 노조 등 다양한 이해관계자들에 의해 주도된다. 기업을 '기업 시민'으로 간주하여 사회적 책무를 요구하며, 기업이 지역사회와 환경에 미치는 영향을 인식하고 책임지도록 장려한다. 반면 ESG(환경, 사회, 지배구조)는 투자자 중심의 접근 방식을 취해 기업이 ESG 활동을 통해 장기적인 수익률 극대화를 목표로 한다. 따라서 ESG는 기업이 환경보호, 사회적 공헌, 건전한 지배구조를 통해 장기적인 가치를 창출하도록 한다.

그림 7-1. CSR과 CSV 그리고 ESG

출처: JW중외제약

두 번째로, CSR 활동은 사회적 책임을 이행하면서 단기적으로 비용이 증가할 수 있으며 이윤 감소로 이어질 수 있으나, 전략적으로 잘 실행된 CSR 활동은 장기적으로 브랜드 가치와 고객 충성도를 높여 이윤 증가로 이어질 가능성이 있다. 이는 학생이 열심히 공부하면 좋은 성적을 얻을 수 있는 것과 유사한 개념이다.

세 번째로, CSR은 명시적으로 장기적인 수익률 증가를 목표로 하지 않는다. 이는 주로 사회적 책임을 이행하는 데 중점을 두기 때문이며, CSR 활동은 때로는 단기적인 이윤을 희생하고 윤리적이거나 사회적 가치를 우선시한다. 반면, ESG 투자는 장기적인 수익률 증가를 목표로 하며, 투자자들은 ESG 기준에 따라 기업이 환경적·사회적·지배구조적 책임을 이행할 때 더 큰 재무적 성과를 달성한다.

네 번째로, 기업들은 CSR에서 지속가능경영으로의 전환을 강조하며, 이를 체계적으로 정리한 지속가능경영 보고서를 발간하고 있다. 이러한 변화가 단순한 용어 변경인지, 기업 활동의 본질적인 변화를 반영하는 것인지는 기업마다 다르다. 만약 이 변화가 본질적인 개선과 관련되어 있다면, 이는 지속가능경영의 구체적인 실천으로 볼 수 있으며, ESG 경영이라고 부를 수 있다. 이는 기업이 환경적, 사회적 그리고 지배구조적 측면에서 지속가능하고 책임 있는 경영을 실행하고 있음을 의미한다.

마지막으로 사회학은 CSR을 사회적 경제의 한 부분으로 간주한다. 이는 사회적 가치를 실현하는 경제 체제로 비영리단체나 자발적 단체들이 주도하는 경제 활동을 포함한다. 또한 사회학자들은 시장경제 체제가 전통적으로 사회적 가치를 등한시해왔다고 비판하며, 기업이 사회적 가치 실현에 중요한 역할을 할 것으로 기대하지 않는바 CSR은 기업에 대한 도덕적 촉구로 볼 수 있으며, 기업이 사회적으로 책임 있는 행동을 하도록 강조한다. 이는 기업이 사회적 책임을 다해 사회 전체에 긍정적인 영향을 미치도록 요구한다.

04
스포츠 산업에서의 CSR과 ESG

　스포츠 산업 역시 CSR(기업의 사회적 책임)과 ESG(환경, 사회, 지배구조)는 다른 것 같지만 밀접하게 연관되어 있으며, 이 둘은 모두 기업이 사회적 가치 창출과 지속가능한 경영을 실현하기 위해 중요한 요소다. 그러나 둘 사이에는 몇 가지 차이점이 있다. CSR은 주로 기업이 사회적 책임을 다하는 과정과 결과에 초점을 두며, 기업이 자발적으로 사회에 이익을 주고 환경보호 및 사회 문제 해결을 위한 프로그램을 추진하고 지원함으로써 사회적 책임을 다하고자 노력한다. 이는 기업의 윤리적인 운영과 사회적 영향력을 고려하는 데 중점을 둔다. ESG 경영은 CSR보다 더 광범위하고 종합적인 개념으로 환경, 사회, 지배구조 세 가지 요소를 포함한다. ESG는 기업의 경영 활동과 투자 결정에 영향을 미치는 다양한 요소를 평가하고, 이를 통해 기업의 재무적 성과와 지속가능성을 평가한다. 따라서 ESG 경영은 CSR를 포함하면서도 더 넓은 범위의 경영 요소를 다룬다.

　스포츠 산업에서 CSR과 ESG 경영은 함께 고려되어야 한다. 그 이유는 이 둘은 같은 개념이 아니기 때문이다. 스포츠팀이나 대회 주최자는 환경친화적인 시설과 운영을 통해 환경보호에 기여하고, 지역사회와의 파트너십을 통해 사회적 책임을 다할 수 있다. 또한, 이러한 노력은 스포츠 산업의 재무적 성과와 지속가능성을 높일 수 있으며, 투자자들이나 이해관계자들의 신뢰를 얻는 데 도움이 된다. CSR과 ESG 경영은 스포츠 산업에서 상호 보완적인 개념으로 작용하며, 지속가능한 발전과 사회적 가치 창출을 위해 중요한 역할을 하고 있다.

개념에서 다른 차이를 보이기 때문에 ESG 경영과 CSR은 같은 개념으로 보기에는 무리가 있다. ESG 경영의 사회적 측면은 CSR의 일부분으로 볼 수 있으며, ESG 경영에서의 '사회(Social)' 부문은 주로 기업이 사회에 대한 책임을 다하는 데 관련된 요소들을 다룬다. 이는 사회적 책임이라고도 볼 수 있는데 ESG 경영의 사회적 측면을 CSR로 보는 것은 어느 정도 타당하지만, ESG 경영은 더 넓은 범위의 경영 요소를 다루고 있으며 환경과 지배구조 측면도 함께 고려되어야 한다는 점이 CSR과 가장 큰 차이점이라고 볼 수 있다.

Environmental · Social · Governance

Part 8

넷제로(NetZero)를 향한
스포츠 탄소중립

01 '탄소중립 리그' 시대를 향한 도약
02 스포츠 현장의 탄소중립
03 프로스포츠 구단의 탄소중립
04 탄소중립을 위한 스포츠의 사회적 책임
05 지속가능한 재료로 만드는 건강한 스포츠 환경
06 탄소중립을 우선으로 생각하는 장비개발
07 스포츠 스폰서도 친환경, 탄소중립 성적표 제출
08 경기 서비스 가치사슬의 탄소배출

탄소배출 상쇄를 위한 「스포츠기본법(이하 탄소중립 기본법)」이 국회 본회의를 통과했다. '탄소중립'이란 대기 중에 배출·방출 또는 누출되는 온실가스 양에서 온실가스 흡수량을 상쇄한 순 배출량이 영(零)이 되는 상태를 말한다. 이산화탄소 배출량과 흡수량을 같게 만든다는 이야기이며, 탄소중립에 대한 이슈가 계속 제기되고 있다.

> 배출량 감소 − 흡수량 증대 = 순 배출량

「탄소중립 기본법」에서 정의하는 탄소중립의 핵심은 탄소배출을 완전히 없애기보다 배출한 만큼 이를 상쇄하기 위해 노력하는 것이다. 비록 스포츠가 지구환경에 해로울 수 있지만, 인간의 건강하고 풍요로운 삶을 위해 중요한 부분이므로 스포츠를 포기할 수는 없다. 따라서 지속가능한 지구환경을 위해 더 많은 사람이 친환경 스포츠에 관심을 기울이고 있다.

01
'탄소중립 리그' 시대를 향한 도약

국내 프로스포츠 구단들이 부흥기를 맞이하고 있다. 국내 리그는 영국 프리미어리그와 다른 해외 리그 같은 대형 리그처럼 규모와 자원을 갖추지는 못할지라도 구단 운영에 따른 직접적인 탄소배출량과 기타 환경 데이터를 투명하게 공개하려는 노력을 기울이고 있다. 이러한 노력은 환경 정책의 출발점으로 기능할 수 있으며, 지속가능한 경영을 향한 첫걸음이 되고 있다. 그뿐만 아니라 탄소중립과 관련하여 환경의 중요성에 대한 교육이 선수와 스포츠팬, 프로스포츠구단 코칭스태프 등 이해관계자들에게 제공되어야 한다.

이를 통해 관련자들은 환경과 사회적 가치에 대해 올바르게 이해하고, 이를 바탕으로 지속가능한 행동을 취할 수 있도록 도움을 제공해야 한다. 전문가들은 지속가능한 변화를 끌어내기 위해 가장 기본적인 데이터 공시는 필수라고 강조하고 있다. 이는 구단 운영과 관련된 탄소배출과 수자원 관리, 폐기물 관리 데이터를 포함하고, 모든 정보의 투명한 공개는 환경적 책임을 실현하는 로드맵의 기초를 마련할 수 있으며, 구단이 지속가능한 방식으로 운영되는 데 필수다.

따라서 구단은 이러한 정보를 단계적으로 확장해나가는 것이 중요하며, 최소한의 정보공개는 '탄소중립 리그' 선언이 단순한 선언에 그치지 않고 실질적인 행동으로 이어지는 데 중요한 역할을 한다. 이는 구단의 환경적 약속이 실질적이고 구체적인 결과이며, 변화하는 모습으로 모든 이해관계자들에게 신뢰감을 줄 때 스포츠 ESG는 진정 발전할 것이다.

02 스포츠 현장의 탄소중립

주요 선진국들을 중심으로 스포츠 분야에서 환경과 상생할 수 있는 환경 정책을 수립하고 있다. 폐기물 및 친환경 에너지, 생태 등 분야별 실천전략을 수립하고, 주최 측, 협력 기관, 참가자들이 실천할 수 있는 항목들을 만들어 기획 단계부터 실천할 수 있도록 제도를 갖추고 운영하고 있다. 지속가능한 친환경 운영을 위해 스포츠 대회, 체육시설, 체육단체(기관, 구단 등)들이 탄소배출량을 최소화하고 탄소중립을 실천할 수 있도록 운영체계를 갖추고 있다. 이해관계자들이 자발적으로 친

표 8-1. **EPL 탄소추적**

탄소추적 항목	1. 관중이 축구장 방문에 이용한 교통수단, 소요 시간 측정
	2. 경기날 구장 경호에 동원되는 경찰 인력
	3. 원정경기로 인한 선수단 이동
	4. 구단 임직원 출퇴근
	5. TV·온라인 중계
	6. 굿즈 생산·유통·판매
	7. 경기장 및 시설물 건설·공사 작업
	8. 경기장 및 구단 수자원 사용량

출처: 저자 재구성

환경 행동을 촉진하기 위해 운영 전반에 친환경 운영 시스템을 도입하고, 운영 물품도 친환경 인증기업, 친환경 인증제품을 선택하고 사용하는 등 참가자들이 친환경 행동을 자발적으로 실천하고 참여할 수 있도록 인증제도를 실시하고 있다.

탄소배출과 그로 인한 기후변화는 전 세계적으로 심각한 환경문제로 인식되고 있다. 전 세계적으로 매년 약 500억 톤의 온실가스가 배출되는 현재, 많은 국가들이 탄소중립을 목표로 하는 정책을 추진하고 있다. 이러한 배경에서 RE100과 넷제로(NetZero) 같은 용어들은 기업이나 국가가 사용하는 에너지를 100% 재생 가능한 에너지로 전환하거나 온실가스 순 배출량을 '제로'로 만들겠다는 약속을 의미하며, 이는 기후위기 대응의 중요한 부분이다.

그림 8-1. 지역사회 기후문제 해결을 위한 백악관 포럼

출처: The White House

2023년 5월 미국 백악관 과학기술정책실(OSTP) 주관으로 개최된 "지역사회 기후문제 해결을 위한 백악관 포럼(White House Forum on Campus and Community-Scale Climate Change Solutions)"은 이러한 문제에 대응하기 위해 대학과 지역사회의 역량을 활용하는 방안을 논의했다. 이 포럼은 미국 전역에서 800명 이상의 대학 대표들이 참석한 가운데 캠퍼스 혁신, 지역사회 참여 및 대학 간 협력의 성공 사례를 공유하고, 초당적 인프라법 및 인플레이션 감소법 시행에 따른 대학 지원 정책에 대해 토론하는 시간을 가졌다.

이 포럼은 2050년까지 온실가스 순 배출 제로를 달성하고, 기후변화로 인한 기상이변과 다른 영향에 대한 지역사회의 회복력을 강화하기 위한 바이든-해리스 행정부 기후 정책의 일환으로 진행되었다.

참가자들은 미래의 청정 산업을 선도할 대학생들이 필요한 기후 스마트 인프라를 계획, 배치 및 유지할 수 있는 지식과 기술을 갖추도록 지원하는 방안과 주 및 지방정부에 기후 관련 정보 서비스를 제공하고 새로운 기후 솔루션과 혁신 생태계로의 전환을 돕는 전략에 대해 논의했다. 이러한 노력은 기후위기에 대응하는 데 교육 기관의 역할을 강화하고, 지속가능하고 탄력적인 캠퍼스 환경을 조성하는 데 중점을 두고 있다.

이를 위해 다양한 부분에서의 노력이 계속되고 있다. 2016년 클라이미트워치와 세계자원연구소의 자료를 바탕으로 '아워월드인데이터(Our World in Data)'가 발표한 데이터는 산업생산, 수송, 건물 냉난방 등 에너지 사용으로 인한 온실가스 배출이 전체 배출량의 73.2%라고 발표했다. 국가별로 탄소배출의 심각성을 이야기하고 있는데, 갈수록 증가 추세인 만큼 우리도 간과할 수 없는 문제다.

유럽 주요 국가들은 2030년에서 2040년 사이 내연기관 차량 판매 금지를 선언했으며, 이로 인해 글로벌 자동차 제조사들은 전기차 출시 경쟁을 가속화하고 있다. 유럽연합은 역내로 수입되는 제품의 생산 과정에서 발생하는 탄소배출에 대해 자국과 동일한 탄소배출권 비용을 부담하도록 하는 '탄소국경조정제도'를 도입하여 새로운 무역 장벽을 만들었다. 이는 환경 규제가 없거나 약한 국가에서 생산된 제품이라도 선진국과 동일한 환경 대응 비용을 부담해야 하므로 대응에 실패하면 원가 경쟁력이 약화되고 판매 기회도 줄어들 수 있다. 또한, 플라스틱 폐기물로 인한 생태계 파괴와 자원 고갈 문제에 대응하기 위한 각종 환경 규제도 강화되고 있다. 이러한 규제 강화는 탄소배출량에 대한 세금이나 탄소배출권 가격의 상승으로 이어져 이미 많은 기업들의 자산 가치 하락이나 좌초자산화 현상 등 재무에 부정적인 영향을 미치고 있다. 예를 들어, 독일의 무어부르크 석탄화력발전소는 독일의 탈석탄 로드맵에 따라 조기 폐쇄가 결정되어 10억 유로의 손실이 예상되며, 영국의 석유기업 비피(BP)는 2020년 탄소배출 비용을 반영한 유가 전망 조정으로 자산가치를 재평가하라는 투자자의 요구에 직면했다.

스포츠 현장에서도 이러한 부분에 주목해야 한다. 적절한 정책을 펼치기 위해서는 먼저 현황을 파악하는 것이 중요하다. 이를 위해 스포츠 산업에서도 데이터를 활용하여 탄소배출량을 산출해야 한다. 이렇게 하면 어디서 탄소배출을 줄여야 하고, 어디서 상쇄해야 할지에 대한 구체적인 전략을 세울 수 있을 것이다. 스포츠 경기가 펼쳐지는 경기장 조명의 에너지 효율을 높이거나, 재생 가능한 에너지를 사용하여 탄소 발자국을 줄이는 방안을 고려할 수 있다. 또한, 선수와 관중의 이동으로 발생하는 탄소배출을 줄이기 위한 교통 정책을 마련하는 것도 중요할 것이다. 이러한 방법들을 이용하여 스포츠 산업이 탄소중립을 실현하는 데 기여할 수 있다.

그림 8-2. 국가별 탄소배출량

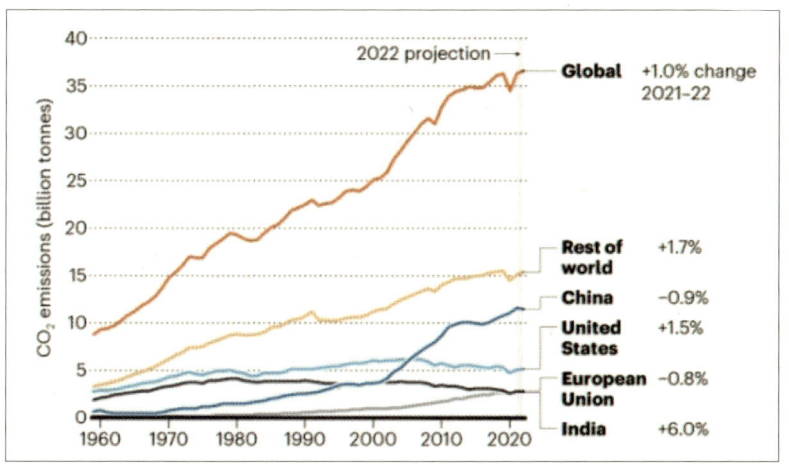

출처: 헬로디디

03
프로스포츠 구단의 탄소중립

　스포츠도 탄소배출에서 자유로울 수 없으며, 수많은 환경오염을 일으키고 있어 문제가 되고 있다. 스포츠 구단들이 탄소추적에 가장 공을 들이는 부분은 구장을 방문하는 팬들의 탄소배출량이다. 팬이 경기 관람을 위해 구장에 방문하기까지 어떤 교통수단을 이용했고 얼마나 시간이 걸렸는지 등을 측정하는 팬트래블(Fan Travel)로 불리는 항목이다. 한 경기에 수천에서 많게는 수만 명이 운집하면서 발생시키는 탄소배출이 프로스포츠 구단의 배출량 총합에서 가장 큰 비중을 차지하기 때문이다. 그뿐만 아니라 대형 스포츠 이벤트에서도 탄소배출 문제는 심각한데 2016년 리우 하계올림픽에서는 360만 톤, 2018 평창 동계올림픽에서는 159만 톤, 2018 러시아 월드컵에서는 216만 톤의 탄소배출을 한 것으로 보인다. 이렇듯 스포츠 현장에서 수많은 요인으로 인해 탄소배출이 문제가 되고 있으며, 가장 대표적으로 연관이 있는 문제는 교통과 일회용품 사용을 들 수 있다.

　스포츠 경기나 스포츠 이벤트가 있을 때 많은 관중은 대중교통보다 자동차를 이용하여 경기장으로 이동한다. 각자 이동수단을 사용할 때 탄소가 배출되며 그 양은 적지 않다. 해외에서는 잉글랜드 프리미어리그(EPL, England Premier League) 맨체스터 유나이티드가 프리시즌 기간 태국과 오스트레일리아를 이동하며 약 1,800톤의 이산화탄소를 배출하여 논란이 되었다.

그림 8-3. 교통수단별 평균 탄소배출량

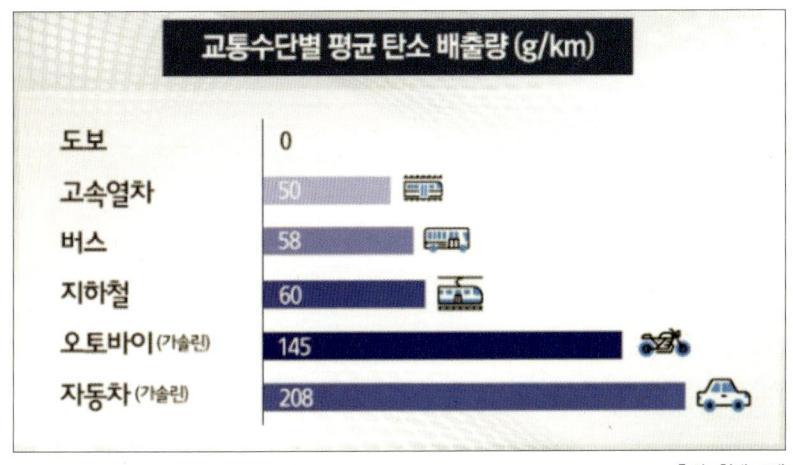

출처: 현대 로템

스포츠팬들의 경기 관람을 위한 이동은 탄소발자국에 중요한 영향을 미치며, 이는 구단이 배출하는 탄소의 약 80%를 차지하는 것으로 추정된다. 경기가 있을 때도 평소 이용하는 다양한 교통수단을 통해 탄소가 배출되지만, 자동차가 상대적으로 많을 뿐 다른 대중교통 수단들도 탄소배출에서 자유로운 것은 아니다. 온실가스 측면에서 수송 수단에 변화가 필요하다는 것을 여실히 보여준다.

실제로 2021년 10월에 열린 올림피크 리옹과 AS 생테티엔 간의 더비 경기에서 생테티엔 구단은 팬들이 경기장 방문 시 이용할 수 있는 차량 및 승차 공유 서비스를 홍보했다. 이러한 노력은 축구 경기의 관람이 환경에 미치는 영향을 최소화하고, 지속가능한 팬 경험을 제공하는 데 중요한 역할을 하고 있다. 구단의 이러한 환경친화적인 접근은 팬들에게도 지속가능성에 대한 인식을 높이고, 친환경적인 선택을 장려하는 긍정적인 영향을 끼친다.

표 8-2. EPL 스코프 3(Scope 3) 배출량

리버풀	토트넘	맨시티	울버햄튼
15만 5,253t	7만 6,698t	1만 3,175t	1만 1,358t
리버풀은 홈경기와 어웨이경기를 온라인으로 시청할 때 발생하는 탄소량까지 추적	팬이 경기 관람을 위해 구장에 방문하기까지 어떤 교통수단을 이용했고 얼마나 시간이 걸렸는지 등 측정	홈구장 에티하드 스타디움(Ethihad Stadium)을 방문한 홈·원정팬들에게 이용한 교통수단과 소요 시간을 묻는 설문조사 진행	구단에 소속된 임직원이 출퇴근하면서 이용하는 다양한 교통수단에서 발생하는 탄소발생량 조사

일회용품은 더 심각한 상황이다. 경기당 발생하는 폐기물 대부분은 일회용품이 차지하며, 각종 프로스포츠 경기 시 어마어마한 양이 배출된다. 전 세계 플라스틱의 99%는 화석연료로 만들어지며 엄청난 양의 탄소를 배출하고 있다. 실제로 1L짜리 플라스틱병 하나를 생산하는 데 250ml의 기름이 필요하며, 플라스틱 생산에 엄청난 양의 화석연료가 소비된다. 이 규모가 얼만큼 많은 수준인지 살펴보면 전 세계 총 석

유 생산량의 8~10%가 플라스틱 제조에 사용되는 것으로 추정된다.

전국 폐기물 통계에 따르면 한 해 전국 스포츠시설에서 발생하는 폐기물 6,176t 중 35.7%에 해당하는 2,203t이 야구장에서 나온다는 결과도 나왔다. 이는 대부분 일회용품이 한 번만 쓰이고 버려지고 있다는 것을 의미한다.

그림 8-4. 프로야구장 내 쓰레기통 모습

잠실야구장

인천 SSG 랜더스필드

수원 KT 위즈파크

대전 한화생명 이글스파크

출처: 녹색연합

04
탄소중립을 위한
스포츠의 사회적 책임

스포츠는 전 세계 수십억 명의 사람들에게 즐거움과 영감을 선사하는 동시에 환경에도 상당한 영향을 미치고 있다. 대규모 행사 개최와 선수 및 관중 이동, 경기장과 시설 운영 등 스포츠 활동 과정에서 다량의 온실가스가 배출되고 있다. 이러한 문제는 단순히 환경보호뿐만 아니라 사회적 책임을 다하고, 스포츠 산업의 장기적인 성장을 위한 필수적인 과제로 인식되고 있다. 우리나라도 스포츠 산업 현장에서 발생하는 탄소를 줄이기 위해 다양한 방법을 시도하고 있다. 실제로 프로축구연맹은 에너지 소비량과 온실가스 배출량, 폐기물 배출량 등 탄소배출

그림 8-5. 다회용기 사용 캠페인

저감 활동에 앞장서고 있으며 각 구단도 환경공헌 활동을 위해 팔을 걷어붙였다.

프로스포츠 구단들은 장거리 이동 시 차량 운행을 줄이기 위해 원정버스를 운영하는 구단이 많으며, 경기장과 훈련장에 LED 조명을 사용하여 에너지 절감에 앞장서고 있다. 또한 태양열 혹은 태양광 에너지를 사용하여 친환경 에너지로 전환하기 위한 노력에 동참하고 있으며, 일부 구단에서는 중수도설비, 지하 저류조 빗물 재사용 등으로 평소 사용하는 물을 아끼기 위해 노력하고 있다.

스포츠 현장에서 탄소배출을 줄이기 위한 몇 가지 주요한 방법은 다음과 같다. 무엇보다 탄소중립을 최우선적인 과제로 설정하여 실천해야 한다. 스포츠 행사나 이벤트를 탄소중립화하는 노력을 하며 그에 따른 방법으로 신재생 에너지를 사용해야 한다. 또한 탄소 오프셋 프로그램을 도입하여 탄소배출을 줄이는 동시에 탄소배출을 상쇄하여 탄소중립을 실현해야 한다.

스포츠 이벤트나 경기장에서 대중교통 이용을 장려하고, 차량 공유 프로그램을 도입하여 개인 차량 이용을 최소화할 수 있어야 한다. 자전거나 도보로 이동하는 등의 순환교통을 촉진하여 친환경적인 이동수단을 활용해야 하며, 에너지 효율성을 높이기 위해 스포츠시설이나 경기장의 에너지 효율성을 향상시키는 노력을 해야 한다. 친환경 LED 조명 시스템으로 교체하거나 에너지 효율적인 냉난방 시스템을 도입하면 에너지 소비가 많이 줄어들 것이며 친환경적인 운영의 기초가 마련될 것이다.

05
지속가능한 재료로 만드는 건강한 스포츠 환경

스포츠시설이나 이벤트에서 재활용 프로그램을 강화하고 폐기물 관리를 효율적으로 실시하는 것은 자원의 재활용률을 높이는 가장 좋은 방법일 것이다. 재활용이 가능한 자원을 분리수거하고 재활용 공정을 운영하여 환경보호에 기여함과 동시에 친환경적인 경기장도 함께 조성해야 한다. 녹색연합은 체육시설 내 음식물을 판매하는 곳도 일회용품 사용규제 대상에 꼭 포함되어야 한다고 주장하며 야구장의 예를 들었다. 서울 잠실에 있는 잠실야구장에서 열린 35경기에서 다회용기 사용에 대한 시범사업을 추진한 결과 경기당 5,418개의 일회용기가 적게 사용되었다는 것을 확인할 수 있었으며, 경기당 127kg의 폐기물이 감소된 것으로 확인되어 다회용기 사용은 앞으로 선택이 아닌 필수로

그림 8-6. 잠실야구장 환경 캠페인

해야 하는 중요한 정책이라는 사실을 확인할 수 있다.

스포츠용품 및 시설 건축에 지속가능한 재료를 사용하는 것은 탄소 배출량 감소를 통해 지속가능한 스포츠 환경을 조성하는 데 중요한 역할을 한다.

그림 8-7. 한화 신축 야구장 건설 현장

건축 과정에서도 다양한 공사 자재와 소재가 사용되는데, 이러한 자재들의 생산·운송·사용·폐기 과정에서 발생하는 환경에 미치는 영향은 상당하다. 기후변화의 심각성이 커지는 가운데 기후변화를 넘어서 이제는 '기후위기'라는 용어가 많이 제시되고 있다. 이를 위해 작지만 큰 효과가 있는 방법을 실행해야 하는데, 친환경 소재를 사용하거나 재활용이 가능한 재료를 적극적으로 활용하여 환경친화적인 제품을 제작하는 것은 물론이고 관람객과 스포츠팬들에게 환경보호의 중요성에 대한 메시지를 전달하고 이벤트 참여를 유도하는 홍보 활동도 필수로 진행해야 할 것이다.

06
탄소중립을 우선으로 생각하는 장비개발

프랑스의 스타트업 발롱앤코(Ballons&co)의 공동창업자 장밥티스트 드 투리스(Jean-Baptiste de Tourris)는 현재 축구공 제작에 사용되는 소재가 환경에 미치는 영향을 우려하고 있다. 그는 축구공 대부분은 수리나 재활용이 불가능한 플라스틱으로 만들어져 환경에 큰 부담을 준다고 지적하며, 더 지속가능한 소재의 필요성을 강조하고 있다.

발롱앤코는 이러한 환경문제를 해결하기 위해 혁신적인 접근을 시도하고 있다. 이 스타트업은 아프리카에 기반을 둔 NGO와 협력하여 비행기와 자동차 폐시트에서 회수한 가죽 등 95% 재활용 소재로 축구

그림 8-8. 스타트업 발롱앤코

출처: goal.com

공을 제작하고 있다. 이러한 방식은 축구공 제조 과정에서 발생하는 탄소배출량을 줄이고 자원을 효율적으로 사용하는 시도다.

축구공이나 다른 스포츠 장비의 생산 과정에서 발생하는 탄소배출량은 축구 인프라 구축, 선수단 및 팬들의 이동에 따른 탄소배출량에 비해 상대적으로 적을 수 있지만, 모든 분야에서 지속가능한 개선을 추구하는 것이 환경에 미치는 전체적인 영향을 줄이는 데 중요하다. 발롱앤코의 이러한 노력은 축구 산업 내에서 환경 지속가능성을 높이기 위한 중요한 발걸음으로 평가받고 있으며, 다른 스포츠 종목들도 이러한 노력에 주목할 필요가 있다.

발롱앤코의 혁신적인 접근은 단순히 축구공 제작에 그치지 않고, 스포츠 산업 전반에 걸쳐 환경보호와 지속가능성을 실현하려는 의지를 보여준다. 이러한 시도는 스포츠 산업이 환경문제에 더 큰 책임을 지고, 지속가능한 미래를 위해 변화할 수 있다는 가능성을 제시한다.

07
스포츠 스폰서도 친환경, 탄소중립 성적표 제출

축구 경기장, 구단, 그리고 경기와 직접 관련된 활동 외에도 스폰서를 통한 간접적인 이산화탄소 배출은 축구 산업에서 주목해야 할 환경적 문제 중 하나다. 특히, 화석연료 에너지나 관련 산업에서 활발히 활동하는 기업들이 축구 분야의 주요 스폰서로 참여하고 있다. 가즈프롬(Gazprom), 카타르항공(Qatar Airways), 에미레이트항공(Emirates), 폭스바겐(Volkswagen), 기아(KIA) 등은 국제축구연맹(FIFA)과 유럽축구연맹(UEFA)을 포함한 여러 축구 기관과 구단의 스폰서로 잘 알려져 있다.

이러한 스폰서십이 화석연료 및 고탄소 서비스 소비에 어떤 영향을 미치는지 정확히 파악하기는 어렵지만, 탄소중립 목표에 도움이 되지 않는다는 것은 분명하다. 이에 따라 축구 산업의 이해관계자들은 환경적 책임을 강화하고 지속가능한 스폰서십 전략을 모색하는 중이다. 이는 스폰서 관계를 재평가하고, 환경에 미치는 부정적 영향을 줄이기 위한 노력을 포함할 수 있다. 이를 통해 축구 산업이 더욱 지속가능한 방향으로 발전할 수 있도록 적극적인 조치를 취하는 것이 중요하다.

탄소중립 이슈는 지속가능한 스포츠를 '만들 수 있는가? 없는가?'가 관건이다. 쉽게 말해 '죽느냐, 사느냐'의 생존 게임이다. 이러한 생존 게임 상황에서 국제올림픽위원회(International Olympic Committee/IOC), 국제축구연맹(FIFA) 등이 나서서 UN과 함께 2018년 'UN 스포츠 기후 행동 협정(UN Sports for Climate Action Framework)' 프로그램을 발표했다. 'UN 스포츠 기후 행동 협정' 프로그램의 주요 내용은 지금까지 우리가 인지하지 못했던 반환경적 요인들을 줄이거나 없애자는 일종의 가이드라인이라 할 수 있다. 최종 목표는 2050년까지 탄소중립을 달성해야 하고, 2030년부터 탄소중립을 준수하지 않는 스포츠 이벤트는 취소 또는 연기되며, 스포츠 이벤트에 참여하는 후원기업과 방송중계권자에게도 동일한 기준이 요구된다. 또한 탄소배출의 원천인 화석연료를 판매하거나 이용하는 기업(자동차, 항공사, 정유사 등)은 후원 검토 대상에서 제외된다는 내용이 담겨있다.

08

경기 서비스 가치사슬의 탄소배출

스포츠 경기의 영상 제작과 온라인 전송 시스템은 시청자 수와 온라인 스트리밍의 점유율 증가로 인해 환경에 미치는 영향이 커지고 있다. 특히, 텔레비전 대비 온라인 스트리밍의 증가는 전력 소비와 관련된 탄소배출량 증가로 이어지고 있다.

영국의 카본트러스트(Carbon Trust)의 연구에 따르면, 42인치 플라스마 TV로 경기를 시청할 경우 약 480g의 이산화탄소가 배출되며, 45인치 LED TV는 더 적은 에너지를 소비하여 약 310g의 이산화탄소를 배출하는 것으로 나타났다. 반면, 태블릿으로 경기를 시청할 경우 와이파이 연결 시 60kg~380g의 이산화탄소가 배출되지만, 3G 연결을 통한 시청은 이산화탄소 배출량이 기하급수적으로 증가하여 최대 3.7kg에 이르는 것으로 조사됐다.

2021-2022 시즌 동안 카날플러스(Canal+)에서 방송된 프랑스 리그1 경기의 평균 시청자 수는 85만 명이었다. 아마존 프라임 비디오(Amazon Prime Video)가 중계권을 보유하고 있는 상황에서 스트리밍으로 경기를 시청하는 관객의 탄소발자국 문제가 더욱 부각되고 있다.

디지털 기술은 전 세계 온실가스 배출의 약 4%를 차지하며, 매년 에너지 소비가 9%씩 증가하고 있는 것으로 프랑스의 기후변화 싱크탱

크인 쉬프트 프로젝트(Shift Project)가 보고했다. 이러한 증가는 서버와 네트워크 운영에 필요한 에너지와 데이터 소비 증가 때문이다. 현재로서는 텔레비전과 스트리밍이 물리적 이동을 하는 관중에 의해 발생하는 운송 및 환경 비용을 얼마나 상쇄할 수 있는지 정확하게 측정하기는 어렵다. 이는 온라인 스트리밍의 환경적 영향을 평가하고, 지속가능한 솔루션을 모색하는 데 중요한 고려 사항으로 작용할 것이다.

Environmental · Social · Governance

Part 9

스포츠 ESG의 우선순위

01 스포츠 ESG의 현재와 미래 과제
02 ESG 실천의 긍정적 효과와 미래 방향성

스포츠 산업에서의 ESG(환경, 사회, 지배구조) 경영은 많은 발전을 거듭하고 있지만, 아직 완벽하게 이루어지고 있는 것은 아니다. 우선 ESG 경영의 세부 요소인 환경과 사회, 지배구조에 대해 각자 생각하는 중요도의 차이가 존재한다. 전국경제인연합회가 ESG에 대한 중요도를 조사했는데 환경에 대한 중요도는 60%, 사회에 대한 중요도는 26.7%, 그리고 지배구조에 대한 중요도는 13.3%라는 조사 결과가 나왔다. 이렇듯 중요도는 각각 다른 비율을 가지고 조사되었지만, 결국 ESG 경영은 세 가지 요소를 전부 생각하여 진행해야 한다.

그림 9-1. 환경, 사회, 지배구조의 인식 정도

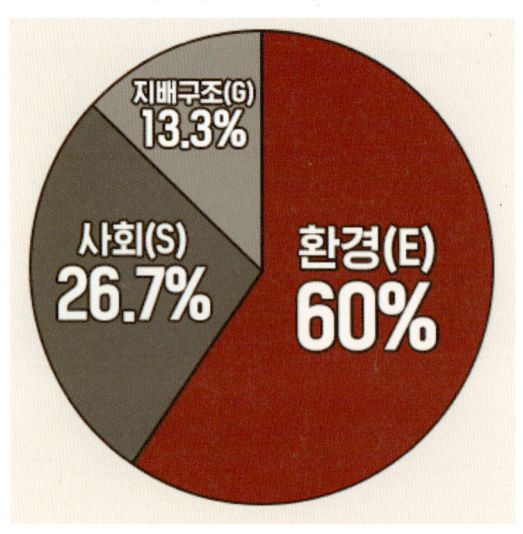

출처: 전국경제인연합회(2021)

01
스포츠 ESG의 현재와 미래 과제

프로스포츠 구단에서 실시하는 ESG 경영도 세 가지 요소를 모두 적용하여 진행하는 것이 올바른 방향이다. 먼저 환경적인 부문에서 많은 스포츠 리그와 구단이 친환경 시설을 구축하여 탄소배출을 줄이고, 환경과 관련된 다양한 활동들을 전개하며 다양한 방법으로 노력을 기울이고 있다. 그러나 여전히 규모가 큰 경기장과 경기장 이동, 국제대회 개최 등에 따른 탄소배출량에 관련된 문제가 남아 있다. 사회적인

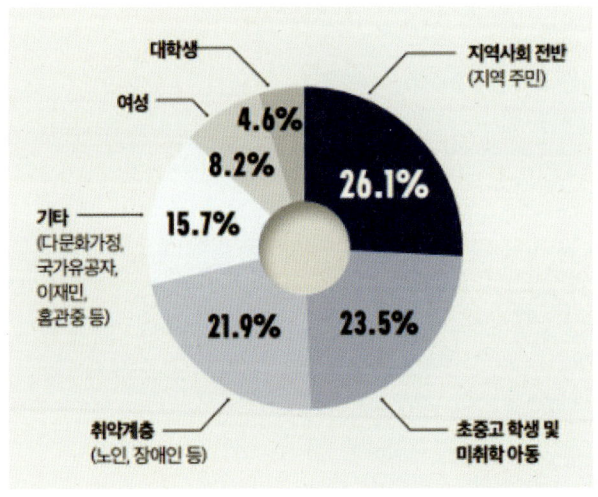

그림 9-2. K리그 사회공헌활동 대상

출처: K리그 「사회공헌활동 백서」

부문에서 스포츠라는 콘텐츠는 사회적으로 큰 영향력을 행사할 수 있기 때문에 수많은 리그와 구단들은 지역사회에 기여하기 위한 다양한 프로그램을 운영하고 있다.

이는 청소년 교육, 사회적 소외계층 지원, 건강 증진 등을 포함하고 있으나 아직도 사회적으로 문제가 되는 사안에 대한 대응이 충분하지 않은 부분이 있다. 지배구조 부문에서 스포츠 산업은 지배구조 개선에 대한 노력을 지속적으로 이루려는 활동으로 투명성을 높이고, 부패 방지를 위한 정책과 규정을 개선하고 있으나 여전히 이를 위한 더 많은 노력이 필요하다.

종합적으로 보면, 스포츠 산업에서의 ESG 경영은 점진적으로 발전하고 있지만 여전히 개선이 필요한 부분이 있으며, 특히 환경보호와 사회적 가치 창출을 위한 노력을 더욱 강화하고, 투명하고 효율적인 지배구조를 구축하는 데 더 많은 노력이 필요한 시점이다.

02
ESG 실천의 긍정적 효과와 미래 방향성

스포츠 산업에서 ESG의 효과를 보면, ESG는 우선 부정적인 면보다 긍정적인 효과를 불러일으킨다는 점에서 미래의 방향성을 볼 수 있다. 다음 세대를 이끌어갈 아이들이 바깥 놀이 활동과 스포츠를 비롯한 야외 문화 활동을 이어갈 수 있도록 지속가능한 스포츠 환경을 조성하고 있다. 우리가 사랑하는 경기장이 환경에 어떤 영향을 미치는지 확인하고, 우리가 당장 할 수 있는 일들을 통해 그 영향을 줄일 수 있는 작은 실천을 이어가고 있다.

스포츠가 갖는 다양한 긍정적인 효과는 스포츠를 사랑하는 팬들에게도 영향을 미칠 수 있다. ESG를 실천하는 스포츠 산업은 사회적 책임과 지속가능한 경영에 대한 높은 인식을 가지고 있으며, 팬들은 ESG를 실천하는 스포츠 행사나 팀에 대한 긍정적인 이미지를 갖게 되어 더 많은 애정과 지지를 보낼 수 있다. 환경친화적인 시설을 운영하고 사회적 책임을 다하는 다양한 행사와 이벤트는 관중에게 더욱 쾌적하고 의미 있는 경험을 제공할 수 있으며, 이는 다양한 경험이 불러오는 큰 효과라고 볼 수 있다.

그림 9-3. 한국 스포츠의 미래

출처: 한국프로축구연맹

　다음으로는 공감과 연대감을 강화할 수 있다. 관중은 스포츠를 통해 다양한 사회적 문제에 대한 인식을 높이고, 그에 대한 관심과 참여를 더욱 증대시킬 수 있으며, 자부심과 만족도도 증진시킬 수 있다. 관중은 스포츠 산업이 사회적 책임을 다하고 지속가능한 경영을 추구한다는 점에 대해 자랑스럽게 생각할 수 있으며, 이를 통해 더욱 긍정적인 관계를 형성할 수 있다.

　ESG 경영을 하는 데 있어서 무엇이 가장 우선인지를 논할 수는 없다. 지금 우리가 안고 있는 각종 문제가 모두 심각한 수준이기 때문이다. 환경문제는 이미 문제의식을 넘어 환경위기로까지 거론되는 상태이고, 사회적인 문제는 점점 심각해지고 있으며 지속적으로 문제가 발생하고 있다. 사회적 약자를 먼저 생각하고 상생하며 더불어 사는 세상을 만들어야 한다. 지배구조는 이득만 취하는 조직문화가 아니라 조직 내부에서 일어나는 일을 투명하게 공개해야 하며, 부정을 저지르지 않도록 각종 윤리적인 정책들을 함께 시행해야 한다. 이 모든 것 중 어느 한 가지만 중요한 것이 아니라 환경과 사회, 지배구조 모두 중요하고 어느 하나 소홀히 할 수 없다. 환경 활동만 열심히 한다고 해서 ESG 경영을 한다고 할 수는 없다. 사회활동만 열심히 한다고 ESG 경영을 잘한다고 할 수 없다. 지배구조 분야도 마찬가지다. ESG 경영의 세 가지 요소가 균형 있게 실행될 때 진정한 ESG 경영의 빛을 발휘할 수 있을 것이다.

Environmental · Social · Governance

스포츠와 ESG
지속 가능한 가치와 미래

Part 10

앞서가는 ESG, 스포츠의 대응

01 국제기구 ESG
02 국내 스포츠 ESG
03 해외 스포츠 ESG

01
국제기구 ESG

1) 유엔

유엔(UN. United Nations)은 국제협력을 증진하고 세계평화를 유지하기 위한 목적으로 설립된 국제기구로, 인류 역사상 가장 큰 규모의 국가 간 연합체이자 가장 많은 국가가 모이는 다자 회의 기구다. 국가와 민족을 아우르는 국제기구로서 창립 당시 회원국은 총 51개국이었고, 오늘날에는 전 세계 대부분의 나라인 193개국이 가입되어 있다. UN은 과거 제1차 세계대전의 전승국들이 전쟁을 막기 위해 설립했으나 실패했던 국제연맹의 역할을 대신하여 제2차 세계대전 종전 이후 1945년 10월 24일 연합국들을 중심으로 더욱 적극적으로 평화를 보장하고 안정적인 국제 질서를 유지하기 위해 설립되었다.

UN 기후변화협약(UN Framework Convention on Climate Change: UNFCCC)은 기후변화에 대응하기 위한 국제적인 협약이고, 1992년 UN 기후변화협약 사무국(UN Climate Change: UNCCC secretariat)이 설치되어 국제사회와 공조하고 있다. 스포츠 기후 행동 협정은 스포츠 단체들의 친환경 활동 참여를 독려하기 위해 2018년 출발했다. 이 협정의 경우 스포츠 단체가 조직과 대회 운영에 있어 탄소배출량을 줄이며, 스포츠팬들에게 기후변화에 대한 인식과 환경의 중요성을 확산시키고 여기에 관련된 행동을 유도하는 데 목적이 있다.

표 10-1. UN 스포츠 기후 행동 5원칙

영역	관련 요소
원칙 1	더욱 확대된 환경경영을 촉진하기 위한 체계적 노력 수행
원칙 2	전반적인 기후 영향 축소
원칙 3	기후 행동을 위한 교육 실시
원칙 4	지속가능한 소비의 촉진
원칙 5	커뮤니케이션을 통한 기후 행동 지지

출처: United Nations Climate Change

또한 스포츠 단체 및 기구들과 이해당사자들이 기후 행동 참여를 위해 실행할 수 있는 프레임워크를 제공하고 있고 여기에는 국제올림픽위원회(IOC), 국제축구연맹(FIFA), 유럽축구연맹(UEFA), 국제경기연맹총연합회(GAISF) 등 스포츠를 대표하는 국제스포츠 기구들이 참여 중이며 미국프로농구(NBA), 미국프로풋볼(NFL), 스페인 라리가 등 프로리그와 구단을 포함해 총 341개의 스포츠 단체도 함께 참여하고 있다(2022년 기준). 우리나라 스포츠 기관 중 한국프로축구연맹(K리그)이 여기에 참여하고 있다. UN 스포츠 기후 행동은 두 가지 목표를 명시하고 있다.

> 1. 온실가스 배출의 측정, 감축, 보고 등 검증된 기준에 따라 파리협약에 따른 참여와 공조를 통해 글로벌 스포츠 커뮤니티의 기후변화 대응 방향을 명확히 한다.
> 2. 글로벌 시민의 기후 행동에 있어서 연대 강화와 결속의 통합된 도구로서 스포츠를 활용한다.

위에서 볼 수 있듯이 UN 기후변화협약 사무국은 스포츠 기후 행동 원칙(Sports for Climate Action Principles)을 제정하여 스포츠 기구 및 단체들의 가입을 독려하고 있으며, 스포츠 기후 행동 프레임워크를 제공하여 위의 원칙을 지킬 수 있도록 가이드라인을 제시한다. 스포츠 기후 행동은 총 다섯 가지 원칙으로 구성되어 있다.

그림 10-1. 뉴욕과 제네바 유엔 본부 청사

뉴욕 유엔 본부 청사   제네바 유엔 유럽 본부 청사

출처: 나무위키

UN은 ESG 관련하여 다양한 활동을 진행 중이며, 기념일을 선정하여 각종 행사를 주최하고 있다.

표 10-2. UN 국제 기념일 ESG 관련 목록

월	ESG	국제의 날	월	ESG	국제의 날
1	E	(26일) 국제 깨끗한 에너지의 날	7	G	(30일) 국제 우정의 날
2	E	(02일) 세계 습지의 날	8	S	(12일) 국제 청년의 날
2	S	(20일) 세계 사회정의의 날	8	S	(19일) 세계 인권의 날
3	E	(22일) 세계 물의 날	9	S	(21일) 국제 평화의 날
3	E	(30일) 국제 제로 웨이스트의 날	9	S	(23일) 국제 수화의 날
3			9	G	(28일) 국제 정보접근의 날
4	S	(06일) 국제 스포츠를 통한 개발·평화의 날	10	S	(02일) 국제 비폭력의 날
4	S	(07일) 세계 건강의 날	10	S	(11일) 국제 여성아동의 날
4	E	(22일) 국제 어머니 지구의 날	10	S	(15일) 국제 농촌 여성의 날
5	E	(12일) 국제 식물건강의 날	11	S	(14일) 세계 당뇨의 날
5	G	(16일) 국제 평화 속 함께 살기의 날	11	S	(20일) 세계 어린이의 날
6	E	(08일) 세계 바다의 날	12	S	(10일) 인권의 날
6	S	(21일) 국제 요가의 날	12	S	(12일) 국제 보편적 건강보장의 날

출처: 저자 재구성

2) 세계자연보전연맹

　세계자연보전연맹(IUCN, International Union for Conservation of Nature)은 전 세계 자원 및 자연보호를 위해 국제연합(UN)의 지원을 받아 1948년 국제기구로 설립되었다. IUCN은 다양한 환경 관련 문제를 해결하기 위해 노력하고 있으며, 이는 ESG와 밀접한 관련이 있다. 또한 스포츠 분야에서 문제가 되고 있는 환경문제 해결을 위한 노력과 책임이 UN SDGs 달성 노력의 일환으로 대두되며, 전 세계 스포츠 조직 간 협력이 필요한 시점이다. 이 기관은 유엔환경계획(UNEP)과 국제올림픽위원회(IOC)와 협력하고 있으며 자연을 위한 스포츠 프레임워크를 지향하고 있다. 주요 참여기관은 국제올림픽위원회(IOC), 국가올림픽위원회연합(ANOC), 2024 파리올림픽·패럴림픽 조직위원회, 위 플레이 그린(We Play Green) 등 총 58개 기관이 참여하고 있다(2024년 4월 기준).

협정의 주요 내용은 UN SDGs 달성과 포스트-2020 글로벌 생물다양성 프레임워크 이행을 위한 스포츠계의 적극적인 행동이 필요하다는 데 공감하며, 협정 참여기관은 "자연을 위한 스포츠"의 네 가지 원칙을 지키고 야심 차고 측정할 수 있는 행동을 취할 것을 약속한다. 아울러 협정 참여기관은 "자연을 위한 스포츠" 커뮤니티에 적극적으로 참여(연간 활동 결과 보고서 제공, 참여기관 간 협력 등)할 것을 약속함으로써 스포츠를 통해 환경을 먼저 생각하는 것에 주요 내용을 담고 있다. 세부적인 네 가지 주요 원칙은 다음과 같다.

표 10-3. IUCN의 네 가지 주요 원칙

번호	주요 원칙
1	자연보호 및 자연 서식지·종 훼손 방지 (Protect nature and avoid damage to natural habitats and species)
2	가능한 경우 어디서든 자연회복·재생 (Restore and regenerate nature wherever possible)
3	공급망 내 자연에 대한 리스크 감소 (Understand and reduce risks to nature in your supply chains)
4	스포츠 안팎으로 자연에 대한 긍정적 행동 교육 (Educate and inspire positive action for nature across and beyond sport)

출처: IUCN 홈페이지

02 국내 스포츠 ESG

1) 한국프로스포츠협회(KPSA)

한국 스포츠 산업에서도 ESG 경영에 대한 활발한 활동이 전개되고 있다. 한국프로스포츠협회(KPSA)는 환경을 먼저 생각하고 경기장에서 사용되는 일회용품을 줄이기 위해 리유저블컵을 나누어주며 '경기장 일회용 컵 사용 줄이기' 캠페인을 실시했다.

그림 10-2. 리유저블컵을 사용하는 스포츠팬

출처: 한국프로스포츠협회

이 기간 동안 프로스포츠 경기가 진행된 전국 12개 축구장과 야구장에서 재활용이 가능한 다회용 컵 16만 3천 개를 배포했으며, 다시 사용할 수 있는 즐거움을 제공했다. 관중도 처음에는 일회용품을 못 쓰는 것에 대한 불편함을 느꼈지만, 환경보호 정책과 캠페인의 취지를 설명하고 진행하니 대부분 좋은 취지로 받아들이는 모습을 보였다.

2) 한국야구위원회(KBO)

KBO는 "어린이에게 꿈과 희망을"이라는 프로야구 출범 당시 캐치프레이즈에 걸맞게 야구를 활용한 사랑 나눔 실천을 위해 다양한 사회공헌 사업을 펼쳐왔다. 희망병원과 함께 세이브 1개당 15만 원, 희생번트 1개당 5만 원을 적립해 취약계층에 수술비를 지원하는 사회공헌 프로그램 'Save & Sacrifice 캠페인'을 진행했다. 2023년 경기도 안산역 앞에서 쓰러진 채로 발견된 뒤 뇌출혈 판정을 받은 네팔 출신 근로자 타망 씨를 첫 번째 수혜자로 선정하고 수술비를 지원했다.

KBO와 희망병원은 도움의 손길이 필요한 타망 씨에게 약 200만 원 상당의 뇌수술과 입원 치료비를 건넸다. 심장이나 척추, 인공관절을 중심으로 수술비를 우선 지원할 예정이지만, 사연 접수 결과에 따라 수술 부위에 상관없이 지원 범위를 확대할 예정이다. KBO는 치료비가 필요한 분들에게 도움의 손길을 전하는 지원사업을 지속적으로 펼치고 있다.

그림 10-3. KBO 사회공헌활동 협약식

출처: 한국야구위원회

3) 한국프로축구연맹(K-League)

축구는 스포츠 종목 중에서 환경적 영향에 대해 가장 변동성이 적은 종목이지만, 사회적인 공감대가 변하면서 새로운 기준을 받아들였다. 한국프로축구연맹은 2018년 미세먼지 규정을 신설했다. 2021년에는 K리그와 하나은행, 그리고 K리그의 후원사와 구단들이 모두 참여해 '친환경 탄소중립 리그'라는 비전을 선포했다. 동시에 유엔기후변화협약에 참가했다. K리그가 친환경 관련 규정을 신설하고 이와 관련된 비전을 만들 수 있었던 원동력이 있는데, ESG 개념을 빠르게 받아들였기 때문이다. 2011년 3월 환경부 그리고 K리그 서포터즈 연합이 공동으로 녹색응원문화 정착을 위한 'Me First! Green Shouting!' 캠페인을 전개했다. 경기장 방문 시 대중교통 이용과 친환경 운전, 재사용이

가능한 친환경 응원 도구 사용과 Clean Time으로 5분간 내 자리 청소하기, 일회용품 사용 자제, 일회용 색종이와 휴지폭탄 응원 자제 등을 내용으로 했다.

K리그는 국내 스포츠 단체 최초로 유엔기후변화협약 스포츠 기후행동 협정(UNFCCC Sports for Climate Action)에 참여했다. 이 협정은 스포츠 단체가 조직 및 대회 운영에 있어 탄소배출량을 줄이고, 스포츠팬에게 기후변화에 대한 인식을 확산시키며, 나아가 스포츠팬들의 행동을 유도하는 것을 목적으로 한다.

파리협정에서 합의된 목표 달성(2℃ 이하 감축)을 위해 스포츠 조직들의 적극적인 참여가 필요하다. 온실가스 배출 감소 조치는 경제 기회 확대, 생계보장, 더욱 효율적인 자원 활용, 경제적 경쟁력과 혁신의 촉진 등 다양한 혜택을 가져온다. 또한 스포츠는 미래 세대를 위해 지구

그림 10-4. 스포츠 기후 행동 협정 참여

출처: 한국프로축구연맹 홈페이지

를 안전하게 지키는 것과 같이 사회 변화를 불러일으키는 독특한 힘을 가지고 있는 것이 특징이다.

시간이 지날수록 환경 관련 문제는 더욱 심각해지고 있다. 캐나다에서 발생한 큰 산불로 인해 북미 프로스포츠 경기가 줄줄이 취소된 적이 있다. 그런 대형 산불도 고온건조해진 날씨로 인해, 즉 기후변화로 인해 발생할 수 있다. 실외에서 진행하는 축구는 점점 더 환경의 영향을 받게 될 것이고, 그 범위는 점점 넓어질 것이다. K리그의 친환경 캠페인은 프로축구가 지속가능할 수 있는 환경을 만들기 위한 노력이라고 했으며, 연맹에 소속된 K리그 구단에 친환경 활동을 의무화(아직 권장 사항)하지 않았음에도 많은 구단이 적극적으로 활동하는 이유도 여기 있다.

K리그는 깨끗한 지구, 지속가능한 환경을 목표로 프로축구연맹과 25개 구단이 힘을 모아 ESG 활동을 진행하고 있다. 내 주변의 쓰레기를 최소화하고, 올바른 분리배출에 참여하는 등 K리그 팬들이 동참할 수 있는 다양한 캠페인과 K리그에서 비롯되는 온실가스 배출량을 줄이고 있다. 지역사회와 상생하고 기후변화에 대응하며 다음 세대와 지구를 지키기 위한 실천에 동참하고 있으며, 이런 노력은 SDGs와 연계하여 6번 목표, 13번 목표, 14번 목표, 15번 목표 달성에 포함하고 있다.

스포츠 기후 행동 협정과 관련하여 K리그 한국프로축구연맹은 다섯 가지 주요 행동강령을 이행해야 한다. 구체적인 이행 조건은 환경 책임 증진을 위한 체계적인 노력을 수행하고, 스포츠로 인한 전반적인 기후 영향 감소와 기후 행동 교육 진행, 지속가능하고 책임감 있는 소비 촉진, 소통을 통한 기후 행동 옹호 등 다섯 가지 원칙을 수행하며 매년 이행 사항에 대한 리포트를 제출해야 한다. 주요 참여기관은 국제올림픽위원회(IOC), 국제축구연맹(FIFA), 미국프로농구(NBA), 영국 프리미어리그(EPL), 스페인 라리가(La Liga), BBC Sport, Sky Sports 등 총 350개 기관이 참여하고 있으며 국내 스포츠 단체에서는 K리그가 유일하게 참여하고 있다.

표 10-4. 다섯 가지 주요 행동강령

번호	행동강령
1	체계적인 환경 책임 수행(Undertake systematic efforts to promote greater environmental responsibility)
2	스포츠를 통한 기후 영향력 감소(Reduce overall climate impact)
3	기후 교육 실시(Educate for climate action)
4	지속가능한 소비 촉진(Promote sustainable and responsible consumption)
5	소통을 통한 기후 행동 지원(Advocate for climate action through communication)

03
해외 스포츠 ESG

1) 독일 스포츠 ESG 사례

(1) 지속가능한 스포츠 2030

독일의 연방 환경·자연보호·원자력 안전·소비자보호부(Bundesministerium für Umwelt, Naturschutz, nukleare Sicherheit und Verbraucherschutz, BMUV)는 2021년 12월에 발표된 '지속가능한 스포츠 2030(Nachhaltiger Sport 2030)'을 통해 스포츠 산업이 지향해야 할 정책적 노선을 제시했다.

이 계획은 스포츠 산업 전반에 걸친 환경적 지속가능성을 향상시키기 위한 전략적 접근을 목표로 하며, 특히 환경보호와 자원 관리의 중요성을 강조하고 있다. BMUV 산하의 '환경과 스포츠 자문위원회(Beirat fuer Umwelt und Sport)'는 1986년 설립되었으며, 지속가능한 스포츠 2030을 위한 전략적 제언을 담당하고 있다. 이 자문위원회는 정부 관료, 교수, 각 체육 단체장 등 다양한 분야의 전문가로 구성되어 있으며, 2022년 기준으로 위원 중 50%가 여성으로 구성되어 있음을 보여준다.

이는 다양성과 성평등을 중시하는 독일 정부의 정책 방향과 일치하고 있다. 이러한 조치들은 스포츠 산업 내에서 지속가능한 발전을 촉진하고, 환경보호 및 사회적 책임을 강화하기 위한 국가 차원의 노력을 반영하고 있다. '지속가능한 스포츠 2030' 계획은 스포츠 산업이 환경보호에 기여할 수 있는 구체적인 방안을 제공하며, 이는 스포츠 단체 및 기관들에 중요한 지침을 제공하여 국내외적으로 지속가능한 스포츠 활동을 확대하는 데 기여하고 있다.

> **지속가능한 스포츠를 위한 다섯 가지 정책 영역**
> ① 자연환경을 고려하는 스포츠 참여 확대 방안
> ② 지속가능한 스포츠시설 확보
> ③ 대형 스포츠 이벤트의 지속가능성 확대
> ④ 친환경 이동 시스템 구축
> ⑤ 스포츠 산업 밸류체인의 지속가능성 향상

① 자연환경을 고려하는 스포츠 참여 확대 방안

독일에서는 매주 약 1,500만 명 이상이 실외 스포츠 활동에 참여하고 있으며, 이로 인해 실외 스포츠의 양적 성장이 정점에 도달한 것으로 보고 있다. 공식적으로 아웃도어 스포츠를 즐기는 사람들의 수는 증가하는 추세지만, 조직화된 스포츠클럽과 협회에 가입하는 비율은 감소하고 있다. 이러한 변화는 실외 스포츠 활동의 자연스러운 발전과 사회적 변화를 반영하고 있다. 환경보호와 관련된 규정은 실외 스포츠 활동의 추이를 반영하여 지난 수십 년 동안 변화해왔다. 새로운 자연보호구역이 지정되고 환경보호 규정이 엄격하게 시행되면서 실외 활동에 여러 제재가 도입되었다. 이러한 규제는 필요하지만, 때로는 환경보호를 위한 합리적인 원칙에 대한 적대적 태도를 유발할 수도 있어 환경보호와 스포츠 활동 간의 조화로운 공존을 모색하는 것이 중요하다.

「연방자연보호법」과 「연방산림법」에 따라 레크리에이션 목적으로 도로와 사용하지 않는 개방된 공간 및 산림의 이용이 가능하다. 이는 '생물 다양성에 관한 국가전략'에 의해 더욱 강화되어 환경보호와 생물 다양성 유지를 위한 틀 안에서 시민의 스포츠 활동을 보장한다.

또한, 실외 스포츠 활동을 위한 야외 공간의 개발은 실외 스포츠 인구와 자연을 활용하는 시기 및 장소, 환경보호를 위한 개개인의 행동에 직접적인 영향을 미친다. 실외 스포츠 활동과 환경보호의 건설적인 조화를 위한 목표가 수립되어 추진 중에 있으며, 이 과정에서 실외 스포츠 활동의 이익과 자연공간 이용 관련 이해당사자들 간의 갈등을 최소화하는 데 신뢰할 수 있는 전문 지식이 필수다.

마지막으로, 실외 스포츠의 디지털 전환은 더욱 촉진될 것으로 전망되며, 이는 실외 스포츠 활동에 대한 맞춤형 정보를 제공하고 자연의 지나친 훼손을 방지하는 데 기여할 수 있다. 하지만 디지털 미디어가 환경 위험요소를 경시할 가능성도 있어 디지털 전환의 명암을 다각적으로 고려하고 환경 위험요소를 사전에 파악하여 장점을 극대화하는 접근 방식이 요구된다.

② 지속가능한 스포츠시설 확보

독일에는 약 23만 개의 스포츠시설이 있지만, 이 중 상당수가 노후화로 인해 에너지 및 자원 낭비가 발생하고 있어 보수가 필요한 상황이다. 에너지 효율을 개선하고 시설을 현대화하면 배기가스 배출을 줄일 수 있으며, 난방 시스템 개선, 건물 외피의 단열 강화, 창문, 조명, 환기 시스템의 교체를 통해 에너지 낭비를 방지하고 에너지 사용을 효율적으로 관리할 수 있다. 또한, 현대 기술을 통해 스포츠시설을 에너지 소비자에서 공급원으로 변화시킬 수 있는데, 이는 건물의 사용 에너지를 최소화하고 건물 자체가 생산하는 에너지를 활용하는 제로 에너지 건물의 건축이나 구조 변경을 통해 가능하다.

독일은 체육시설이 잘 갖춰져 있는 국가로 인식되고 있지만, 지역시설의 지속적인 발전을 위해서는 추가적인 실내 및 실외 체육시설이 필요함에도 대규모 확장이나 새로운 건축이 진행되지 않고 있다. 독일 전국의 스포츠시설 보수에 필요한 비용은 약 310억 유로(약 42조 원)로 추산되며, 특히 체육관과 수영시설에 대한 투자는 우선순위에서 밀려나고 있다. 스포츠시설은 자원 효율성 향상, 재생 에너지 사용, 건물 옥상이나 전면을 이용한 녹지 조성 등을 수행해야 하며, 기후변화에 효과적으로 대응하기 위해서는 새로운 시설의 건축보다 기존 시설의 보수가 우선시되어야 한다.

'도시환경계획(Masterplans Stadtnatur: BMU 2019)'에서는 스포츠를 통해 살기 좋은 도시를 실현하기 위해 자연과 생물다양성 보호에 관한 스포츠 단체, 협회 및 스포츠시설 관리단체의 이해도 증진과 적극적인 참여가 필수임을 명시하고 있다. 이러한 노력을 통해 지속가능한 도시 환경을 구축하고 스포츠를 통한 사회적 기여를 증진할 수 있을 것이다.

③ 대형 스포츠 이벤트의 지속가능성 확대

지속가능한 대형 스포츠 이벤트는 대중의 다각적인 참여를 통해 달성될 수 있다. 이러한 이벤트를 위해 대화와 협력이 필수이며, 효과적인 지속가능성 전략을 수립하고 문제를 해결하는 데 중요한 역할을 한다. 스포츠 단체와 대회 조직위원회는 다양한 이해당사자의 참여를 바탕으로 환경 및 사회 분야에서의 손익 분석을 통해 상충하는 목표를 중재할 수 있어야 한다. 이를 통해 연방정부와 주정부의 규제 준수, 환경적·경제적·사회적 기준의 실천이 요구된다.

대형 스포츠 이벤트는 사회통합과 구성원 간 융합을 촉진하며 지속가능한 지역, 도시, 스포츠 발전을 도모한다. 국내외에서 우수한 사례를 발전시키며, 이벤트와 관련된 교육 활동을 통해 지속가능성을 증진시킨다. 이와 같은 이벤트는 참가자와 관중에게 특별한 경험을 제공하는 동시에 지속가능성에 대한 다양한 문제점을 노출하기도 한다. 이에 따라 연방정부, 주정부, 지자체 및 스포츠 산업 종사자, 시민 등 모든 이해당사자가 공동의 목표를 수립하고 실천하는 과정이 매우 중요하다. 공동의 목표는 다양한 세대가 함께 추진할 수 있는 지속가능한 도시와 농촌의 경제적·환경적·사회적 발전을 목표로 해야 한다.

지속가능한 대형 스포츠 이벤트의 실행은 주로 올림픽이나 유럽 선수권 같은 대규모 이벤트에서 볼 수 있으나, 소규모 엘리트 스포츠 대회와 지역 스포츠 이벤트에도 적용 가능하다. 독일 연방정부의 관련 전략은 2013년의 제5차 체육·스포츠 담당 장관·고위급 국제회의, 올림픽 어젠다 2020, 그리고 2021년 독일 연방 내무부의 대형 스포츠 이벤트 전략 등 국내외 정책에 기반을 두고 있다. 이러한 전략들은 지속가능한 이벤트 관리와 실행을 위한 기반이 되며, 글로벌 스포츠 이벤트에서의 지속가능한 발전을 목표로 하고 있다.

④ 친환경 이동 시스템 구축

교통량의 증가는 환경에 심각한 영향을 미치며, 이는 스포츠 및 사회 전반에 걸쳐 중요한 도전 과제로 자리 잡고 있다. 스포츠·운송·환경 정책의 주요 목표는 필요한 이동성을 친환경적으로 설계하는 데 있으며, 이를 통해 스포츠 참여자의 기본적인 이동 요구를 충족시키고 지속가능한 환경 기준을 만족시켜야 한다. 체육시설과 주거지역 간의 자전거도로와 일반도로의 개선, 녹색 공간 및 개방 공간의 확대는 자연친화적 이동을 촉진하는 핵심 방안이다. 특히 어린이와 청소년 스포츠 참여자를 대상으로 한 자연친화적 이동 교육이 필수다. 이동에 필요한 자원을 절약하는 것이 중요하며, 도보, 자전거, 대중교통 같은 친환경 이동수단의 이용을 증진하기 위해 공공기관과 스포츠 산업 관련 기업이나 단체 간의 협력이 필요하다.

혁신적인 기술을 활용하여 도보, 자전거, 대중교통을 이용한 새로운 스포츠 이동 문화를 창출하는 것 역시 중요한 과제다. 차량 공유 네트워크, 매력적인 요금제를 통한 지역 대중교통수단의 이용 증진, 다양한 애플리케이션을 통한 이동수단의 다양화는 재생 가능 에너지 사용과 탄소배출 감소에 기여하고 있다.

스포츠 활동을 위한 이동은 자원, 토지 및 에너지 소비뿐만 아니라 소음과 대기오염을 유발하며 환경에 부정적인 영향을 끼치고 인간의 건강을 위협한다. 따라서 지속가능한 스포츠 활동을 위해 자연환경에 미치는 부정적인 영향을 최소화하는 것이 필수이며 이러한 목표 달성을 위해 환경친화적인 이동 수단과 정책, 기술의 통합적인 접근이 필요하다.

⑤ 스포츠 산업 밸류체인의 지속가능성 향상

환경보호와 스포츠 산업의 공존을 위해 스포츠 제조업과 유통업은 단순한 환경보호 활동을 넘어서 지속가능한 제품의 설계와 공정한, 친환경적인 제조 과정을 비즈니스의 핵심 전략으로 채택하고 확장해나가야 한다. 이러한 접근은 시장에서 기업의 신뢰를 구축하고 성공을 결정짓는 중요한 요소로 자리 잡을 것으로 예상된다. 또한, 숙련된 노동자 부족이 심화하는 현재의 노동 시장에서는 기업들이 매력적인 고용주로 인식되어 고객과의 관계를 강화하고 새로운 시장을 개척하는 것이 필수다. 일부 기업들은 혁신적인 방식으로 사회적 및 환경적 책임을 수행하며, 제조 과정에서 환경 유해 물질을 제거하고, 제조사의 ESG 관련 교육을 지원하는 전략을 추진하고 있다.

스포츠 의류, 운동화, 스포츠 장비 및 자전거는 스포츠 제조업 및 유통업의 총생산량 중 25%를 차지하고 있으며, 이러한 제품들은 대부분 개발도상국이나 신흥 경제국에서 생산된다. 국제적인 공급망 관리에서 다양한 환경적·사회적 위험 요소가 존재하며, 이는 충분히 보호되지 않은 사람들과 환경을 위한 구속력 있는 규제의 부족으로 작업장 안전 등에서 불안정한 노동 환경을 초래하고 있다.

독일과 기타 서방 국가에서는 스포츠용품이 생산되는 배경과 문제점에 대한 대중의 인식이 점점 확산되고 있다. 이러한 인식은 기업이 생산 및 제조 과정에서 발생하는 사회적·환경적 불안 요소에 대해 책임을 지도록 압박을 가중하고 있으며, 법적 체계의 강제 여부와 상관없이 기업의 위험 및 평판 관리 측면에서 중요한 요소가 되고 있다. 이러한 도전을 극복하고 지속가능한 비즈니스 모델을 구축하는 것은 스포츠 산업의 미래를 결정짓는 중대한 과제다.

2) 이탈리아 ESG 사례

(1) 이탈리아 스포츠신용연구소(ICS)의 지속가능한 개발 계획

이탈리아 스포츠신용연구소(Istituto per il Credito Sportivo, ICS)는 스포츠와 문화를 통한 지속가능한 개발을 목표로 하는 전문 은행으로 자리매김하고 있다. 이 기관은 스포츠 분야에서 지속가능한 개발을 위한 지침을 마련하고 있으며, 사회적 책임과 지속가능성 부문에서 리

그림 10-5. 스포츠신용연구소(ICS)

출처: MIDSTREAM

더 역할을 수행하고 있다.

ICS는 공공 행정과의 주요 관계자로 활동하면서, 지속가능성 원칙으로의 전환을 촉진하기 위한 인식을 제고하는 데 중점을 두고 있다. 또한, 환경·사회·지배구조 정책과 관련한 평가를 실시하고 이를 경제적 성과관리 전략에 통합하여 적용하고 있다. 이와 더불어 근로환경의 변화를 위한 다양한 활동을 제시하여 실행하고 있어 이탈리아 내에서 지속가능한 스포츠 개발을 위한 중추적인 역할을 하고 있다.

이 같은 활동은 스포츠 산업뿐만 아니라 관련 문화 분야에서도 지속가능성을 향상시키는 데 기여하고 있으며, ICS는 지속가능한 발전을 위한 모범 사례를 제공하면서 다른 기관들에도 영향을 미치고 있다. 이러한 전략적 접근은 스포츠 산업의 미래 방향성을 제시하는 데 중요한 역할을 하고 있다.

(2) 이탈리아 스포츠부의 '모두를 위한 스포츠 2023'

이탈리아 스포츠부(Dipartimento per lo Sport)는 스포츠를 통한 사회통합을 촉진하기 위해 스포츠클럽과 지방자치단체를 지원하는 '모두를 위한 스포츠 2023(Sport di tutti 2023)' 계획을 발표했고 1,300만 유로(약 176억 원) 이상의 총지원금이 투입되었다. 이탈리아 스포츠부는 이 프로그램을 통해 스포츠시설이 부족한 지역에서의 이니셔티브 활동, 사회적 약자와 소외계층을 위한 지원, 청소년과 성인 교도소의 포용, 도시공원 공간 개발 등 네 가지 주요 분야에 집중할 것임을 발표했다. '모두를 위한 스포츠 2023' 프로젝트는 선정된 단체별로 최대 3만 유로

(약 4,100만 원)의 지원금을 제공하며, 이는 무료 스포츠 활동을 보장하기 위한 것이다.

3) 일본 ESG 사례

(1) 일본프로야구협회(NPB)

일본 야구계는 환경과 지속가능성에 대한 의식을 높이며 ESG(환경, 사회, 지배구조) 원칙을 스포츠에 접목시키는 선두주자가 되었다. 일본프로야구협회(NPB)는 기후변화에 대응하기 위해 2008년부터 '그린 베이스볼 프로젝트'를 시작했으며, 이 프로젝트의 일환으로 경기 규칙에 중요한 변경을 도입했다. 이 변경사항에는 경기 시간을 단축시키는 규칙이 포함되었다. 구체적으로, NPB는 경기 중 공수교대 시간을 6분 줄임으로써 경기 전체 시간을 12분 감소시켰다. 이러한 시간 단축은 전력 사용을 대폭 줄여 약 37만 6천 kWh의 전력 절감 효과를 가져왔으며, 이산화탄소 배출을 209톤 줄이는 결과를 이끌어냈다. 또한 공수교대 시간 단축만으로도 추가로 이산화탄소 117톤을 줄이는 성과를 낸 것이다. 이는 나무 300만 그루를 심은 것과 같은 환경적 효과를 나타내는 것으로, 일본 야구가 환경보호에 기여할 수 있는 구체적인 방법을 제시하고 있음을 보여준다.

이와 같은 변화는 일본 야구가 단순한 스포츠 경기를 넘어 환경보호와 지속가능한 발전을 위한 적극적인 노력의 일환으로, 전 세계 스포츠 산업에 모범이 될 수 있는 중요한 사례로 평가받고 있다. 이러한 접근은 앞으로도 지속적인 환경적 배려를 필요로 하는 다른 스포츠 리그에도 영감을 줄 수 있을 것으로 본다.

(2) 일본 J리그 비셀고베

J리그(J League)에서 ESG 경영을 가장 잘 실천하는 구단으로 비셀고베(Vissel Kobe)가 꼽히고 있다. 비셀고베 프로축구단은 환경, 사회, 지배구조(ESG) 분야에서 지속가능한 실천을 통해 높은 평가를 받고 있다.

먼저, 환경적인 측면에서 경기장 내 에너지 효율을 높이고 재생 가능한 에너지를 활용하며, 쓰레기 감소 및 재활용을 적극 추진하고 있다. 이러한 환경보호 활동은 구단의 탄소발자국을 줄이는 데 크게 기여하고 있다. 동시에 경기장에서 발생하는 쓰레기를 최소화하고, 재활용 비율을 높이는 노력을 하고 있으며, 전력 사용을 줄이기 위한 다양한 에너지 절약 프로그램을 도입하고 있다.

사회적인 측면에서는 지역사회와의 연계를 강화하고 있다. 구단은 청소년 교육 프로그램, 지역사회와 함께하는 봉사활동, 건강 증진 프로그램 등을 통해 지역주민에게 긍정적인 영향을 미치고 있다. 특히, 청소년들에게 스포츠를 통한 긍정적인 영향력을 제공하고, 사회적 소외계층을 지원하는 다양한 활동을 펼치고 있다. 동시에 라쿠텐의 '소셜 액셀러레이터' 프로그램을 통해 지역사회와 함께 발전을 도모하고, 팬들과 지역주민을 위한 커뮤니티 이벤트를 개최하고 있다. 이는 구단이 사회적 책임을 다하기 위한 노력의 일환으로, 지역사회와의 긴밀한 협력을 통해 상생의 발전을 이루고 있다.

지배구조 측면에서는 투명하고 공정한 경영을 위해 지속적으로 노력하고 있다. 부패 방지 정책을 강화하고, 조직 내 의사결정 과정을 투명하게 공개하는 등의 활동을 통해 구단의 신뢰성을 높이고 있다. 이러한 노력은 구단이 팬들과 투자자들로부터 신뢰를 받을 수 있는 기반이 된다. 구단은 윤리적인 경영을 통해 투명한 운영을 실현하고, 모든 이해관계자에게 공정한 대우를 제공하고 있다.

비셀고베의 이러한 ESG 경영 노력은 구단의 지속가능성을 높이고, 사회적 책임을 다하는 스포츠팀으로서의 이미지를 강화하는 데 큰 역할을 하고 있다. 이러한 활동들은 J리그 전체에도 긍정적인 영향을 미치고 있으며, 다른 구단들에도 ESG 경영을 적극적으로 도입하도록 유도하고 있다. 비셀고베의 모범적인 ESG 실천 사례는 스포츠 산업에서 ESG 경영의 중요성을 다시 한번 강조하는 좋은 예가 되고 있다.

Environmental · Social · Governance

Part 11

스포츠 ESG
비재무적 평가지표

01　ESG 평가지표 현황
02　국내 ESG 평가지표
03　해외 ESG 평가지표
04　스포츠 ESG 평가지표 예시

전 세계적으로 ESG 경영을 평가하는 평가지표는 600개 가까이 된다는 이야기가 있다. 이는 ESG를 생각하는 기준과 철학이 각각 다르기 때문에 일어나는 현상이며, 산업별로 다른 특성에 따라 평가하는 기준도 달라지는 것이다. 다양한 산업에서 ESG 경영을 평가하기 위한 노력이 계속되고 있으며, 평가지표도 계속해서 발전하고 있다. 스포츠 산업에서도 각 분야에 맞는 ESG 경영에 대한 평가지표가 정립되어야 한다.

01
ESG 평가지표 현황

현재 스포츠 산업에서 ESG 평가를 위해 사용하는 평가지표는 없다. 하지만 다양한 여러 연구를 통해 평가에 대한 중요성은 계속해서 제시되고 있으며, 이 부분에 대해 활발한 연구가 진행되고 있다. 먼저 ESG 평가에서는 일종의 '기준'을 사용한다. 이 기준은 환경, 사회, 지배구조 등의 다양한 측면에서 기업이나 조직의 활동을 측정하는 데 도움이 된다. 환경 측면에서는 기업이 탄소배출을 얼마나 줄였는지, 재생 가능한 에너지를 사용하는지 등을 본다. 또한 기업이나 조직은 자신의 ESG 활동을 보고서로 작성하여 외부의 평가를 받을 수 있으며, 이러한 보고서는 일종의 '성적표' 역할을 한다. 외부에서는 이러한 보고서를 확인하여 해당 기업이나 조직의 ESG 활동을 평가하는 데 참고하지만, ESG 평가와 관련해서 주변 사람들의 의견과 관점을 함께 고려한다.

즉, 기업이나 조직이 ESG 활동을 얼마나 잘 수행하고 있는지, 그것이 이해관계자들에게 얼마나 긍정적인 영향을 미치는지를 알아본다. 이를 통해 기업이나 조직의 ESG 활동이 사회적으로 책임이 있는지를 판단할 수 있다. 마지막으로 ESG 평가는 비교와 개선을 통해 이루어진다. 다른 기업이나 조직과의 비교를 통해 어떤 부분에서 개선할 필요가 있는지 파악하고, 이를 통해 자신의 ESG 활동을 지속적으로 개선

해나갈 수 있다. 지금 ESG 경영이 화두로 떠오르는 시점에 스포츠 산업에서도 꼭 필요한 것이 바로 평가지표 설정이다.

1) 환경 요소 ESG 경영 평가

ESG 경영의 세 가지 요소에 대한 평가 중 환경평가는 탄소배출량 측정을 통해 기업이나 조직에서 발생하는 온실가스가 얼마나 줄였는지를 나타낸다. 에너지 효율성을 높이기 위해 에너지를 효율적으로 사용하는 정도를 측정하기도 하며, 재생 가능한 에너지 사용 비율은 기업이나 조직이 재생 가능한 에너지를 얼마나 사용하는지를 측정하기도 한다. 또한 친환경 건물 인증을 통해 에너지 사용만 관리하는 것이 아니라 환경보호에 대한 평가도 이루어지고 있다.

2) 사회 요소 ESG 경영 평가

사회 평가지표는 노동관계와 다양성 및 포용, 지역사회에 기여하는 것을 지표로 나타낸다. 노동관계는 기업이나 조직이 노동자의 권리를 존중하고 노동 환경을 개선하는지를 평가하고, 다양성 및 포용은 기업이나 조직이 다양성을 증진하고 포용적인 환경을 조성하는지를 평가한다. 지역사회 기여는 기업이나 조직이 지역사회에 기여하고 지역 발전을 촉진하는지를 평가한다. 많은 스포츠 기업이나 조직이 지역사회 발전을 위한 다양한 프로그램을 운영하고 있다. 이러한 프로그램은 청소년 교육, 지역사회 개발, 다양성 증진 등을 포함하고, 사회적 책임을 강조하는 데 중요한 역할을 하고 있으며, 환경보호 및 지속가능한 경영을 강조하는 이니셔티브를 활발하게 추진하고 있다. 탄소배출 감소, 재활용 프로그램, 친환경 시설 건설 등의 노력을 통해 환경적 책임을 다하고 있다. 스포츠 기업이나 조직은 지배구조와 윤리적 경영을 강화하기 위해 노력하고 있다. 회사 운영의 투명성을 높이고, 이해관계자들과 소통을 강화하여 투가치를 높이고 있다. 일부 스포츠 기업이나 조직은 외부 인증기관에 의해 ESG 활동을 평가받기도 하는데, 이러한 평가는 기업이나 조직의 ESG 성과를 공정하게 평가하고 비교할 수 있도록 도와준다.

3) 지배구조 ESG 경영 평가

지배구조 평가지표는 투명성과 윤리적 경영, 이사회의 다양성을 지표로 나타낸다. 투명성은 기업이나 조직이 경영에 대한 투명성을 유지하고 공개적으로 정보를 제공하는지 평가한다. 윤리적 경영은 기업이나 조직이 윤리적인 경영을 실천하고 윤리적인 가치를 존중하는지를 평가한다. 마지막으로 이사회의 다양성은 기업의 이사회가 다양성을 고려하고 다양한 의견을 수용하는지를 평가한다. 이러한 활동들은 지속가능한 조직 운영에 영향을 미칠 것이며, 이러한 보고서와 백서를 통해 평가의 기틀을 마련할 수 있고 긍정적인 효과를 기대할 수 있을 것이다.

4) ESG 평가의 시간을 준비할 때

"ESG를 평가(ESG Assessment)하거나 관리(ESG Management)한

다"는 표현은 적절하지만, "ESG를 한다"거나 "ESG를 잘한다"는 표현은 잘못된 것이다. ESG라는 용어는 환경성과, 사회성과 및 지배구조와 원칙(거버넌스)을 평가하여 이를 투자의사 결정에 반영하는 투자 방법에서 유래했기 때문에 'ESG 투자'라는 용어는 적절하다. 한편, 'ESG 경영'이라는 용어는 틀린 표현이라고 할 수는 없지만, 그 의미와 사용 방법에 있어 깊은 성찰이 필요하다.

현재 우리나라 학계와 산업계 등에서 ESG 경영이라는 표현을 사용할 때 환경, 사회 및 거버넌스를 향상시키기 위한 경영 및 전략 체계를 의미하는 경우가 많다. 하지만 그것이 의미하는 가장 적합한 용어는 지속가능경영 또는 이해관계자 중심 경영일 것이다. 글로벌 기준으로 보면 ESG 경영은 금융기관이나 투자기관이 투자 포트폴리오 구성 등 투자 전략의 한 유형을 나타내기 위해 사용된다. 영어로 'ESG Management'를 검색하면 대부분 금융과 투자기관의 투자 전략을 의미하는 용어로 사용되고 있다는 것을 알 수 있다. ESG 평가는 결국 기업의 지속가능성에 대한 평가이며, 이해관계자 자본주의는 이해관계자들과 기업이 상호 영향력을 행사하면서 사회 전체의 공동 가치를 창출해 내야 한다고 주장하기 때문이다.

우리나라의 대표적인 ESG 평가기관은 한국 ESG기준원(구 한국기업지배구조원)으로, MSCI의 평가 프레임워크를 기본으로 하여 우리나라의 산업 특성이나 기업 문화의 특수성을 고려하여 평가하고 있다. 통계청은 ESG 관련 통계를 개발하여 기업의 성과를 평가하고 비교하기 위한 기초 자료를 제공함으로써 정책 수립을 지원하고 사회적 투명성을 강화하는 역할 수행이 필요하다고 판단하고 있으며, ESG와 SDGs(지속가능발전목표) 모두 지속가능한 발전을 목표로 삼고 있다. 목표들 사이에 연관성이 많다는 점에서 통계개발원의 'SDG 데이터 혁신포럼'도 개최되고 있다.

표 11-1. MSCI ESG 평가 프레임워크

MSCI ESG Score									
환경 기준				사회적 기준				거버넌스 기준	
기후변화	자연자본	오염 및 폐기물	환경 기회	인적자본	제품 적합성	이해관계자 반대	사회적 기회	기업 지배구조	기업 형태
탄소배출	수응력	유독성 배출물 & 폐기물	클린 기술	노무관리	제품 안전 및 품질	논란 소지의 소싱	관계 접근	위원회	비즈니스 윤리
제품 탄소 발자국	생물 다양성과 토지이용	포장재료 & 폐기물	그린빌딩	헬스 & 안전	화학적 안정성	커뮤니티 관계	금융 접근	지불	세금 투명성
환경금융	원자재 소싱	전자 폐기물	신재생 에너지	인적자본 개발	소비자 금융보호		의료 서비스	소유권	
기후변화 취약성				공급망 노동표준	개인정보 & 정보보안		영양과 건강 기회	회계	
					책임투자				
					건강보험 & 인구통계학적 위험				

출처: www.msci.com

요약하자면, ESG 평가는 환경·사회·지배구조 측면에서 기업이나 조직의 활동을 측정하고 평가하는 과정이다. 이를 통해 해당 기업이나 조직이 사회적 책임을 다하고 지속가능한 방향으로 발전하는 데 도움이 된다. 이러한 방법들을 종합적으로 활용하여 스포츠 산업에서의 ESG 활동을 평가할 수 있다. 스포츠 조직 또한 이를 통해 지속가능한 경영과 사회적 책임을 강화하고, 경쟁력을 확보할 수 있다.

표 11-2. 스포츠 ESG 세부 척도 예시

스포츠 환경	스포츠 사회	스포츠 지배구조
경기장 시설 및 사무실 에너지 절약, 친환경 에너지	지역사회 기부활동	의사결정 프로세스의 투명성
경기장 시설 및 사무실 물 사용량 절약	스포츠 경기 관람 지원	내부 운영정보 투명하게 공개
경기장 쓰레기(일회용품) 배출량	스포츠 교육	이해관계자의 의사결정 참여
이해관계자를 위한 환경교육	직원 및 이해관계자 인권	다양한 위원회 구성
경기 시 이용하는 친환경 유니폼 친환경 응원도구	윤리적 운영과 공정성	이사회 및 임직원 남녀비율

출처: 저자 재구성

02 국내 ESG 평가지표

1) 대한체육회

우리나라 스포츠를 대표하는 기관인 대한체육회와 국민체육진흥공단, 대한장애인체육회, 한국체육산업개발, 태권도진흥재단은 ESG 경영 실천을 위한 업무협약을 맺었으며, 2026년 제107회 전국체육대회 유치 신청 제출 서류는 대회 준비만 포함되어 있는 것이 아니라 개최 기간 내 환경보호와 관련된 탄소중립, 재활용, 친환경 제품 사용, 온실가스 감축 등의 계획이 새롭게 포함되었다.

대한체육회는 우리나라를 대표하는 스포츠 공공기관인 만큼 스포츠 ESG 경영을 위한 활동에 박차를 가하고 있다. 2023년 한국에너지공단과 업무협약을 맺으며 스포츠 부문 에너지 효율 향상을 위한 협력을 진행했으며, 두 기관은 스포츠시설 관련 에너지 효율 향상 및 기술 공유, 시설 개체 지원 협력을 추진하고, 체육인 및 체육단체의 에너지 절약 실천을 위한 공동캠페인을 추진하며 에너지·사회취약계층에 대한 스포츠 참여 지원 강화 협력에 힘쓰고 있다.

두 기관은 기타 에너지 효율 향상 관련 업무 협력 등을 약속하며 스포츠 ESG 경영을 위한 기틀을 마련했다. 공단과 대한체육회는 스포츠 분야 에너지 절약 공동캠페인 등 에너지 절약 인식 제고를 위한 지

그림 11-1. 대한체육회와 에너지관리공단 업무협약

출처: 에너지관리공단

원과 협력을 지속적으로 추진해나가고 있고, ESG 경영 실천에 대한 시너지를 창출하며 ESG 경영에 박차를 가하고 있다.

    대한체육회는 에너지관리공단과의 협약을 통해 진천 국가대표선수촌을 비롯한 여러 운영시설의 에너지 효율 향상을 도모하고, 나아가 기관 ESG 경영에도 도움이 될 것이며, 2024년 완공된 대한민국 체육인재개발원이 친환경적으로 운영될 수 있도록 자문을 구하는 등 한국에너지공단과 긴밀한 협력관계를 구축해나가며 ESG 경영의 환경 부문에서의 발전을 도모하고 있다.

표 11-3. **대한체육회 ESG 경영 세부 항목**

E – 환경	S – 사회	G – 지배구조
온실가스 감축 실적	안전경영 책임보고서	이사회 회의록 공개
에너지 사용량	공공기관 안전관리등급	개별 비상임이사 활동 내역
폐기물 발생량	개인정보보호	ESG 운영위원회 활동 상황
용수 사용량	사회공헌활동 (봉사활동·기부활동 실적)	자체 감사부서 현황
환경법규 위반 현황	인권경영	청렴도 평가 결과
저공해 자동차 현황	일·가정 양립 지원제도 운영현황	
녹색제품 구매실적	동반성장 평가 결과	
	장애인 고용현황	
	혁신조달 구매실적	
	중증장애인 생산품 구매실적	
	중소기업 생산품 구매실적	

출처: 대한체육회 홈페이지

2) 서울올림픽기념 국민체육진흥공단

서울올림픽기념 국민체육진흥공단은 사회적 약자의 체육활동을 보호하고, 좋은 일자리를 창출하며, 이해관계자와의 동반성장을 도모해 스포츠를 통한 상생 경영을 실천하고 있다.

탄소중립을 위한 활동으로 환경 캠페인 진행 및 친환경 가치의 확산뿐만 아니라 높은 수준의 윤리경영과 청렴하고 투명한 경영을 위해 앞장서고 있다. 즉 인간의 자아실현, 건강, 행복을 추구하기 위한 신체활동과 문화 활동의 총체적인 스포츠와 아래 세 가지 요소를 더해 스포츠로 함께 만드는 지속가능한 미래를 창출하고 있다.

표 11-4. 국민체육진흥공단의 스포츠와 ESG 경영

본연	ESG	추진전략	KSPO형 ESG 역할
스포츠	환경 (Environment)	그린뉴딜을 선도하는 KSPO	• 탄소감축, 그린모빌리티, 재생 에너지 사용 • 한국판 그린뉴딜, 친환경 체육시설 조성 • 친환경 스포츠중소기업 지원
	사회 (Social)	체육계의 안전망을 떠받치는 KSPO	• 사각지대 없이 스포츠로 건강한 삶 실현 • 스포츠로 양질의 일자리 창출, 기업 성장 • 상생 경영, 동반성장, 지역사회 협력
	지배구조 (Governance)	투명하고 청렴한 KSPO	• 윤리경영 실현, 청렴·공정한 조직문화 정착 • 국민이 참여하는 투명한 의사결정 구조 • 경영 전반의 국민 신뢰 형성

출처: 국민체육진흥공단 홈페이지

3) 국내 스포츠 ESG 평가를 위한 준비

프로축구연맹 K리그는 2023년부터 K리그 온실가스 측정보고서를 발간하고 있는 스포츠 단체로 환경평가 기준을 만들고자 노력하고 있다. 아직 강제적으로 시행하는 요소는 아니지만, 2024년부터는 K리그 클럽 라이선싱에도 환경 데이터 제출을 포함했다. 연맹과 각 구단 담당자는 "2023년 측정은 Scope 1, Scope 2, 물, 폐기물 영역만 진행했는데, 점진적인 확대를 통해 참여 구단과 측정 범위를 넓혀가는 것을 목표로 하는 계획을 진행 중이다. K리그가 환경 데이터를 통해 실질적인 개선을 만들어갈 수 있는 노력을 함으로써 평가에 필요한 다양한 기준을 만들어나가고 있다. 일상적이고 지속적으로 데이터를 관리해서 실질적인 개선을 만드는 게 중요하다"고 이야기했다.

그뿐만 아니라 매년 K리그『사회공헌활동 백서』를 발간하여 구단에서 하는 다양한 사회공헌활동을 정리해서 보여주는 활동을 지속적으로 해오고 있다. 다양한 스포츠 관련 기관에서 백서 및 지속가능보고서를 발간함으로써 평가에 대한 기준을 마련해가고 있다. 프로스포츠와 관련된 조직에서 이러한 노력을 하고 있다면, 우리나라 스포츠 정책을 연구하는 기관인 한국스포츠정책과학원에서도 스포츠 ESG 평가를 위한 연구가 계속 진행되고 있다. 스포츠와 관련된 공공기관

그림 11-2. 2023 K리그 온실가스 배출량 측정 보고서

출처: K리그

의 평가를 어떻게 하면 효율적으로 진행할지에 대한 연구가 진행되었고 각종 콘퍼런스와 학회, 세미나를 통해 스포츠 ESG가 앞으로 나아가야 할 방향성에 관해 연구하고 있다. 이러한 활동은 스포츠 ESG 활동이 점차 중요한 요소로 자리 잡고 있으며, 앞으로 ESG 경영이 더욱 강조될 것임을 의미하기도 한다.

03
해외 ESG 평가지표

스포츠 전문 컨설팅 업체인 리스폰시볼(Responsiball)에서는 매년 스포츠 구단들의 점수를 산정하여 국가별 스포츠 ESG 순위를 발표한다. 거버넌스 분야의 세부 평가항목에는 조직 구조, 행동강령 존재 여부, CSR보고서 발행 여부, 재무제표 공개 여부 등이 있고, 커뮤니티 분야에서는 지역 밀착 활동, 유스 시스템 운영 여부, 서포터즈와의 대화 방법 등에 대해 항목을 정하여 평가하고 있다. 환경 분야는 경기장 내 폐기물 처리 방법, 수도·에너지 절약, 이산화탄소 배출 최소화 등을 다룬다.

그림 11-3. 리스폰시볼 국가별 종합순위(2023)

1~10위 랭킹

Rank	Country	%
Rank 1	Germany	64.92%
Rank 2	England - United Kingdom	63.55%
Rank 3	Japan	62.06%
Rank 4	Denmark	57.48%
Rank 5	Spain	50.74%
Rank 6	France	44.40%
Rank 7	South Korea	43.83%
Rank 8	Sweden	40.91%
Rank 9	Netherlands	40.58%
Rank 10	Belgium	38.45%

11~20위 랭킹

Rank	Country	%
Rank 11	Italy	32.28%
Rank 12	Switzerland	31.34%
Rank 13	Austria	30.82%
Rank 14	Greece	22.49%
Rank 15	Croatia	21.71%
Rank 16	Russia	21.20%
Rank 17	Brazil	9.32%
Rank 18	Argentina	6.74%
Rank 19	Portugal	6.26%
Rank 20	Serbia	5.59%

출처: www.responsiball.org

고 덧붙였다. 대한민국 ESG 경영에 대한 종합순위는 2021년과 2022년 6위를 기록했으나, 2023년은 7위를 기록하여 한 단계 하락했다.

이곳에서는 ESG 국가별 순위를 종합적으로 평가할 뿐만 아니라 ESG 경영 중 환경과 사회, 지배구조별 등수를 산출하기도 했다. 2023년을 기준으로 대한민국은 환경 분야에서 9위를 기록했고, 사회 분야에서는 5위를 기록하여 가장 좋은 순위를 기록했으며, 지배구조 분야에서는 7위를 기록했다. 이 결과로 보면 우리나라 스포츠 ESG 경영은 환경 부문이 가장 취약한 것으로 나타났으며, 다양한 활동과 가이드라인을 통해 지속적인 ESG 경영을 실천해야 한다.

그림 11-4. 2023년 ESG 요소별 순위

환경(9위)			사회(5위)			지배구조(7위)		
Rank 1	Germany	55.85%	Rank 1	Japan	81.24%	Rank 1	Spain	63.26%
Rank 2	England - United Kingdom	49.31%	Rank 2	England - United Kingdom	81.44%	Rank 2	Denmark	62.08%
Rank 3	Denmark	40.79%	Rank 3	Germany	78.83%	Rank 3	Germany	60.28%
Rank 4	France	39.47%	Rank 4	Denmark	69.55%	Rank 4	Japan	60.14%
Rank 5	Japan	34.80%	Rank 5	South Korea	63.14%	Rank 5	England - United Kingdom	59.89%
Rank 6	Belgium	32.90%	Rank 6	Sweden	62.02%	Rank 6	Sweden	52.81%
Rank 7	Spain	32.61%	Rank 7	France	58.46%	Rank 7	South Korea	47.29%
Rank 8	Netherlands	27.92%	Rank 8	Spain	56.35%	Rank 8	Italy	39.38%
Rank 9	South Korea	21.05%	Rank 9	Netherlands	55.34%	Rank 9	Netherlands	38.47%
Rank 10	Austria	19.96%	Rank 10	Belgium	49.29%	Rank 10	France	35.25%

출처: www.responsiball.org

스포츠 산업에서의 ESG(환경, 사회, 지배구조) 평가지표에 대해 연구하고 제안하는 학자들이 평가지표를 연구하고 발전시키고 있지만, 명확한 평가기준에 의한 평가는 이루어지고 있지 않다. 아론 스미스(Aaron Smith)는 스포츠 경영 및 스포츠 마케팅 분야에서 권위 있는 학자로,

지속가능한 스포츠 경영에 대한 연구를 수행하고 있다. 그는 스포츠 산업에서 환경·사회·지배구조 측면에서의 지속가능한 경영에 대한 다양한 측면을 탐구하고 있다. 이러한 학자들과 이론들은 스포츠 산업에서의 ESG 평가지표를 제안하고 발전시키는 데 중요한 역할을 하고 있다. 이들의 연구를 통해 스포츠 산업이 더욱 지속가능하고 사회적 책임을 다하는 방향으로 발전할 수 있기를 희망한다.

1) 미국의 스포츠 ESG 평가

(1) 그린스포츠 얼라이언스(GSA, Green Sports Alliance)

미국에서는 스포츠 산업에서의 ESG(환경, 사회, 지배구조) 평가를 다양한 방법으로 수행하고 있다. 2010년 미국에서 설립된 그린스포츠 얼라이언스(GSA, Green Sports Alliance)는 리그, 구단, 경기장 시설 관계자 등 스포츠 관련 조직들로 구성된 친환경 스포츠 단체로 스포츠 산업의 이해관계자들이 함께 지속가능성 변화를 만들 수 있도록 조직되었다. 에너지, 음식, 조달, 교통, 폐기물, 용수, 장소와 관련된 프로그램 및 이벤트를 기획하고 환경 이니셔티브를 주도하며, 스포츠 조직에 친환경 활동 경험과 노하우를 제공하여 환경문제 해결에 적극적으로 동참하자는 비전을 제시하고 있다. 또한 '플레이 투 제로(Play to zero)'는 그린스포츠 얼라이언스에 가입한 경기장, 팀, 리그 등을 대상으로 특성에 맞게 설계된 목표와 수단을 통해 실제 지속가능성 성과와 에너지, 물, 폐기물 관리를 점검할 수 있는 프로그램을 운영 중이다.

2012년 미국 환경청(EPA, Environmental Protection Agency)과

업무협약을 체결했고, 주요 사업 내용으로는 스포츠 현장에서의 폐기물 관리, 수질·에너지 보전, 환경영향 측정평가 등이 포함되어 있다. 많은 스포츠 기업이나 조직이 ESG 활동에 대한 보고서를 작성하여 자체적인 성과를 평가하고 외부 이해관계자들에게 제공한다. 이러한 보고서는 환경·사회·지배구조 측면에서의 성과를 다루며, 기업의 ESG 활동을 투명하게 공개한다.

그림 11-5. 그린스포츠 얼라이언스 로고

출처: 그린스포츠 얼라이언스 홈페이지

미국은 스포츠 산업의 환경적·사회적 모범 사례를 공유하고 동향을 분석하기 위해 프로스포츠 구장들을 대상으로 데이터를 수집하여 보고서를 발간하고 있다. 스포츠 지속가능성 지수 조사에 참여한 프로스포츠 구장 중 38%에서 지속가능성 부문의 담당 직원을 확보하고 있었으며, 그렇지 않다고 응답한 구장의 38%가 가까운 시일 내 지속가능성 부문에 담당 직위를 추가할 것을 고려한다고 응답했다. 조사 참여

구장의 56%에서는 다양성·평등 전담 직원을 배정하고 있다는 것을 확인할 수 있었다.

그뿐만이 아니라 Sustainable Innovation in Sport Forum을 개최하여 스포츠 리그, 클럽, 방송, 정부, 민간기업, NGO 등 각계 인사를 초청해서 스포츠 산업이 기후변화에 맞서 어떻게 싸울지에 대해 논의하고 영감을 확산하고 있다. 마지막으로 지속가능경영 리포트 제작을 통해 환경, 사회, 경제적 지속가능성을 제고하기 위해 헌신하는 스포츠 전문가들에게 관련 핵심 정보와 인사이트 등을 제공하며 많은 스포츠 조직들이 스폰서, 기업파트너와의 지속가능성 프로젝트를 통해 관계를 견고히 하는 활동들을 이어가고 있다.

마지막으로 '친환경 청소 지침(Greener Cleaning Playbook)'과 '스포츠 경기장 친환경 권고안(Guide to Green Teams at Sports Venues)' 등 친환경 활동 지침을 제시하고 있다.

(2) 지속가능성 스포츠 지수(SSI)

지속가능성 스포츠 지수(SSI, Sustainable Sport Index)는 매년 스포츠 산업의 환경적·사회적 영향을 조사하고 스포츠 조직이나 이벤트가 환경적·사회적·경제적으로 지속가능한 방식으로 운영되는지 평가하는 지표다. 데이터베이스를 구축하고 다양한 지속가능성 기준을 기반으로 스포츠 분야의 지속가능성 성과를 측정하여 지속가능한 운영을 촉진하고 있다. 이 지수는 스포츠 산업 전반에 걸쳐 지속가능한 관행을 촉진하고 제도적 기반을 마련하는 것을 목표로 하며, 특히 미국 스포츠 산업에서는 프로스포츠 경기장을 중심으로 데이터를 수집하고, 이를 분석하여 환경적·사회적 모범 사례를 공유하는 보고서를 발간하고 있다.

지수와 관련된 조사에 따르면, 참여한 프로스포츠 구장 중 38%가 지속가능성 부문에 전담 직원을 두고 있으며, 나머지 38%는 가까운 미래에 지속가능성 부문의 담당 직위를 추가할 것을 고려하고 있다고 응답했다. 또한, 참여 구장의 56%는 다양성과 평등을 촉진하기 위해 전담 직원을 배치하고 있음이 나타났다. 이러한 데이터는 스포츠 산업 내에서 지속가능한 관행이 점점 더 중요하게 여겨지고 있으며, 특히 다양성과 평등을 포함한 사회적 요소가 중요한 고려 사항으로 자리 잡고 있음을 보여준다. SSI는 이런 정보를 바탕으로 스포츠 산업이 지속가능성을 향상시키기 위한 구체적인 목표와 전략을 설정하는 데 중요한 역할을 하고 있다.

그림 11-6. 2023년 지속가능성 스포츠 지수 기존·신규 참가자

출처: Sustainable Sport Index(2023)

2) 영국의 스포츠 ESG 평가

영국에서도 ESG 평가를 위한 노력이 계속되고 있다. BBC Sport는 2019년부터 스포츠 포지티브 서밋(Sport Positive Summit)과 EPL 20개 구단의 환경보호 및 기후변화의 지속가능경영을 조사하여 발표한다. 평가항목에 따라 각 구단을 평가하고 있으며, 여기서 산출된 점수를 바탕으로 순위를 매긴다. 평가에 사용되는 항목은 다음과 같다.

표 11-5. 환경 부문 프로구단 지속가능경영 평가항목

번호	평가항목
1	Clean energy
2	Energy efficiency
3	Sustainable transport
4	Single-use plastic reduction or removal
5	Waste management
6	Water efficiency
7	Plant-based or low-carbon food options
8	Communications or engagement

출처: 스포츠 포지티브 서밋(저자 재구성)

2023시즌 BBC Sport가 발표한 EPL 지속가능경영에 토트넘이 24점의 점수를 획득하여 4년 연속 최고의 친환경 구단으로 선정되었으며, 동시에 같은 점수를 받은 리버풀도 최고 순위에 올랐다. 이번 평가에서는 EPL 클럽의 국내선 항공의 무분별한 이용에 대한 지적이 나왔

으며, 플라스틱 사용부터 청정에너지, 에너지효율, 교통, 저탄소식품 등 위에서 제시한 평가항목에 의해 순위가 매겨졌다.

특히 토트넘은 EPL 최초로 남녀 1군 선수단과 아카데미 그룹의 모든 선수들에게 지속가능성에 대한 교육을 시행하며 환경을 보호하기 위한 정책을 지속적으로 보여주고 있다는 점에서 높은 점수를 획득했다.

그림 11-7. 스포츠 포지티브 서밋 선정 지속가능성 순위

출처: BBC Sport

04
스포츠 ESG 평가지표 예시

ESG 경영에서 환경적 요인은 경영 활동 과정에서 생기는 환경 전반을 포괄하는 요소이며, 기후변화와 관련하여 탄소중립, 재생 에너지, 친환경 시설 사용 등이 중요한 요소로 주목받는다. 정부에서도 ESG 평가와 관련하여 다양한 정책을 검토하고 있으며, ESG 평가기관 가이던스 마련 및 ESG 평가지원 강화를 검토 중이다. 이에 산업통상자원부는 평가의 기준을 만들고자 K-ESG 가이드라인을 발표했으며, 기업들이 ESG 경영평가를 위해 참고할 수 있도록 지원하고 있다. K-ESG 가이드라인은 환경(Environment), 정보 공시(Public), 지배구조(Governance), 사회(Social)의 4개 영역 내 27개 범주와 61개 진단항목으로 구성되어 있다. 이는 글로벌 평가지표는 아니지만, 기업 상황에 따라 필요한 요소를 활용할 수 있는 12개의 추가 진단항목을 제공하고 있다.

해외에서 기준이 되는 지속가능발전목표(Sustainable Development Goals, SDGs)는 2000년부터 2015년까지 중요한 발전 프레임워크를 제공한 새천년개발목표(Millennium Development Goals, MDGs)의 후속 의제로 2015년 9월에 채택되었으며, 17개 목표와 169개 세부 목표로 구성되어 있다. 또한 ESG 관련 환경 부문 경영인증으로 국제표준화기구인 ISO가 개발한 온실가스(ISO14064), 환경 경영시스템 인증(ISO14001), 기후변화 적응(ISO14090) 등이 있으며, 환경 경영시스템 인증(ISO14001)을 제외하고는 강제성이 없으며, 자체적으로 활용하도록 권고하고 있다. 근래 들어 기업들은 ESG 요소를 반영하여 지속가능경영 보고서를 발행하고 있다.

프로스포츠에서 환경 부문 평가 요소로 Sport Positive League는 EPL 구단, 독일 분데스리가, 리그1과 함께 기후변화 및 환경보호 대응의 지속가능성을 발표한다. 환경평가 항목은 7개 요소로 에너지 효율성(energy efficiency), 청정에너지(clean energy), 지속가능 운송(sustainable transport), 식물 또는 저탄소 기반 음식 선택(plant-based or low-carbon food options), 쓰레기 관리(waste management), 일회용 플라스틱 감면(single-use plastic reduction or removal), 물관리(water efficiency) 등 구단을 평가한 후 산출된 점수로 순위를 정한다.

ESG 사회영역의 노동관계는 기업이나 조직이 노동자의 권리를 존중하고 노동 환경의 개선을 평가하며, 다양성 및 포용은 기업이나 조직이 다양성을 증진하고 포용적인 환경을 조성하는지를 평가함과 동시에 지역사회 기여는 기업이나 조직이 지역사회에 기여하고 지역 발전을 촉진하는지를 평가한다. 많은 스포츠 기업이나 조직이 지역사회 발전을 위한 다양한 프로그램을 운영하고 있고, 이러한 프로그램은 지역사회 개발, 다양성 증진 등을 포함하여 사회적 책임을 강조하는 데 중요한 역할을 하고 있으며, 환경보호 및 지속가능한 경영을 강조하는 이니셔티브를 활발하게 추진하고 있다. 특히 ESG 사회영역의 문제로는 선수에 대한 복지 문제와 인종차별 반대, 여성스포츠의 발전과 스포츠베팅, 지역사회 발전과 풀뿌리 스포츠, 중소기업 및 지역기업 지원이 부족하다. 국내 스포츠도 스포츠 산업에 맞는 ESG 경영에 대한 평가지표가 필요한 시점이고, 스포츠에 적합한 평가지표를 통해 ESG 경영을 발전시킬 수 있는 기틀을 마련해야 한다. 따라서 저자는 다양한 ESG 평가지표를 분석하고 정리하여 다음과 같은 스포츠 ESG 경영평가 가이드라인을 제시하고자 한다.

표 11-6. 스포츠 ESG 환경 부문 평가지표

구분	지표	세부 요소
환경 (E)	1. 경기장 시설	에너지 효율성
		친환경 시설 인증
		물관리
		재생 에너지 사용
	2. 폐기물 관리	음식물쓰레기 처리 시스템
		쓰레기 배출량 조사
		재활용 교육프로그램 운영
		일회용품 사용 여부
	3. 탄소중립 실행	지속가능 이동수단 및 운송수단
		사무실, 선수단 숙소, 경기장 탄소 절감
		탄소배출량 공시
		식물성·저탄소 음식 운영
		신재생 에너지 활성화 운영
	4. 효율적인 자원활용	친환경 용품 및 물품 확대
		환경 관련 캠페인 진행
		친환경 물품 조달시스템
		친환경 광고물 설치
		디지털 전환

표 11-7. 스포츠 ESG 사회 부문 평가지표

구분	지표	세부 요소
사회 (S)	1. 고용	신규인력 창출 및 채용
		근무환경 개선
		계약직근로자 고용
		직원 및 선수 복리후생
		다양성을 고려한 직원고용
		지역주민 우선 고용
	2. 산업보건 및 안전	업무 중 직원 부상
		업무상 특정 질병 발생
	3. 노동관행	직원 고충 처리
		직무 역량교육
		경력개발 프로그램
		강제 노동 금지
	4. 지역사회공헌	청소년 및 여성 스포츠 교육
		지역 상생 & 봉사활동
		지역사회 기부
		취약계층 지원
	5. 이해관계자	팬(소비자) 서비스 개선
		팬(소비자) 만족도 조사 및 개선
		공급업체 리스크 관리
		사회적 약자기업/자활생산품 우선구매 실적
	6. 사회적 공정	개인정보보호
		뇌물/부패금지
		불공정거래행위
		직원 및 관계자의 사회적 물의 금지
		조직 컴플라이언스(법률 및 규정 위반)

표 11-8. 스포츠 ESG 지배구조 부문 평가지표

구분	지표	세부 요소
지배구조 (G)	1. 다양한 위원회 설치	독립적 기구 보장
		구성원의 다양성
		전문적 지식 보유
		적극적인 활용 유무
	2. 정보공개의 투명성	회계자료 공시
		선수 자료 공시
		대외비의 투명한 관리
		공공게시판 활성화 여부
		선수 이적료의 투명한 공시
	3. 주주참여 경영	주기적인 주주총회 개최
		주주 혜택 여부
		주주의 다양성
		공정한 이사회 실시
	4. 경영 시스템	기관장의 ESG 참여 활동
		경영계획에 ESG 항목 포함 여부
		윤리경영 체계구축 노력 및 성과
		인사관리의 합리성·공정성 확보 노력
		채용 비리 방지의 적정성

Environmental · Social · Governance

Part 12

국내 스포츠 ESG

01 공공기관
02 프로스포츠 구단
03 스포츠용품 기업
04 일반기업

우리나라의 스포츠와 관련된 연맹과 협회, 구단은 ESG 경영을 활발하게 추진하고 있는 추세다. 전담 조직을 만들어 ESG 경영을 직접 챙기고 있으며, 각종 ESG 경영과 관련한 추진위원회를 통해 투명하고 윤리적인 경영을 추구하고 있다. 이렇듯 국내의 다양한 스포츠 분야에서도 ESG 경영에 박차를 가하고 있다.

01 공공기관

1) 문화체육관광부의 ESG 경영

문화체육관광부는 우리나라를 대표하는 정부기관으로 다양한 활동을 통해 ESG 경영을 실천하기 위한 노력을 진행하고 있다. 환경과 사회적 책임, 투명한 거버넌스 등 다양한 ESG 요소와 밀접하게 연관되어 있으며 지속가능한 문화·체육·관광 발전을 위해서는 환경보호, 사회적 가치 창출, 투명한 경영 실천 등이 필수라는 기준으로 지속가능한 성장과 장기적인 발전을 위한 전략을 실행하고 있다.

문화체육관광부에서는 환경과 관련하여 친환경 문화시설 및 체육시설 건설 및 운영 확대하고 있으며 문화예술 행사 및 스포츠 행사에서 친환경 제품 사용 및 폐기물 감량의 노력에 공을 들이고 있다. ESG 경영에서 사회와 관련하여 문화예술 및 스포츠 참여 기회 확대를 통한 사회적 소외계층 지원을 실시하고 관련 종사자들의 근로환경 개선 및 처우 개선 및 안전하고 건강한 체육 환경 조성을 위해 힘쓰고 있으며, 지배구조 측면에서는 투명하고 책임 있는 문화체육관광 정책을 수립 및 추진하고 관련 예산의 투명화 및 효율적으로 사용하고 있으며 이해관계자와의 소통 및 협력을 강화하고 있다.

또한 친환경 스포츠 행사를 통해 친환경 경기장 조성, 에너지 절약 노력, 친환경 제품을 사용하고 있으며, 지속가능한 스포츠 관광 상품 개발을 통해 자연친화적 스포츠 관광 상품 및 지역 스포츠 문화 체험 상품, 환경보호 프로그램 등을 지원하고 있다. 동시에 사회적 소외계층 지원을 통해 스포츠 교육 프로그램을 제공하고, 장애인 문화예술 및 스포츠 참여 지원을 위한 노력을 하고 있으며, 저소득층 문화관광 지원 등을 위한 활동을 하고 있고, 내부적으로는 관련 종사자 처우 개선을 위한 활동으로 최저임금 인상, 복지 혜택 확대, 안전 교육 강화 등 다양한 활동을 하고 있다.

정책의 투명화를 위해 정책 결정 과정을 공개하고 소속되어 있는 기관들의 평가 결과 공개, 이해관계자 의견 수렴 강화 등 ESG 경영의 지배구조 차원 개선 노력을 지속적으로 진행하고 있다.

2) 대한체육회의 ESG 경영

2023년 12월 대한체육회는 '지속가능한 스포츠 참여 문화 선도'라는 비전을 바탕으로 2023~2025년 ESG 경영계획을 발표했다. 이 계획은 환경·사회·지배구조 측면에서 구체적인 목표와 전략을 제시하며, 지속가능발전을 추구하는 대한체육회의 의지를 담고 있다.

환경 측면에서 대한체육회는 친환경 스포츠 행사 개최, 지속가능한 스포츠시설 구축, 스포츠 참여를 통한 환경보호 인식 제고를 목표로 하고 있다. 친환경 스포츠 행사는 재활용 가능한 자재 사용, 에너지 절약 노력, 친환경 교통 이용 확대 등을 포함하며, 지속가능한 스포츠시설은 친환경 건축 자재 사용, 에너지 효율 시설 도입, 폐기물 감량 시스템 구축 등을 포함한다. 또한 스포츠 참여를 통한 환경보호 인식 제고를 위해 환경 관련 교육 실시, 환경 캠페인 참여, 환경보호 메시지 전달 등의 활동을 계획하고 있다.

사회 측면에서는 전 국민 스포츠 참여 확대, 스포츠를 통한 사회적 소외계층 지원, 공정한 스포츠 환경 조성을 목표로 하고 있다. 전 국민 스포츠 참여 확대를 위해 다양한 연령 및 계층을 위한 스포츠 프로그램 개발, 저소득층 스포츠 참여 지원, 장애인 스포츠 활성화 등을 추진한다. 스포츠를 통한 사회적 소외계층 지원을 위해 소외계층 대상 스포츠 교육 및 지도 확대, 사회적 기업과 협력 프로그램 운영, 자원봉사 활동 지원 등을 계획하고 있으며, 공정한 스포츠 환경 조성을 위해 도핑 방지 노력 강화, 선수 권익 보호 강화, 윤리적인 경영 실천 등을 강화하고 있다.

지배구조 측면에서는 투명하고 책임 있는 경영, 효율적인 경영 시스템 구축, 윤리경영 실천을 목표로 하고 있다. 투명하고 책임 있는 경영을 위해 재무 정보 공개 강화, 감사 시스템 개선, 이해관계자 소통 확대 등을 추진하며, 효율적인 경영 시스템 구축을 위해 업무 프로세스 개선, 성과관리 시스템 도입, 리스크 관리 강화 등을 계획하고 있다. 윤리경영 실천을 위해서는 윤리 규범 준수, 부패 방지 노력 강화, 책임 있는 의사결정 등을 실천하고 있다.

그림 12-1. 체육계 5개 공공기관 ESG 업무협약

출처: 국민체육진흥공단

이러한 활동을 통해 대한체육회는 지속가능한 스포츠 발전, 국민 건강 증진 및 삶의 질 향상, 사회 통합 및 화합 증진을 기대하고 있다. 환경보호, 사회적 가치 창출, 투명한 운영을 통해 지속가능한 스포츠 발전의 기반을 조성하고, 전 국민 스포츠 참여 확대, 건강 증진 프로그램 운영, 스포츠 문화 활성화 등을 통해 국민 건강 증진 및 삶의 질을 향상하고, 다양한 계층의 스포츠 참여 지원, 사회적 소외계층 지원, 공정한 스포츠 환경 조성을 통해 사회 통합 및 화합을 증진하고 있다.

현재 대한체육회의 ESG 경영 활동은 초기 단계에 있지만, 지속가능한 스포츠 발전을 위한 노력으로 긍정적으로 평가받고 있다. 앞으로 대한체육회는 다양한 이해관계자와의 협력을 통해 ESG 경영의 발전을 위해 지속적으로 강화하고, 구체적인 성과를 제시한다는 목표를 가지고 있다.

3) 국민체육진흥공단의 ESG 경영

국민체육진흥공단은 다양한 ESG 관련 행사를 지속적으로 개최할 계획을 세우며 스포츠 ESG 경영의 활성화를 밝혔다. 이와 함께 공단은 우선적으로 경영혁신본부 내 별도의 ESG 성과실을 운영하며, '스포츠로 함께 만드는 지속가능한 미래'를 경영 비전으로 좋은 일자리 창출, 소외계층 지원, 동반성장을 통해 체육계의 안전망을 구축하고 있다. 또한 친환경 체육시설을 조성하여 글로벌 수준의 친환경 경영을 실천하고 있으며, 정부의 그린뉴딜 정책을 성공적으로 추진하는 데 기여하고 있다.

그림 12-2. 2023년 국민체육진흥공단 스포츠 ESG 활동 내역

올림픽의 날
쓰담 달리기

서울올림픽 레거시 기념주간
88하게 그린 페스티벌

스포츠의 날
국민체력100 체력왕 선발대회

국민체육진흥공단은 우리나라를 대표하는 공공기관인 만큼 ESG 경영을 꾸준하게 실천해오고 있다. 2021년 ESG 경영 원년을 선포(10월)했으며, ESG 경영위원회를 신설(11월)했다. 2022년에는 ESG 경영팀을 신설(1월)했으며, 공단 ESG 경영계획을 수립(3월)했다. 2023년에는 스포츠 ESG 얼라이언스 구성 및 선포식을 실시(9월)했으며, 2024년에는 스포츠 ESG 얼라이언스 확대 및 공동캠페인 진행을 목표로 추진 중에 있다.

표 12-1. 국민체육진흥공단의 ESG 추진

연도	세부 추진 경과
2021	ESG 경영 원년 선포, ESG 경영위원회 신설
2022	ESG 경영팀 신설, 공단 ESG 경영계획 수립 시행
2023	스포츠 ESG 얼라이언스 구성 및 선포식 실시
2024	스포츠 ESG 얼라이언스 확대 및 공동캠페인 진행

그뿐만 아니라 ESG 경영위원회를 운영 중이며 'E' 파트에서는 환경경영·에너지절약추진위원회가 운영되고 'S' 파트에서는 상생경영위원회와 일자리창출위원회, 기부금심의위원회가 운영 중이다. 또한 'G' 파트에서는 윤리경영위원회를 운영하여 투명한 공단 운영을 위해 힘쓰고 있다.

동시에 ESG 3대 전략으로 환경 부문에서는 환경경영 관리체계 강화 및 대내외 확산, 사회 부문에서는 스포츠를 통한 상생경영 강화, 지배구조 파트에서는 소통 및 청렴 기반 대국민 신뢰 제고 전략을 수립하여 진행 중이다. 세부 과제에는 9대 추진 과제를 설정했는데, 탄소중립 관리체계 고도화를 실행하고 환경경영 생태계 외연 확장, 그리고 임직원 환경 인식 내재화 및 대외 확산을 환경 부문의 세부 추진 과제로 선정했다. 사회 부문 세부 추진 계획에는 대국민 체육활동 참여 전방위 지원을 활성화하고 스포츠를 통한 지속가능한 일자리 창출, 이해관계자 ESG 지원 강화를 통한 상생경영 실천을 사회 부문 세부 추진 과제로 두었다. 지배구조 부문의 세부 추진 과제는 협업·협력 거버넌스 강화를 통한 지속가능성 제고와 대국민 홍보, 정보 공개 강화로 투명성 확대, 윤리 리스크 중점관리를 통한 청렴도 향상을 지배구조 추진 과제로 설정했다.

그림 12-3. ESG 3대 전략 및 9대 추진 과제

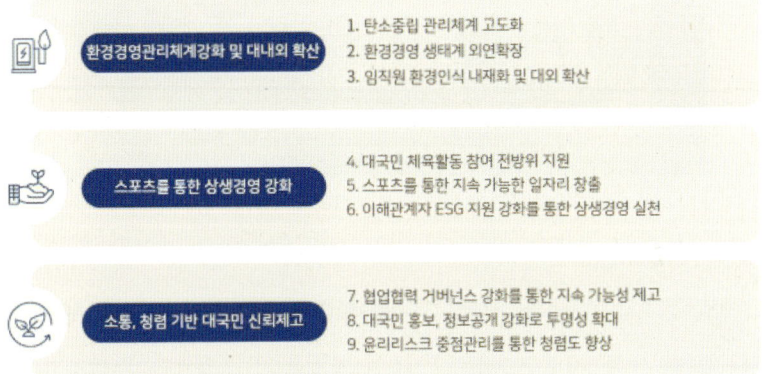

여기에 그치지 않고 환경경영 국제표준인 ISO14001을 체육계 공공기관 최초로 획득하여 ESG 경영에 박차를 가하고 있으며, 스포츠를 통해 함께 만드는 지속가능한 미래를 만들기 위해 꾸준히 노력하겠다는 목표를 설정하여 실행 중이다. 조직 내부적으로도 다양한 ESG 활동을 하고 있는데, 그중 하나로 올림픽공원 차 없는 날 캠페인을 실시하고 있으며, 대중교통과 서울시 공공자전거인 '따릉이' 사용을 적극 장려하며 탄소배출 저감에 앞장서고 있다. 직원들은 시민이 일상에서 즐기는 쉼터인 올림픽공원을 깨끗하게 유지하고 환경보호의 중요성을 상기시키기 위해 플로깅 행사를 진행하고 많은 시민과 국민체육진흥공단의 서포터즈가 참여하여 쓰레기를 수거하며 환경보호에 동참했다.

그림 12-4. 공단 직원들의 플로깅 행사

출처: 국민체육진흥공단

공단은 "나, 누군가, 그리고 다음 세대를 위한 나눔"이라는 슬로건 아래 환경·사회·지배구조(ESG) 추진 과제를 적극적으로 수행하고 있다. 탄소중립 실행 체계를 스포츠와 결합하여 환경경영 생태계를 확장하는 동시에, 스포츠를 통해 지속가능한 일자리를 창출하고 상생협력을 강화하고 있다. 또한 올림픽 유산을 활용하여 공단의 정체성을 강조하고, 국민에게 투명하게 정보를 제공함으로써 대국민 홍보 및 공시를 강화하며 국민의 알 권리를 확대하고 있다.

이러한 노력의 결과 약 2만 개의 일자리를 창출하고 각종 인증을 획득하는 등 구체적인 성과를 이루어내고 있으며, 동반성장 실적평가에서 최우수 등급을 획득할 만큼 높은 평가를 받고 있다. 공단의 ESG 경영 전략은 환경보호, 사회적 책임, 효과적인 조직 운영을 통해 지속 가능한 발전을 추구하는 모범사례로 인정받고 있으며, 다른 공공 및 민간 기관에도 긍정적인 영향을 미치고 있다. 이 과정에서 공단은 국민에게 더 나은 서비스를 제공하고, 스포츠 산업의 지속가능성을 높이는 중요한 역할을 하고 있다.

그림 12-5. 국민체육진흥공단 나눔 슬로건

출처: 국민체육진흥공단

　이러한 활동을 기반으로 본격적인 ESG 경영을 펼쳐나가고 있다. 환경 부문에서는 친환경 가치 내재화 및 확산에 주력하고 있으며, 직원 참여형 친환경 가치 내재화 과제를 실천 중이다. 세부적으로 임직원 친환경 활동 사항을 내부평가(BSC) 성과지표에 반영하여 동참을 유도하고 있으며 성과지표에 포함하는 것은 직원들에게 동기부여를 확실하게 해줄 수 있다는 장점이 있다. 또한 KSPO ESG 뉴스레터를 5회(4개 주제) 2,700명에게 발송했고, 임직원 연중 KSPO 탄소중립 실천 캠페인을 추진했으며, 누적 참여 인원은 4천여 명이다. 두 번째로 국민참여형 환경활동을 추진 중이다. 서울올림픽 기념주간 국민 쓰담걷기 행사를 진행했고, ESG 경영 실천 대국민 온라인 이벤트 추진을 실시했다. 또한 올림픽공원 공연 티켓을 디지털화했고, 다회용기 사용으로 친환경 공연문화를 조성하는 데 앞장섰다. 또한 ESG 경영 과제 발굴 대국민 공모전 시행으로 공단과 관계된 이해관계자의 폭을 넓혀가는 활동을 했다.

표 12-2. 2023년 주요 성과표

E 	S 	G
1. 대한민국 환경 대상 수상 2. 환경·에너지 관련 ISO 인증	1. 보건복지부 지역사회 공헌 인정제 획득 2. 공공기관 동반성장 '최우수' 등급	1. 한국정책학회 ESG 정책대상 대상 수상(투명성 부문) 2. 부패 방지 관련 ISO 인증

4) 대한장애인체육회의 ESG 경영

대한장애인체육회 역시 ESG 경영을 진행 중이다. 아직 ESG 경영에 대한 내부 조직은 따로 운영하고 있지 않지만, 다양한 활동을 시도하려는 노력이 엿보인다. 그중에 가장 주목받는 부분은 기부활동과 다양한 외부 기관과의 업무협약이다.

장애인체육회는 지역사회를 위해 기부 행사를 개최하며 ESG 경영을 실천하고 있다. 2018 평창동계패럴림픽대회 기념 제품으로 쓰인 의류나 신발 등 2천여 점을 기부하며 지자체와 협업을 시행했다. 지자체에서 운영하는 '행복한 동행' 사업과 연계해 뜻깊은 의미를 더했다. '행복한 동행' 사업은 지역사회 내에서 기부한 물품을 저소득 소외계층에게 지원하는 맞춤형 복지서비스로 기부를 통한 사회활동을 말한다. 또한 어려움을 겪고 있는 소상공인을 위해 서울지역에 있는 전통시장과 자매결연을 했다. 지역 전통시장 살리기에 앞장서 전통시장에서 물품을 구매하고, 직원들이 전통시장을 이용하여 점심을 먹는 등 소비를 촉진시켰으며, 생활용품을 구입하는 사람들에게 할인 안내를 하는 등 지역 전통시장의 활성화를 위해 전 직원과 함께 노력했다. 이러한 노력이 인정되어 중소벤처기업부 소상공인시장진흥공단으로부터 2020년 지역상생을 통한 전통시장 활성화 우수사례 표창을 받았다.

그뿐만 아니라 2017년부터 사랑의 연탄 나눔 행사, 사랑의 헌혈 행사에도 동참하고 있으며 다양한 사회공헌활동의 결과로 '2023 지역 사회공헌 인정제' 심사에서 레벨3 인정기관으로 선정됐다. 2020년도에 처음으로 레벨2 기관으로 선정된 이후 2022년도에 이어 2년 연속 레벨3 인정기관으로 선정된 것으로 대한장애인체육회의 지속적인 사회공헌활동이 성과를 내고 있다는 의미 있는 선정이다. 지역 사회공헌 인정

그림 12-6. 지역 사회공헌 인정기관 인정

출처: 대한장애인체육회

제(CSR in the community)는 비영리 단체와 파트너십을 맺고 지속적인 사회공헌활동을 펼친 기업과 기관을 발굴하여 그 공로를 지역사회가 인정하는 제도를 말한다. 지역 사회공헌 인정제의 레벨은 환경(E)·사회적 책임(S)·지배구조(G)의 ESG 경영으로 총 3개 영역의 7개 분야에서 25개의 정성지표 심사를 거쳐 선정한다.

대한장애인체육회는 장애인 스포츠 체험을 통한 장애인식 개선 프로그램인 '드림 패럴림픽' 사업과 호남권역 장애인 스포츠 버스 운영, 지역학교 체육시설 장애인 이용 개방 등 지역사회를 위한 다양한 프로그램을 진행해온 점을 인정받았다. 특히, 투명경영 영역에서 고객 의견 수렴, 반부패 정책 확산을 위한 노력 등의 사업을 추진해온 점이 고무적으로 평가되었다.

그림 12-7. 장애인 인식개선 프로그램 드림 패럴림픽

출처: 대한장애인체육회

한편 대한장애인체육회는 다양한 기관과의 협약을 통해 ESG 경영을 진행 중이다. 청각장애인 드라이버를 고용하는 사회적 모빌리티 기업과 MOU를 맺음으로써 장애인 일자리 창출에 기여하는 효과를 거두었으며, 금융권과 MOU를 체결하여 장애인체육 특별전시회를 개최함으로써 선수단 격려와 장애인체육을 홍보하고 사회공헌 파트너십을 강화했다.

또한 ESG 식음료 회사와 사회공헌 매대를 위한 업무협약을 맺어 현장에서 발생하는 소비가 기부로 연결되는 착한소비를 위한 활동을 진행하고 있으며, 여기서 판매되는 음료 판매수익금의 2%에 해당하는 금액을 모아 기부하고 있다.

그림 12-8. 장애인체육 발전을 위한 사회공헌활동

출처: 대한장애인체육회

대한장애인체육회는 2024년도를 ESG 경영 원년으로 삼고, "장애인 스포츠로 건강한 사회를 구현하고 사회적 책임을 다하여 지속가능한 미래 추구"라는 ESG 경영 목표를 설정했다. 이러한 목표를 충실하게 수행하기 위해 환경(E), 사회(S), 거버넌스(G) 등 관련 부문별 내부 임직원 및 외부 전문가로 ESG 경영위원회를 구성했다. 공공부문 ESG 활성화를 위해 적극적인 활동을 진행 중이며, ESG 경영위원회를 통해 '2024년도 ESG 경영 추진계획'을 의결함과 동시에 ESG 경영 체계 구축과 위원회 운영에 대한 다양한 의견을 공유했다.

이러한 활동들을 통해 스포츠 공공기관이 실천할 수 있는 다양한 평가가 이루어질 것이고, 대한장애인체육회와 관련 있는 이해관계자와의 소통이 점차 확대될 것이다.

02 프로스포츠 구단

1) 프로야구단

(1) SSG 랜더스, 스포츠에서 기부와 상생은 일상생활

프로야구팀인 SSG는 지난 2년간 '스포츠 ESG' 활동으로 인천지역의 소외계층 기부와 야구장에서 실시한 친환경 활동 등 다양한 프로그램을 하여 약 19억 6천만 원 상당의 ESG 경영 성과를 냈다. 이에 구단은 이러한 활동을 한 단계 발전시켜 SSG 구단의 선수, 프런트, 팬과 함께 유기적인 관계를 구축하며 시너지, 연대, 상생 총 세 가지 핵심 키워드를 중심으로 활동을 이어 나가고 있다.

이마트24와 함께 삼진 기부 캠페인을 진행하고, SSG.com과 함께 종이 배송 봉투를 활용한 친환경 응원 도구를 제작하는 활동을 이어나가고 있으며, 병원과 SSG 선수단의 연대를 통한 취약계층 대상의 기부 활동을 통해 긍정적인 이미지를 확보하고 있다. 다양한 캠페인의 기획과 진행을 통해 선수들이 정규시즌 경기 중에 달성하는 선발투수 승리, 탈삼진, 안타, 홈런 등의 기록과 연계해 도움이 필요한 지역민에게 의료 혜택을 제공하고 있으며, 연고지역 구성원과의 교류와 지원을 통한 '상생' 활동도 진행하고 있다.

그림 12-9. SSG 랜더스의 함께으쓱 프로젝트

출처: 신세계그룹 홈페이지

　　SSG의 제로웨이스트 캠페인은 일회성 친환경 캠페인이 아닌, 야구팬들이 지속적으로 야구장에서 제로웨이스트를 실천할 수 있도록 장려했다는 점에서 더욱 화제가 되었다. 앞으로 구장 내 쓰레기 감량을 위한 활동을 적극적으로 실천할 계획을 하고 있고 구단이 소속된 지역의 저소득·다문화 가정 대상으로 야구교실을 운영하여 즐거운 취미 활동 기회를 제공하며, 향후에 연고 지역의 화합을 위해 소방관, 경찰공무원 및 군인들을 초청하여 건강한 여가 활동의 기회를 제공하는 상생 활동을 도모하고 있다. 이 외에도 임직원 봉사단을 구성하여 조깅과 함께 쓰레기를 줍는 플로깅(plogging) 활동과 구장 내 다회용기 제공 등 친환경 활동으로 스포츠 ESG 활동의 깊이를 더하고 있다.

(2) NC 다이노스, 친환경으로 무장한 메이저리그급 경기장 NC파크

창원 NC파크 마산구장은 장애물 없는 생활환경(BF) 우수등급뿐만 아니라 녹색건축 우량(그린 3) 등급을 취득했다. 또한 지붕면에 태양광 PV를 설치하여 야구장 최초 에너지 효율 1등급 수준을 달성했고, 조명탑 높이가 38m로 다른 구장에 비해 낮아 빛 공해를 저감할 수 있도록 설계되었으며, 친환경 시설을 발전시킨 대표적인 사례로 손꼽힌다. 이러한 결과는 창원시와 NC야구단의 지속적인 협력을 통해 이루어낼 수 있었다.

여기서 그치지 않고 구단은 친환경 공간 조성을 위해 창원 NC파크 앞 가족 공원에 15그루의 배롱나무를 심어 '그린플레이존(Green Play Zone)'을 조성했다. 그린플레이존은 NC 다이노스 구장을 방문하는 팬들에게 아름다운 친환경 공간을 선사하고 환경보호를 실천하기 위한 목적으로 조성되었으며, 환경보호 활동 실천 확대를 목표로 진행되었다.

그림 12-10. NC 다이노스 그린존 만들기

출처: NC 다이노스

(3) KIA 타이거즈, 응원 도구는 집에 가져가고 다음에 재사용

KIA 타이거즈는 친환경 응원 도구 페이퍼 스틱스를 선보이며 ESG 경영에 앞장섰다. 페이퍼 스틱스는 기존 응원 도구의 특장점을 살리면서 종이로 제작됐고, 포장지 또한 생분해 용지를 사용했다. 앞으로 이러한 친환경 용품을 지속적으로 개발한다고 했다.

또한 모기업인 기아자동차와 함께 2010년부터 사회공헌 프로그램 '타이거즈 러브투게더'를 시행 중이다. '타이거즈 러브투게더'는 국내 최초 모기업-프로구단 연계 방식의 사회공헌 프로그램으로 경기 기록에 따라 KIA 선수와 구단 임직원, 기아차 임직원들이 자발적으로 설정한 기부금을 매월 적립해 시즌 종료 후 다양한 활동을 펼친다. 야구동아리 및 야구 유망주 장학금 지원을 시작으로 유소년 야구단 창단, 취약계층 문화 활동 지원사업인 문화나눔 공모, 미래 야구 유망주 육성

그림 12-11. KIA 타이거즈 러브투게더 장학금 전달식

출처: KIA 타이거즈

장기프로젝트 '퓨처스타 프로젝트'까지 사업을 확대해왔다. 이러한 활동을 통해 누적된 기부 금액은 34억 원에 이를 정도로 지역사회에 큰 영향을 미치고 있어 ESG 경영의 좋은 사례로 평가받는다.

(4) KT 위즈, "우리는 몰라요. 일회용 제품이 뭔가요?"

수원 KT위즈파크를 홈구장으로 사용 중인 KT 위즈는 10개 구단 중 '친환경 제1 야구장'의 이미지를 제고하기 위해 다방면에서 친환경 비즈니스 전략을 수립했다. 야구장의 연간 폐기물이 2,203t이나 된다는 점을 인지하고 난 후 야구장 환경문제 해결에 앞장서는 계획을 발 빠르게 준비했다. KT 역시 두산과 마찬가지로 연고 지역과의 협업을 활성화해 친환경 비즈니스 사업 효율을 높여왔다. 2023년 모기업인 KT AI/DX 융합사업 부문, 그린DX사업 담당과 진행했던 'KT 탄소중립 프로젝트'에 이어 수원시 청소자원과와 함께 다회용기 사용 사업을 실시했다. 구단은 팬들에겐 자발적 탄소중립 행동과 친환경 활동을 경험하게 하고, 다회용기 사용에 앞장서는 매장에는 일회용품 구매 비용 절감, 친환경 음식료 판매 이미지 제고 등의 기대 효과를 보게 했다. 구단 역시 일회용품 처리 비용 절감, 친환경 구장 이미지 실현 등으로 친환경 비즈니스 효율을 높였다. 쓰레기 분리배출 수거를 통한 폐기물 저감 활동 역시 적극 장려했다. KT는 기존 쓰레기통을 모두 일괄 세척한 후 효율적으로 재배치하고, 음식물 배출용 쓰레기통까지 추가로 구입해 쓰레기통 5개 세트(일반 배출 2개, 재활용 2개, 음식물 1개) 운영을 실시했다. KT는 여기서 한 걸음 더 나아가 팬과 함께하는 친환경 활동도 활발하게 진행했다. 'KT 탄소중립 앱' 다운로드를 권장하는 프로모션을 진행함과 동시에 다회용기 사용을 인증하는 이벤트를 마련했고, 지난 5월에는 청년 환경 서포터즈 '푸른문간'과 함께 수원 KT위즈파크 '플로깅' 행사를 벌이기도 했다. 플로깅은 조깅을 하면서 쓰레기를 줍는 친환경 활동을 말한다. 이제까지 사회공헌적 성격이 강했던 프로스포츠 산업의 친환경 비즈니스는 어느덧 경영 효율성까지 더해야 하는 단계에 이르렀다.

KT 위즈 프로야구단은 지자체와의 협력도 강화했다. KT는 경기도 수원특례시와 함께 KT 스포츠 ESG 경영 선포식을 진행했다. ESG 경영을 선포하며, 환경보호와 지역 상생뿐만 아니라 페어플레이에 앞

그림 12-12. 다회용컵 사용하는 KT 위즈

출처: KT 위즈

장서겠다는 정책을 발표했다. 후속 조치로 사무실과 경기장 내 스카이박스, 기자실, 방송사 중계실에는 일회용 컵을 없앴다.

다회용기 대여 서비스를 제공하는 스타트업체와 연계해 다회용컵 사용 캠페인을 진행하고 있으며, KT그룹 차원에서 탄소중립 달성을 위한 다양한 노력을 하고 있다. 스포츠단도 여러 가지 고민을 하며 ESG 활동에 적극 동참하고 있으며, 다회용컵 사용 캠페인을 관중석까지 확대하는 것을 목표로 하고 있다.

2) 프로축구단

(1) 제주유나이티드, 국내 최초 탄소중립 축구 경기

제주유나이티드는 국내 프로스포츠 경기로는 최초로 탄소중립 경기를 진행했다. 2021년 토트넘이 스카이 방송사와 함께 세계 최초로 탄소중립 경기를 진행했는데, 우리나라에서도 그와 비슷하게 탄소중립 경기가 펼쳐진 것이다.

"지구의 온도는 낮추고 응원의 열기는 높이자"는 구호로 다양한 활동을 진행하며, 팬들이 폐플라스틱을 반납하여 포인트를 쌓는 그린포인트 제도를 시행하고 있다. 또한 수거된 플라스틱병으로 친환경 재생 유니폼을 선보이며 리사이클링 사례를 보여주며, 이렇게 만들어진 유니폼에는 'Carbon Net Zero by 2050' 문구를 집어넣어 탄소중립을 위한 노력에 함께하겠다는 메시지를 전하여 그 의미를 더하고 있다.

그림 12-13. 제주유나이티드 경기 포스터

출처: 제주유나이티드 홈페이지

　제주유나이티드는 탄소중립 경기에 참여하는 이해관계자를 구단과 팬들로 구분하여 진행했으며, 선수단은 친환경 유니폼을 착용하고 전기버스로 이동하며 경기장 내에서는 저탄소 식품을 판매했다. 팬들은 홈경기 날 셔틀버스를 이용하여 이동하고, 경기장 내 다회용기 사용과 반납을 독려하는 캠페인을 진행했으며, 기존 투명 페트병을 분리배출하는 그린포인트 제도를 실시했다.

　또한 업사이클링 플리마켓을 진행하여 재활용하여 다시 사용할 수 있는 의미를 되새겼으며, 에코 그라운드를 운영하여 미니게임과 전기자전거 체험 등의 행사를 진행했다. 이렇게 함으로써 팬들은 탄소를 줄이는 방법에 대해 한 번 더 생각할 수 있으며, 환경보호를 직접 실천한다는 의미를 부여할 수 있었다. 이 밖에도 지구의 날에는 서귀포시와 함께 지구 지키기 캠페인을 진행했고, 세계 환경의 날을 맞이하여 '탄소발자국 줄이기'라는 온라인 미션을 실시했으며, 선수들과 함께하는 플로깅 활동을 통해 메시지를 전달하기도 했다.

(2) 수원삼성 블루윙즈, 푸른 새싹 티셔츠를 입은 평생회원

수원삼성은 ESG 경영에 대한 움직임이 적극적인 팀이다. 2021년에 이어 2023년에도 'K리그 그린위너스' 상을 받았다. 수원삼성은 주도적으로 자체 기준을 설정하고, ESG 경영 방침을 수립하여 친환경 구단 운영에 바람직한 기준을 제시할 수 있는 선도적 역할을 하고 있으며, 단발성 이벤트가 아닌 장기적인 관점에서 분명한 목표를 두고 체계화하여 진행하고 있다는 점을 강조하고 있다. 구단 후원사 '아임에코'와 함께 수원월드컵경기장과 클럽하우스에 전용 수거함을 설치하고, 투명 페트병 회수 캠페인을 진행했다. 선수단과 팬들이 함께 모은 깨끗한 투명 페트병 3만 7천 개, 510kg에 달하는 이 투명 페트병이 수원 지역 어린이들에게 선물하는 푸른 새싹 친환경 티셔츠로 재탄생했다.

페트병은 친환경 재생 원사로 재탄생했고, 수원 지역 어린이들에게 증정되는 '푸른 새싹' 티셔츠의 원단 제작에 활용되었으며, 어린이들에게 친환경 메시지를 전달하고 스포츠 문화를 자연스럽게 접할 기회를 제공했다. 여기에 관련된 수혜자는 2,500명 이상으로 자원 재활용을 통한 환경보호 및 탄소 절감, 축구 저변확대라는 효과를 가져왔다.

또한 수원월드컵경기장관리재단과 수원삼성은 'RE100 캠페인' 협약을 맺었다. RE100은 Renewable Electricity(재생 에너지) 100%의 약자로, 기업이 사용하는 전력량의 100%를 재생 에너지로 충당하는 캠페인이다. 이번 협약에 따라 지난 시즌 열린 수원의 홈경기에서는 재생 에너지가 사용됐고, 이에 따라 약 165t의 온실가스 배출량이 감소하는 효과가 있었다고 추정한다.

그림 12-14. 수원삼성 어린이 사회공헌활동

출처: 수원삼성 블루윙즈 프로축구단

(3) 인천유나이티드, 환경을 먼저 생각하는 에코 유니폼

인천유나이티드는 유니폼에 특별한 의미의 ESG를 담았다. 구단 창단 20주년을 기념해 특별 유니폼 '체크메이트(Checkmate)'를 출시했는데, 이 유니폼은 에코 유니폼이다. 페플라스틱병을 가공해 만든 친환경 원단을 사용했으며, 용품 파트너사인 마크론의 첨단 유니폼 제작 기술을 더해 완성했다. 인천유나이티드의 에코 유니폼 공개는 이번이 처음은 아니며, 이러한 활동을 통해 환경보호와 지속가능성에 대한 인식을 높이고자 하는 클럽의 의지가 반영되어 있다.

그림 12-15. 인천유나이티드 에코 유니폼

출처: 인천유나이티드

(4) 수원FC, 언제 어디서나 축구와 함께라면

수원FC는 관내 중학생을 대상으로 특별 프로젝트를 기획했다. 학업에 지친 학생들에게 즐기는 스포츠를 통해 스트레스를 해소시켜주기 위한 목적으로 진행했으며, 1시간 남짓한 학생들의 점심시간을 활용해 풋살 경기를 진행하는 이벤트성 대회다.

학생들은 남녀 구분 없이 자유롭게 팀을 만들어 참여했으며, 풋살에 참가한 학생뿐만 아니라 반 친구를 응원하기 위해 나온 학생들도 즐거운 시간을 보냈다. 프로축구선수가 직접 심판으로 참가하여 학생들에게 뜻깊은 경험과 추억을 선사했으며, 학생들은 소중한 추억을 오랫동안 간직할 것 같다고 했다. 수원FC는 수원 지역 학생들의 신체활동 증진 및 스트레스 해소를 위해 지속적이고 꾸준한 지역 밀착 활동을 하고 있다.

그림 12-16. 수원FC 런치풋살

출처: 수원FC 프로축구단

(5) 부천FC, 지역사회에 녹아 들어가는 지역축구단

'축구조대 1995'는 부천FC의 지역 사회공헌활동 프로그램 레드핸즈(RED HANDS)의 일환으로, 부천에서 축구 코칭이 필요한 단체를 방문해 프로 선수들이 원포인트 레슨을 진행하는 유튜브 콘텐츠다. 여성 풋살팀 '리프FS'를 시작으로 부천FC1995 통합축구팀, 부천 소재 대학 축구 동아리, 부천중·고교 풋살 동아리 등 다양한 팬층을 대상으로 프로그램을 진행했으며, 부천 지역민이 건강한 여가생활을 누릴 수 있도록 꾸준히 지원하고 있다.

그림 12-17. 유소년클럽 축구교실

출처: 1995 부천FC

(6) 경남FC, 특별한 시즌권 패키지 제공

경남FC는 팬들과의 상호작용을 통해 환경 의식을 높이고 있다. 대형 현수막을 친환경으로 제작했는데, 이 현수막은 타이벡 친환경 섬유로 환경폐기물은 줄일 수 있고 100% 재활용이 가능해 일자리 창출에도 기여하는 효과를 가져올 수 있다. 시즌을 마친 뒤 친환경 현수막은 재활용하고, 지역 내 자활사업단 및 자활기업 3개소와 함께하는 캠페인도 진행했다.

또한 시즌권 구매자들에게 특별한 '시즌권 패키지'를 제공하는데, 시즌 중 사용된 현수막을 재활용하여 만든 에코백이나 짐가방, 종이가죽으로 제작된 시즌권 카드, 재생 골판지와 사탕수수로 만들어진 종이 패키지 등으로 구성되어 있다. 이러한 제품들은 팬들에게 구단의 지속가능한 활동을 체감함과 동시에 환경보호의 중요성을 전달하는 매개체 역할을 한다는 점에서 긍정적인 인식이 작용했다.

그림 12-18. 경남FC 그린 캠페인

출처: 경남FC

3) 프로농구단

(1) DB 프로미, 업사이클링으로 환경과 팬 모두에게 기쁨 선사

　프로농구 원주DB 프로미가 선수 유니폼과 경기장 배너를 재활용해 카드 지갑과 에코백으로 제작하는 스포츠 ESG(환경·사회·지배구조) 활동을 진행했다. DB는 환경을 생각하는 ESG 실천에 동참하고, 팬들에게 다양한 경험을 제공하기 위해 시즌 동안 선수들이 입었던 유니폼과 홈 경기장에 게시했던 배너를 활용해 업사이클링 굿즈로 제작하여 판매했다. 매 시즌 종료 후 폐기됐던 경기장 내 배너 현수막과 선수 유니폼을 재활용해 친환경 소재 상품으로 재탄생시켜 팬들에게 제공함으로써 환경보호와 기업의 사회적 책임에 동참하고 있는 DB는 앞으로 더욱 다양한 활동을 하겠다는 의욕을 보이고 있다.

그림 12-19. 원주DB 업사이클링 상품

출처: 원주DB 홈페이지

(2) SK 나이츠, 재능 기부로 꿈나무 농구선수 육성

　서울SK 나이츠는 2023년 서울시 교육청 교육감배 학교스포츠클럽 농구대회 초·중등부 우승팀 선수들을 초청해 재능 기부 행사를 통해 사회공헌활동을 이어가고 있다. 선수 김수환과 김건우가 강사로 참여하여 스킬 훈련과 선수단과의 농구 시합 등을 지도하는 형태로 진행했으며, 팀별 MVP에게 나이키 농구화를 선물하고 사인회 시간을 가지며 학생 선수들에게 꿈과 희망을 심어주는 활동을 진행했다.

동시에 학생 선수들에게 소중한 경험을 제공하고, 프로 선수들과의 교류를 통해 농구에 대한 열정을 더욱 키울 수 있는 계기를 마련했으며, 앞으로도 다양한 재능 기부 활동을 통해 청소년 스포츠 발전에 기여하겠다는 계획을 이어가고 있다.

(3) 한국가스공사 페가수스, 지역 스포츠복지 실현에 앞장

한국가스공사 페가수스는 지역의 많은 관심과 팬들의 사랑에 감사한 마음을 전하기 위해 다양한 사회공헌 사업으로 스포츠 재능 기부 및 스포츠시설 개선, 스포츠용품 기부 등 다양한 활동을 진행하고 있다. 동시에 비시즌 기간에는 농구를 사랑하는 농구단, 팬, 취약계층 아동, 지역 농구학교가 함께하는 '한마음 한뜻! 우리는 ONE Team'이라는 사회공헌 사업을 시행했다. 농구팬 80명을 초청하여 일일 자선카페 행사를 열었고, 이 자리에서 농구선수들이 직접 팬들에게 음료와 베이커리를 서빙하고 선수단이 준비한 애장품을 판매하는 등 다양한 이벤트를 진행하여 지역사회에 녹아드는 활동을 진행했다. 선수들의 애장품 판매도 진행했는데 애장품 판매수익금 전액은 페가수스 프로농구단과 팬의 이름으로 지역 취약계층 아동지원을 위한 기부금으로 전달했고, 럭키볼 이벤트 수익금 및 지역 청소년을 위한 여성용품도 함께 기부했다. 이러한 활동들은 단순한 기부를 넘어 농구단과 팬들이 유대감을 형성하고 지역 청소년들에게 꿈과 희망을 전달하는 뜻깊은 자리라는 점에서 그 의미는 배가 되고 있다.

그림 12-20. 페가수스 애장품 판매 현장

출처: 대구 한국가스공사 페가수스

(4) KB 스타즈, 최초의 그린 스포츠 얼라이언스 멤버 구단

KB국민은행 스타즈는 국내 최초로 그린 스포츠 얼라이언스(Green Sports Alliance)에 가입했다. 그린 스포츠 얼라이언스는 600여 개의 글로벌 스포츠 단체와 기후 활동을 펼치고 있는 국제단체로, 이 단체에 가입하여 스포츠 부문의 ESG 경영을 실천 중이다.

미래 세대를 위한 스포츠의 역할에 공감대를 형성하고, 향후 협업을 통해 환경보호에 대한 대중의 인식 개선과 구단 운영 측면에서 지속가능한 활동을 진행할 계획이며, ESG 활동으로 환경의 날을 맞이해 'KB 스타즈와 환호(환경보호)하자' 행사를 진행했다.

팬들의 관심과 호응을 이끌어내기 위해 상품을 내걸었으며, 선수단이 훈련과 경기 중에 실제 사용했던 농구공을 업사이클링 방식으로 재생산한 것을 선수단의 친필 사인과 함께 증정하여 ESG 활동의 취지를 배가시켰다.

그림 12-21. KB 스타즈 × 그린 스포츠 얼라이언스

출처: KB Stars

4) 프로배구단

(1) 대한항공 점보스, 따뜻한 마음으로 소외계층 돕기

대한항공 점보스는 인천 부평구 부평역 앞 광장에서 인근 지역 독거노인, 노숙인 등 경제적 어려움을 겪는 소외계층 500명을 대상으로 '사랑의 빨간 밥차' 무료급식 봉사활동을 실시했다. 이번 봉사활동은 따뜻한 마음으로 어려운 이웃을 돌보고 지역사회 발전에 기여하고자 하는 대한항공 점보스의 사회적 책임 실천의 일환이다.

(2) 페퍼저축은행, ESG 경영 선구자로 거듭나다

페퍼저축은행은 저축은행 업계 최초로 회사 내 ESG 전담 본부를 신설하는 등 ESG 경영 선구자로 거듭나고 있다. 호주 모기업의 녹색금융에 대한 관심에 힘입어 그룹 전체에 지속가능한 경영 이념을 확산하고 있으며, 배구 신생팀 창단을 통해 사회적 책임을 실천하고 지역사

회와 소통을 강화하고 있다. 특히 ESG 전담본부가 배구단 사업을 담당한다는 점은 금융 분야에 국한하지 않고 스포츠 산업 전반에 ESG 요소를 접목한 차별화 전략으로 평가받는다.

그림 12-22. 페퍼저축은행 패밀리 힐링데이

출처: 페퍼저축은행

(3) 우리카드, 더 큰 꿈을 이루기 위한 유소년 배구교실

우리카드 프로배구단은 ESG 경영 실천의 하나로 유소년 배구 꿈나무들을 위한 배구교실을 진행했다. 이는 우리카드 구단의 슬로건 '스파이크 유어 드림(Spike Your Dream)' 아래 배구선수를 꿈꾸는 유소년들에게 꿈을 펼칠 기회를 제공하고, 구단은 ESG 경영 실천을 하는 프로배구단의 대표적인 사례다. 현직 선수들이 일일 코치로 참여했으며

원 포인트 클리닉과 연습경기, 사인회 등 다양한 프로그램으로 학생들에게 즐거움을 주었다.

그림 12-23. 우리카드 유소년 배구교실

출처: 우리카드

03
스포츠용품 기업

　스포츠용품사들이 활발한 ESG 경영을 통해 스포츠를 통한 ESG 가치를 실현하고 있다. 기업은 재생섬유 제품을 출시하고 에너지 소비 절감, 지속가능한 캠페인을 펼치며 친환경적인 행보를 이어가고 있다. 아디다스골프는 '지속가능성 캠페인'을 통해 친환경 골프웨어를 개발하며 환경보호에 앞장서고 있다. 골프존커머스는 환경보호 인식을 높이기 위해 그린베어 스페셜 에디션을 제작하여 판매수익금 일부를 국제 환경 비영리단체인 '푸른 아시아'에 기부하고 있다. 휠라는 지속가능 제품을 선보이는 '휠라 존(FILA ZONE)'을 운영하며 친환경 의류 컬렉션 등을 소개하고 있다.

1) 나이키

(1) 나이키, 'MOVE TO ZERO'

　나이키는 탄소와 폐기물 배출 제로를 달성하기 위해 많은 노력을 하고 있다. 스포츠의 미래를 보호하기 위한 MOVE TO ZERO를 통해서다. 나이키는 탄소, 폐기물, 물, 화학 물질에 중점을 두고 2025년까지 목표를 달성하기 위한 노력을 지속하고 있으며, 이를 위해 지속가능성과 순환성을 통해 처음부터 끝까지 모든 것을 새롭게 구상하고 있다. 2025년을 목표로 폴리에스터, 면, 가죽, 고무 등 모든 주요 소재에 대해 친환경 소재 사용 비율을 50%까지 늘려 온실가스 배출량 50만 톤을 감소하고, 나이키의 확장된 공급망을 통해 폐기물 100%를 매립지로 배출하는 대신 최소 80% 이상의 폐기물을 나이키 제품 및 기타 상품에 재활용할 계획이며, 직물 염색 및 마감 처리에 사용되는 킬로당 신선한 물 사용량 25% 감소를 목표로 하고 있다.

또한 나이키 포장팀은 쓰레기를 줄이기 위해 이중 포장 방식을 없애고 슈박스의 기능을 재해석하여 포장재를 반으로 줄이는 나이키만의 특별한 원박스 배송을 하고 있다. 그 결과 기존 포장 방식과 비교할 때, 원박스는 신발 종류에 관계 없이 온라인 주문 1건당 발생하는 폐기물

그림 12-24. 나이키 리사이클링 포스터

출처: NIKE 홈페이지

을 51% 줄여준다는 결과를 밝혔다.

나이키는 리사이클링과 기부활동도 활발하게 진행하고 있다. "버려진 제품의 새로운 삶"이라는 모토로 더 이상 입지 않는 제품들을 재활용하고 기부함으로써 제품들이 매립지로 가지 않고 새로운 삶을 가질 수 있도록 적극 장려한다고 했다. 잘 관리된 운동화와 의류는 누군가에게 유용하게 사용될 예정이고, 더 이상 사용하지 않는 운동화와 의류는 재활용되어 새로운 소재로 재사용하고 있다. 이는 스포츠의 지속가능한 미래를 위한 노력을 계속해서 이어가겠다는 나이키의 의지가 엿보이는 대목이기도 하다.

2) 아디다스

아디다스가 지속가능경영을 표방하여 내세운 접근방식은 바로 '오픈소스 이노베이션(Open Source Innovation)'이다. 아디다스의 오픈소스 이노베이션은 기업 내외의 다양한 소스로부터 아이디어를 제공받아 혁신을 이루자는 의미를 가지고 있다.

전 세계 바다에 존재하는 플라스틱 쓰레기는 약 1억 5천만 톤에 달한다고 한다. 게다가 매년 800만 톤이 바다로 버려진다고 하니 큰 골칫거리가 아닐 수 없는데, 이 쓰레기들을 재활용할 수 있다면 좋겠다는 아이디어들이 나오고 있다. 아디다스는 이러한 아이디어에서 착안해 팔리를 비롯한 환경보호 단체들이 해변에서 수거한 폐기물 중 재활용이 가능한 플라스틱을 분류했다. 그리고 이 폐플라스틱을 업사이클링해 운동화를 만들었는데, 한 켤레의 러닝화에 약 22개의 플라스틱병이 사용된다. 이 운동화는 출시 이후 2017년에만 약 100만 켤레가 판매되었다.

그림 12-25. 해양쓰레기로 만든 아디다스 운동화

출처: Parley for the Oceans

또한 아디다스는 서울시와 협력하여 '서울아 운동하자'라는 사회공헌 프로젝트를 통해 낙후된 스포츠시설을 개선하고, 시민에게 안전하고 쾌적한 스포츠 환경을 제공하는 활동을 진행하고 있다. 이 프로젝트는 특히 사용이 어려웠던 농구장과 족구장 등을 생활스포츠 공간으로 전환하여 지역사회의 스포츠 인프라를 개선하는 데 중점을 두었다.

이러한 노력은 아디다스의 스포츠 마케팅 전략의 변화와도 연결된다. 전통적으로 유명 스타 선수들에게 집중되었던 스포츠 마케팅이 비인기 종목이나 기초 스포츠로 확대되고 있다.

이는 단순히 선수들의 경기력 향상뿐만 아니라 스포츠 자체가 주는 감동과 사회적 가치를 전달하려는 아디다스의 전략적 접근을 반영하

그림 12-26. 안양천변 체육시설 개보수 모습

출처: 서울특별시

는 것이다. 기업의 이러한 활동은 선수뿐만 아니라 기업 자체의 성장과 함께 사회 전반에 긍정적인 영향을 미치는 ESG 관점의 경영을 강화하는 데 기여하고 있다. 이 프로젝트는 아디다스가 지속가능개발목표(SDGs) 중 하나인 "건강하고 활동적인 생활을 위한 접근성 확보"에 기여하고 있으며, 이는 아디다스의 브랜드 가치를 높이고 소비자와의 긍정적인 관계를 구축하는 데 중요한 역할을 하고 있다.

이러한 사회적 기여 활동은 아디다스가 글로벌 스포츠웨어 브랜드로서 단순한 제품 판매를 넘어 사회적 책임을 다하는 기업으로 인식될 수 있도록 하는 역할을 하고 있다.

3) 휠라코리아

(1) 휠라홀딩스, 『지속가능경영 통합 보고서』 발간

　휠라홀딩스는 지속가능한 경영을 목표로 하는 전략을 구체화하고 그 성과를 공유하기 위해 『2022 지속가능경영 통합 보고서』를 발간했다. 이 보고서는 지난 2019년 처음 발간된 이래 올해로 4년째 계속되고 있으며, 휠라홀딩스의 중장기 지속가능 목표와 관련된 세부적인 방향성 및 전략을 담고 있다. 이 보고서는 '유어 휠라 임팩트(Your Fila Impact)'라는 슬로건 아래 그룹의 지속가능경영 성과와 비전을 명확히 전달하고 있으며, 지속가능경영의 일환으로 제품의 선순환 모델을 제시하고, 5개년 전략인 '위닝 투게더(Winning Together)'를 수립하여 실

그림 12-27. 휠라 지속가능경영 보고서

출처: 휠라홀딩스

행하고 있다. 이 전략은 세부 테마별로 분류되어 각각의 구체적인 전략과 실행 계획을 포함한다. 이러한 노력의 결과로, 휠라홀딩스는 다우존스 지속가능경영지수 코리아 밸류업 지수에 편입되는 등 주목할만한 성과를 거두고 있다. 이와 같은 성과는 휠라홀딩스가 지속가능한 경영에 대한 헌신을 강화하고, 이를 통해 사회적·환경적 책임을 이행하는 데 중요한 역할을 하고 있음을 보여준다.

(2) 휠라코리아의 지속가능경영 전략

또한 2022년 발표한 『지속가능경영 통합 보고서』를 통해 그룹 내 주요 법인들의 ESG 현황을 면밀히 분석하고, 지속가능경영 체계의 강점과 개선 과제를 도출했다. 이를 바탕으로 중장기 지속가능경영 전략을 수립했으며, 휠라그룹의 5개년 전략 '위닝 투게더' 아래 다섯 가지 세부 테마(제품 선순환, 기후변화 대응, 이해관계자 포용, 공급망 투명성 확보, 책임경영 구축)의 목표 및 활동을 다루었다. 이 보고서에서는 환경 측면에서의 제품 선순환 모델 및 기후변화 대응 체계 구축 현황이 주요하게 수록되었다. 휠라홀딩스는 제품의 개발과 생산에서부터 폐기까지 제품 생애주기 전반에 걸쳐 환경에 미치는 부정적인 영향을 최소화하기 위해 폐기물 관리에 집중하고 있다. 제품 생산 단계에서 발생하는 신발 샘플 9천 족을 재사용해 신발 중창 1만 개를 생산했으며, 이를 지속가능 신발 제품 모델 3종에 적용해 제품 기반 선순환의 고리를 처음으로 만들었다.

(3) 기후변화 대응, 사회적 책임, 지배구조 개선으로 지속가능경영 강화

기후변화 대응 측면에서는 가치사슬 전반에서 발생하는 Scope 3 간접 온실가스 배출량을 최초로 공시하고, 이에 대한 제3자 검증을 수행했으며, 2023년 11월 제27차 유엔기후변화협약 당사국 총회에 참여하여 패션산업의 지속가능성 문제에 대해 함께 논의했다.

사회적 측면에서는 공급망 투명성을 강화하기 위해 중대 리스크에 대응하고 향후 발생 가능한 이슈에 대비하는 공급망 TF를 결성했다. 이 조직을 통해 그룹 내 모든 직접사업 법인의 공급망 관리 목표를 조정하고 관련 문제에 대한 해결 방안 및 개선안을 논의하고 실행했다.

지배구조 차원에서는 '위닝 투게더' 전략 아래 주주환원 정책 및 지배구조의 투명성을 강화했다. 창사 이래 처음으로 특별 배당을 시행하여 연간 총 950억 원 규모의 배당금을 지급했다. 배당 성향은 5년 연속 상향 조정되었고, 이사회 역량 구성표를 도입하여 투자자 및 기타 이해관계자들이 이사회의 역량을 한눈에 파악하고 합리적인 의결권을 행사할 수 있도록 했다.

이러한 노력으로 휠라홀딩스는 국내외 다양한 평가기관으로부터 긍정적인 평가를 받고 있으며, 다우존스 지속가능경영지수 코리아 밸류업 지수에 편입되고 서스테이널리틱스로부터 'ESG 우수 기업'으로 선정되는 등 국내 패션업계에서 지속가능경영의 선도 기업으로 자리매김하고 있어 다른 기업에서 벤치마킹하는 대표적인 기업으로 손꼽힌다.

4) 파타고니아

　환경보호와 지속가능성을 기업의 핵심 가치로 삼고 있는 파타고니아는 뉴욕 타임스 광고 게재 이전뿐만 아니라 이후에도 꾸준히 전 세계 사람들에게 진정성 있는 모습을 보여왔다. 1985년부터 전체 매출 중 1%를 각국 환경단체를 지원하는 데 사용했으며, 가장 중점적으로 진행한 정책은 제품 자체를 친환경화하는 것이었다. 1980년대부터 재활용 종이를 활용하여 카탈로그를 만들었고, 1993년에는 플라스틱병을 폴리에스터로 재활용하여 플리스 원단을 만들어 사용하고 있으며, 1996년부터는 전체 면 제품을 유기농 목화에서 얻은 순면으로 제작함과 동

그림 12-28. 뉴욕타임스에 실린 광고

출처: The New York Times

시에 새로 물류창고를 만들 때 태양광 설계를 진행하여 사용하는 에너지의 60%를 절감했다. 무엇보다 가장 유명한 일화는 자사 제품을 홍보하며 "제발 이 옷을 사지 말라(Don't buy this jacket)"는 문구를 붙이기도 했다.

환경보호를 위한 활동들을 계속하고 있지만, 결국 생산과 소비가 늘면 늘수록 안 좋은 영향을 미친다는 것을 알고 이러한 광고를 만든 것이다. 그래서 실제로 파타고니아에서 생산하는 의류 수는 수요가 많더라도 제한적으로 생산하고 있다. 『하버드비즈니스리뷰』는 파타고니아 중고 의류를 이베이를 통해 판매한 소비자는 중고 제품을 판 돈으로 파타고니아를 재구매할 가능성이 크고, 실질적으로 환경을 고려하여 만든 제품이라는 것을 인지한 소비자가 비교적 높은 제품의 가격을 수용한다고 분석한 결과를 내놓았다. 여기에 그쳤다면 파타고니아는 그냥 환경을 먼저 생각하는 기업으로 끝났을 것이다.

파타고니아는 1984년부터 사무실 구조를 개편하여 칸막이를 제거하고 오픈된 공간으로 전환함으로써 직원들 간의 협업과 커뮤니케이션을 강화했다. 이와 함께 직원들의 건강을 고려한 영양 식단이 포함된 점심을 제공하고, 사내 어린이집을 설립하여 직원들의 일과 가정 생활의 균형을 지원했다. 이러한 직원 중심의 복지 프로그램은 파타고니아가 2015년 백악관으로부터 '챔피언스 오브 체인지(Champions of Change)'로 선정되는 영예를 안겨주었으며, 이는 직원들의 업무 성과 향상에 크게 기여했다. 이러한 ESG 경영 방침의 도입은 파타고니아의 매출 성장에도 긍정적인 영향을 미쳤다. 2019년 파타고니아코리아의 매출은 약 428억 원을 기록했으며, 지난 3년간 연평균 30% 이상의 성장률을 보였다. 2024년 현재도 지속적인 성장세를 유지하고 있으며, 파타고니아의 ESG 경영은 계속해서 성공적인 성과를 거두고 있다. 이러한 경영 전략은 파타고니아를 지속가능한 발전을 추구하는 글로벌 기업의 모범 사례로 부각시키고, 업계 내에서도 최고의 복지와 성과를 인정받고 있다.

그림 12-29. 파타고니아의 매출액 추이

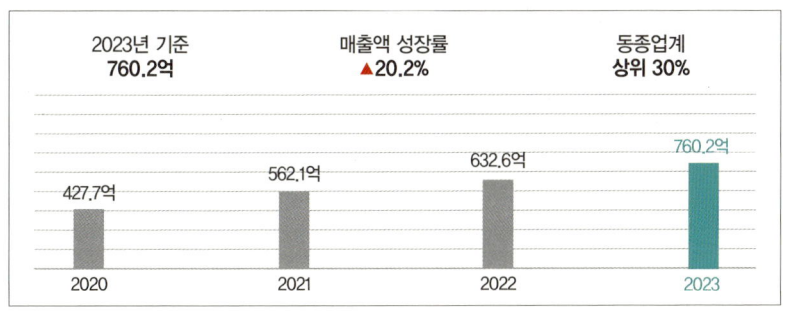

출처: NICE 평가정보

또한 스포츠 기업뿐만 아니라 다른 산업에서 ESG 경영에 앞장서는 기업들의 주가도 고공행진했다. 이를 바탕으로 환경(E) 개선을 위한 신규투자나 사업이 기업실적 개선으로 연결되는 기업을 선별하고 지배구조(G) 개선을 위한 자체적인 노력이 없는 기업을 찾아낸다. 자체적인 ESG 개선 노력은 부족하지만 주주활동을 통해 기업 가치를 끌어올릴 수 있는 기업을 선별하여 투자한다. 이러한 기업들은 ESG 경영을 통해 좋은 성과 및 결과를 만들어내고 있다.

5) 블랙야크

블랙야크는 국내 최초로 폐플라스틱을 이용하여 실을 만드는 원료로 의류를 제작하는 공정을 도입했다. 이를 통해 친환경 패션 비즈니스를 구축하고자 하는 블랙야크의 노력은 크게 세 가지 환경친화적 전략을 중심으로 전개되고 있다.

(1) 플라스틱 폐기물 감소, 지속가능한 모델 구축을 위한 세 가지 전략

블랙야크는 세 가지 주요 전략을 통해 지속가능한 패션 비즈니스 모델을 구축하고 있다. 첫 번째 전략은 '+스틱' 캠페인이다. 이는 플라스틱 소비 증가로 인해 폭발적으로 증가하는 플라스틱 폐기물을 적극적으로 재활용하여 친환경적인 패션 비즈니스 모델을 만들려는 목표를 가지고 있다. 블랙야크는 고품질 원사 확보의 어려움을 극복하기 위해 역회수페트(PET) 재활용 방식을 도입했다. 국내 생수회사와 협력하여 사용된 투명 페트병을 직접 회수하고 이를 고품질 원사로 전환하는 과정을 구축했다.

두 번째 전략은 국민 개개인의 참여를 통한 투명 페트병 분리배출을 장려하는 것이다. 이를 통해 장기적으로 플라스틱 재활용을 촉진하고 폐기물 문제 해결 및 비용 절감에 기여할 것으로 기대한다. 블랙야크는 국민의 플라스틱 분리배출 참여를 유도하여 고품질의 재활용 플라스틱 K-rPET 확보에 중점을 두고 있다.

세 번째 전략은 협력적 거버넌스 구축이다. 블랙야크는 다양한 기업과 협력하여 폐플라스틱 재활용 프로젝트를 적극적으로 진행하고 있다. 이를 통해 환경 회복력을 강화하고 관련 기업 및 기관의 지속가능한 목표 달성에도 기여하고 있다. S커피 브랜드와 협업하여 일회용 컵을 회수하여 재활용하고, G사와의 협업을 통해 폐기물 재활용 촉진 및 투명 페트병 분리배출을 활성화하고 있다. 실제로 블랙야크는 K리그 프로축구팀 그리고 지자체와 함께 투명 페트병 수거를 위한 자원순환 캠페인을 진행했는데, 축구 경기가 있는 날 팬들이 투명 페트병을 경기장에 가지고 오면 페트병을 재활용해 만든 여행용 파우치를 증정하고 이를 이용하여 지자체는 모아진 페트병을 의류와 신발 등 고품질 원료로 재활용했다.

그림 12-30. 야크그린(YAK GREEN) 친환경 정책 2.0

출처: 블랙야크 홈페이지

블랙야크는 친환경 경영에도 앞장서고 있다. 그중에서도 페트병 재활용 기술에 다각도의 노력을 기울이고 있으며, 지난 몇 년간 구축해온 국내 투명 페트병 자원순환 시스템을 활용한 '플러스틱(PLUSTIC)' 제품을 블랙야크를 비롯해 자사 브랜드를 통해 꾸준히 선보이고 있다. 플러스틱(PLUSTIC)은 플러스(Plus)와 플라스틱(Plastic)을 합친 말로 플라스틱을 재활용해 지구에 플러스가 된다는 의미다. 또한 블랙야크그룹이 정부, 지자체, 관련 기업들과 협력해 국내에서 사용된 페트병의 자원순환 시스템을 구축하며 개발한 친환경 제품의 이름이기도 하다.

첫 상용화에 성공한 제품인 티셔츠를 시작으로 현재는 재킷, 패딩, 바지, 플리스 등 의류부터 가방, 모자, 목도리, 신발 등 용품까지 전 품종으로 확대하며 2023년 투명 페트병(500ml) 기준 약 7,100만 병을 재활용했다. 이와 같은 성과로 블랙야크는 2021년 영국에서 열린 '제26차 UN기후변화협약 당사국 총회'에 참가해 한국관 부스에서 국내의 페트병 자원순환 시스템을 전 세계에 알렸으며, '2023 지속가능개발 목표 경영지수' 국내 1위 그룹에 3년 연속 선정되기도 했다. 또한 그린야크의 대표적 활동으로 국내 폐페트병의 자원순환 시스템을 구축하며 친환경 제품 생산에 박차를 가했으며, 이 시스템으로 2023년 5월까지 투명 페트병(500ml 기준) 약 6,800만 병을 재활용했다.

04
일반기업

1) SK텔레콤

　SK텔레콤은 아마추어 선수단을 지속적으로 지원하며 스포츠 분야에서의 ESG 실천을 강화하고 있다. 2024년까지 우수 체육 인재 발굴과 양성을 목표로 경제적 지원이 필요한 선수들과 경기력이 뛰어난 선수들을 선발하여 지원하는 프로그램을 운영하고 있으며, '제2기 스포츠 꿈나무 후원식'을 개최했다.

　이 프로그램은 경제적 배려가 필요한 24명과 경기력이 우수한 10명

그림 12-31. 제2기 SK스포츠 꿈나무 후원식

출처: SK텔레콤

을 지원한다. 2022년부터 아마추어 선수 후원 시스템을 구축해왔는데, 항저우 아시안게임에서 후원 선수들이 좋은 성적을 거두었다. SK텔레콤은 경기력 우수 선수 지원을 확대하고, 경제적 배려 대상자들과의 재계약을 통해 선수들이 경제적 어려움 없이 운동에 전념할 수 있도록 지원하고 있다. 이러한 노력은 스포츠를 통한 사회적 가치 창출과 지속가능한 사회 구축에 기여하고 있으며, 스포츠를 통한 ESG에 진심인 모습을 보이고 있다.

2) LG전자

LG전자는 젠지 이스포츠와 마케팅 협력을 위한 비인기 종목의 파트너십을 체결했다. 이번 파트너십은 스포츠 ESG 경영 활동으로 글로벌 e스포츠 산업의 발전과 활성화를 목표로 하며, 자사 제품을 통해

그림 12-32. LG전자와 젠지 이스포츠의 마케팅 협력

출처: LG전자

MZ 세대와 활발한 소통을 이루고 브랜드 가치를 제고하는 데 중점을 두고 있다.

젠지 이스포츠의 CEO 크리스 박은 젊고 역동적인 LG 제품과의 협력을 통해 선수들뿐만 아니라 전 세계 e스포츠팬들에게 최고의 게이밍 경험을 전달하고 있다. 또한 LG전자와 공유하는 혁신 가치를 기반으로 팬과 고객을 위한 다양한 활동을 전개하고 있다.

LG전자는 강력한 성능의 LG 제품으로 젠지 이스포츠 선수들의 퍼포먼스를 극대화하도록 적극 지원하고, 이번 파트너십을 통해 e스포츠의 성장뿐 아니라 ESG를 통한 사회적 가치 실현에도 더욱 힘쓰겠다는 목표를 전했다.

Environmental · Social · Governance

Part 13

해외 스포츠 ESG

01 미국 프로스포츠
02 영국 프로스포츠 - 프리미어리그(EPL)
03 스페인 프로스포츠 - 라리가(La Liga)
04 프랑스 프로스포츠
05 독일 프로스포츠
06 이탈리아 프로스포츠

01
미국 프로스포츠

1) 메이저리그베이스볼(MLB)

　MLB는 MLB Together 플랫폼을 통해 사회공헌활동을 진행하고 있다. 온라인 콘텐츠 제공, 취약계층 지원, 의료용품 제공, 교육지원 등의 활동을 통해 사회에 기여하고 있으며 환경보호와 지속가능한 경영을 목표로 다양한 친환경 프로그램을 운영하고 있다.

　'그린 글로브 상(Green Glove Award)'은 MLB 구단 중 전년도에 가장 높은 폐기물 전환율을 기록한 구단에 수여되는 상으로 2022년에는 샌프란시스코 자이언츠의 오라클 파크가 재활용, 퇴비화, 식음료 기부, 에너지 회수 등을 통해 경기장 폐기물 전환율 100%를 달성하며 수상의 영광을 얻었다. 또한 미네소타 트윈스의 타깃 필드는 MLB 최초로 LEED 플래티넘 인증을 획득한 경기장으로, 에너지 사용 효율화, 직원 통근 버스 이용, 물 사용량 관리, 폐기물의 재활용 및 퇴비화, 현장 조명의 55% 절감을 위한 LED 조명 설치 등의 환경친화적 조치를 시행하고 있다.

　이와 더불어 '녹색팀 프로그램(Team Greening Program)'을 통해 각 구단의 환경 데이터를 측정하여 관리하고 있으며, 이 프로그램은 경기장에서 에너지와 물 소비량을 측정하여 데이터 관리를 하고 있고, 팬들의 대중교통 이용 정보 데이터를 정리하여 제공함으로써 구단들이 더욱 친환경적으로 운용될 수 있도록 지원하고 있다. 이러한 노력은 MLB가 ESG 경영에서 선진 스포츠 리그로서 환경보호에 적극적으로 기여하고 있다는 것을 보여준다.

2) 전미농구협회(NBA)

전미농구협회(NBA)는 지속가능한 스포츠 리그 운영을 목표로 다양한 친환경 활동을 전개하고 있다. NBA는 그린 스포츠 얼라이언스(Green Sports Aliiance)와 협력하여 2021년부터 경기장에서 일회용 플라스틱 사용을 줄이는 구체적인 조치를 취하고 있으며, 이는 경기장 폐기물 감축에 크게 기여하고 있다. 동시에 정기적으로 '그린위크'를 개최하여 각 구단이 환경과 관련한 녹색 유니폼을 입고 다양한 친환경 활동을 펼치며, 환경보호의 중요성을 강조하고 있다. 이 기간 동안에는 팬들과 시청자에게 환경보존의 필요성을 각인시키는 중요한 활동을 진행한다. 환경보호 활동을 진행함과 동시에 구단들은 경기장에 LED 조명시설을 설치하여 에너지 사용을 최소화하고, 모든 식음료 용기를 재활용할 수 있는 소재로 제작하며, 경기 후 남은 음식을 지역사회에 기부하여 음식물쓰레기를 줄이는 노력을 기울이고 있다.

(1) 모자이크 시스템 도입

NBA는 '모자이크 시스템'을 도입하여 리그 소속 30개 구단의 환경 데이터와 전력 소비를 효율적으로 관리하고 있다. '모자이크 시스템'은 리그 소속 30개 구단의 환경 데이터와 전력 소비를 모니터링하고 관리하는 전력 제어 시스템이다.

이 시스템은 경기장 및 훈련 시설의 에너지 사용량을 실시간으로 추적하고, 데이터를 수집하여 에너지 효율성을 개선하는 데 도움을 준다. 모자이크 시스템의 주요 목적은 경기장 운영에서 발생하는 에너지와 자원의 낭비를 줄이고, 구단들이 더 효율적으로 운영될 수 있도록 지원하는 것이다. 이 시스템을 통해 NBA는 각 구단에 맞춤형 조언과 전략을 제공하여 전력 소비를 줄이고, 운영 비용을 절감하는 방안을 도출하고 있다. 또한, 모자이크 시스템은 지속가능한 경기장 운영을 위한 중요한 기술로, 에너지 사용의 최적화는 물론, 탄소 발자국을 최소화하는 데 중점을 두고 있다. 이런 기술을 이용하여 스포츠시설에도 ESG 경영을 위한 노력을 기울이고 있다.

(2) 시설도 친환경 LEED 인증

NBA는 미국 프로스포츠 중에서 가장 많은 친환경 건축물(LEED, Leadership in Energy and Environmental Design) 인증 경기장을 보유하고 있으며, 이 중 새크라멘토 킹스의 Golden1 센터는 세계 최초로 LEED 플래티넘 인증을 받은 실내 스포츠 경기장이다. 이와 함께 포틀랜드 트레일블레이저스는 친환경 건축 자재를 사용하여 경기장을 보수하고 운영 비용을 절감하면서 환경보호에 기여하고 있다. 또한 대중교통 이용을 장려하여 팬들의 탄소배출을 줄이는 데 힘쓰고 있는데, 이러한 노력으로 팬들과 구단 직원들의 높은 대중교통 이용률을 보여주고 있다. 사회공헌 측면에서는 2017년 세네갈에 'NBA 아카데미 아프리카'를 설립하여 아프리카 청소년들이 농구와 학업, 리더십 프로그램에 참여할 수 있도록 지원하고 있다.

NBA는 전 세계적인 사회 문제에 관심을 가지고 글로벌 사회공헌 활동 프로그램 NBA Cares를 운영하고 있다. 참가자들은 다양한 활동을 통해 헬스케어, 운동, 멘탈케어 같은 프로그램을 제공받고 전 세계적으로 6천만 명 이상의 청소년이 농구 프로그램 혜택을 받고 있다.

그림 13-1. NBA Cares 프로그램 참여

출처: https://www.nba.com/

3) 내셔널풋볼리그(NFL)

NFL은 2018년 친환경 운동을 강화하기 위해 그린 스포츠 얼라이언스에 가입했다. 이를 통해 NFL은 폐기물 감축, 에너지 및 물 사용 최소화, 독성 화학물질 제거 등 지속가능한 운영을 도모하고 있다. 또한, 메르세데스 벤츠 경기장은 LEED 플래티넘 등급을 획득하며 가장

혁신적인 스포츠 경기장 중 하나로 인정받았다. 이 경기장은 LED 조명을 통해 전기 사용량을 60% 감소하고, 고도로 발달한 빗물 관리 시스템을 운영하며, 관중에게 대중교통을 이용하도록 장려하고 있다.

또한 NFL은 '러시 투 리사이클(Rush2Recycle)' 프로그램을 진행했는데, 아라마크(Aramark), US 뱅크 스타디움(U.S. Bank Stadium), 그리고 Minnesota Sports Facilities Authority 등 여러 파트너사와 협력하여 종합적인 폐기물 관리 시스템을 도입했다. 이 시스템에는 삼중 분리 쓰레기통 시스템, 유기물 압축기, 그리고 각 폐기물 흐름의 오염 물질을 제거하기 위해 세밀한 경기 후 폐기물 분류 과정이 포함되었다. NFL은 이 프로그램을 성공적으로 진행하여 경기장에서 발생하는 폐기물의 91%를 재활용했다. 69톤의 경기장 폐기물 중 63톤을 재활용하거나 퇴비화하는 성과를 보였는데, 이는 국내에서도 벤치마킹하여 적용하기 좋은 사례다.

또한 2007년부터는 '플레이 60' 캠페인을 통해 학교 및 지역사회에서 건강한 신체 활동을 촉진하고 있다. 이 프로그램은 미국 전역에서 3억 5,200만 달러 이상의 투자로 7만 3천 개 학교와 265개 청소년 운동시설을 통해 3,800만 명 이상의 어린이와 청소년에게 신체 활동을 제공하고 있다. 참여 학생들은 유산소 능력과 체질량지수에서 개선을 보이는 등 긍정적인 결과를 나타내고 있다. 이 모든 활동을 통해 NFL은 스포츠를 넘어 사회적 책임과 환경보호에 기여하고 있다.

필라델피아 이글스의 ESG 경영도 주목받고 있다. 필라델피아 이글스는 2003년부터 구단의 환경적 영향을 줄이기 위한 구체적인 실천을 해오고 있는데 'GO GREEN, Innovate, Sustain' 캠페인은 재활용 프로그램, 물 절약, 친환경 빨대, 재활용 유니폼, 구장 태양광 패널, 자전거 공유 등 여러 이해관계자들이 지속가능성을 목표로 함께할 수 있는 실천을 이어오고 있다.

이글스 홈구장인 링컨 파이낸셜필드에는 1만 개 이상의 태양광 패널이 설치되어 있고, 풍력발전기를 통해 친환경 전력을 생산하고 있다. 이 전력을 경기장에 공급하며 대부분 에너지를 자체 생산된 에너지로 사용하고 있고, 빗물을 모아 재사용하는 빗물 재사용 시스템을 이용하여 물 순환 시스템을 갖추고 있으며, 물 절약 생수 시설을 통해 2015년부터 4년간 45만 병 분량의 생수를 절약했다. 이러한 환경적 영향을 꾸준히 측정하여 이를 투명하게 공개하고 있다는 점이 주목할 만하다.

그림 13-2. 필라델피아 이글스 ESG 활동

필라델피아 이글스 환경 캠페인

GO GREEN 캠페인

출처: https://www.philadelphiaeagles.com/community/go-green

4) 메이저리그축구(MLS)

메이저리그축구(MLS)는 지속가능성과 환경보호에 대한 인식을 개선하기 위한 활동을 추진하고 있다. 항공, 숙박, 교통 등에서 불필요한 에너지 사용을 줄이는 방안을 모색하고 있으며, 이산화탄소 배출을 상쇄하기 위해 탄소배출권에 투자하여 2018년 이후 2만 8천 톤 이상의 이산화탄소를 상쇄하는 데 성공했다.

MLS는 '플레이 투 제로(Play to Zero)' 같은 캠페인을 통해 경기장 내 일회용 플라스틱 사용을 줄이고 재활용 가능한 물품 사용을 장려하는 등의 친환경 활동을 강화하고 있다. 이와 함께, 그린 스포츠 얼라이언스와 협력하여 경기장의 환경 영향을 측정하고, 소셜미디어를 통해 나무 심기 캠페인을 홍보하며 환경보호를 위한 노력을 지속하고 있다.

그림 13-3. MLS 미국 유소년 축구 프로그램

출처: MLS 홈페이지

특히, '그리너 골스(Greener Goals)' 주간 동안 MLS는 29개 구단과 리그 사무국 직원이 지역 자선단체와 협력하여 환경친화적 프로젝트에 참여하고 있다.

2023년 지구의 날을 맞이하여 애틀랜타 유나이티드 FC는 애틀랜타 도시 숲에서 나무를 심고, 오스틴 FC는 레이디 버드 호수에서 쓰레기를 청소하는 등 각 구단이 환경보호 활동을 펼쳤다. 또한, 스포팅 캔자스시티는 경기장에서 음식물쓰레기 감축과 재활용을 포함한 지속가능성 인식을 높이는 이벤트를 개최했다.

사회적 측면에서 MLS는 인종차별에 반대하고 사회적 약자를 배려하는 유의미한 프로그램을 개발하고 있다. '모두를 위한 축구(Soccer For All)' 캠페인을 통해 차별 없는 환경을 조성하고, ESPN 및 스페셜올림픽과 협력하여 지적장애인과 일반인이 함께하는 통합 축구 경기를 개최하여 사회 통합에 기여하고 있다. 이러한 다양한 활동을 통해 MLS는 환경보호와 사회적 책임을 동시에 추구하며, 스포츠 리그로서의 영향력을 활용해 긍정적인 변화를 이끌어가고 있다.

5) 내셔널하키리그(NHL)

NHL은 환경보호와 지속가능한 운영을 강조하기 위해 다양한 친환경 전략을 채택하고 있다. 2018년 NHL은 '녹색의 달' 행사를 시작하면서 태양광 에너지 사용과 LED 조명 시스템 도입을 통해 에너지 관련 운영 비용을 줄이는 데 주력했다.

NHL은 2014년과 2018년 지속가능성 보고서를 발간하여 탄소배출 감소, 친환경 에너지 사용 증진, 물 사용 효율화, 그리고 폐기물 감축에 대한 구체적인 실행 계획을 제시했다. 특히, 스케이트장의 특성상 많은 얼음과 물 사용이 요구되어 이러한 자원의 효율적 사용을 중점적으로 보고 있다. 2017-2018시즌에는 로스앤젤레스 킹스가 홈경기를 치르는 스테이플스센터에서 공기 중 물 포집 기술을 시범 운영했다. 이 기술은 스케이트장의 특성상 발생하는 습기를 재활용하여 지속가능성을 높이는 데 기여했다.

    2019년에는 NHL 올스타전을 위해 아디다스와 협력하여 선수들이 입는 유니폼을 재활용 플라스틱 소재로 제작하는 등 환경보호를 위한 실질적인 조치를 계속해서 확장하고 있다. 이러한 활동들은 NHL이 스포츠 리그로서 환경보호에 앞장서고자 하는 의지를 보여주고 있다.

02
영국 프로스포츠 – 프리미어리그(EPL)

1) 토트넘 홋스퍼(Tottenham Hotspur)

영국 프리미어리그의 토트넘 같은 경우 2021년 홈경기에서 탄소배출 ZERO 달성을 위한 친환경 캠페인을 진행했다. 탄소배출 캠페인을 통해 2022 비즈니스 풋볼 어워드에서 지속가능성(Sustainability) 부문 수상을 했다. 탄소중립 경기는 영국 SKY 방송사 파트너십의 일환으로 진행되었고, 다양한 활동을 통해 탄소중립을 실천했다.

표 13-1. **토트넘의 ESG 핵심 정책**

폐기물	구단 전체에서 발생하는 폐기물은 가능한 한 재활용하고 매립지에서 폐기물 전환을 늘린다.
플라스틱	구단 운영 전반에 걸쳐 플라스틱을 사용하지 않는 것을 목표로 하여 일회용 플라스틱 사용을 줄이기 위해 가능한 한 환경적으로 지속가능한 재료를 더 많이 조달한다.
지역사회 활동	토트넘 재단은 지역사회 청년을 교육하고 지원한다.
이동수단	경기장과 트레이닝센터를 방문하는 팬들과 직원들에게 환경에 미치는 영향이 적은 대체 교통수단을 홍보한다.
비건 옵션	경기장에서는 비건 옵션을 포함한 다양한 식습관을 만족시키는 지역적이고 지속가능한 식품 옵션을 찾는다.

출처: 토트넘 홈페이지

토트넘의 경우 2021-2022시즌 Scope 3 배출량은 76,698t CO2e로 집계됐는데, 이 중 팬트래블(Fan Travel) 비율은 51.9%로 39,794t CO2e에 달했다. 토트넘 구단에서는 토트넘이 한 시즌에 배출하는 전체 탄소량 중 80% 이상이 Scope 3 영역이라고 했으며, 2021-2022시즌 총 80,221t CO2e의 탄소를 배출했는데, 이 중 95.6%가량에 해당하는 76,698t CO2e가 Scope 3 영역에서 발생했다고 발표했다. 같은 기간 토트넘이 집계한 Scope 1·2 영역 탄소배출량은 3,253t CO2e에 불과했다. 이와 더불어 자본재(Capital Good)에서 발생하는 탄소배출량도 집계하며 굿즈 사용부터 폐기 과정에서 발생하는 탄소량도 추적해 공개한다. 임직원이 출퇴근하면서 이용하는 교통수단에 따라 발생하는 탄소도 중요한 탄소배출량으로 조사하고 있다.

그림 13-4. 레이스투제로 로고

출처: UNFCCC Homepage

또한 유엔기후변화협약(UNFCCC) 캠페인 '레이스투제로(Race To Zero)'에 참여하면서 2040년까지 탄소배출량을 '0'으로 만들어야 하는 목표를 설정하여 이행 중이다. Scope 3 영역을 측정해야 어떤 부문에서 탄소가 가장 많이 나오는지, 어떤 식으로 탄소를 감축할 수 있는지 알 수 있어 이 부분에 집중하고 있다.

경기장 운영에서도 폐기물 관리에 노력하고 있다. 구단 전체에서 발생하는 폐기물을 재활용하기 위해 '매립 쓰레기 제로' 폐기물 관리 프로그램을 운영하여 폐기물을 처리할 때 알맞은 쓰레기통을 선택하기만 하면 모든 폐기물이 재활용될 수 있도록 하고 있다.

그림 13-5. 경기장 내 건식혼합 재활용통과 일반쓰레기통

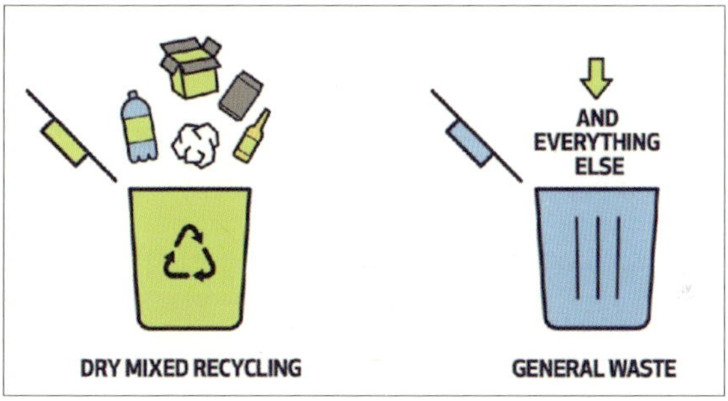

출처: 토트넘 홈페이지

경기장 전역에는 두 가지 종류의 쓰레기통이 배치되어 있다. 하나는 일반쓰레기통이며, 다른 하나는 빈 플라스틱 및 유리병, 빈 깡통, 종이 등을 버릴 수 있는 건식혼합 재활용통이다. 이 재활용통에는 남은 음식이나 액체가 들어있지 않은 쓰레기를 버려야 하며, 남은 음식물

은 일반쓰레기통에 버려야 한다. 이를 돕기 위해 직원들이 근처에 있어 올바르게 쓰레기를 분리하는 데 도움을 주고 있다. 경기가 끝난 후, 건식혼합 재활용통은 에드먼턴 지역의 재활용 시설로 운반되어 폐기물로 분리되어 고품질의 단일 자재로 가공된 후, 이를 재처리하는 회사로 보내진다. 만약 재활용통에 일반쓰레기가 섞여 들어가면 분류 및 재처리가 어려워지므로 정확한 분리가 필수다. 팬들은 이러한 시스템에 따라 쓰레기를 올바르게 분리함으로써 경기장의 지속가능성을 높이는 데 기여하고 있다. 남은 음식은 런던의 자선단체인 펠릭스 프로젝트(The Felix Project)에 기부되어 런던 내 빈곤가정 아이들에게 제공되고 있다. 이를 통해 음식물쓰레기를 줄이고, 도움이 필요한 이들에게 음식을 지원하는 선순환 구조로 운영하고 있다.

국내 프로스포츠 경기장에서도 폐기물 문제는 중요한 사회적 이슈로 주목받고 있다. 경기장에서 발생하는 음식물쓰레기와 플라스틱 쓰레기는 제대로 분리되지 않고 무분별하게 버려지고 있어 환경문제를 악화시키고 있다. 해외 구단들이 이러한 문제를 어떻게 해결하고 있는지, 그리고 그들이 제시하는 방법을 벤치마킹하여 국내에서도 적용할 필요가 있다.

이러한 활동들은 전 세계 프로스포츠 구단의 ESG 경영의 벤치마킹 대상이 되고 있으며, 이때 실행한 다양한 활동도 이슈가 되고 있다. ESG 활동으로 선수들은 친환경 버스를 타고 경기장에 도착했으며, 친환경 버스를 이용하여 80% 이상의 탄소배출을 줄였다. 또한 팬들은 3만 6천 마일을 걸어 경기장으로 이동했고, 전기 또는 하이브리드 자동차를 이용하여 이동하고 경기장 내에서는 100% 재생가능 에너지로 시설이 운영되었다. 이 밖에도 경기장 내에서 제공되는 모든 음식은 지속가능한 방식으로 공급되었고, 다른 경기에 비해 94% 더 많은 채식 및 식물성 식사가 판매되었다.

 이러한 사례는 전 세계 축구클럽 및 스포츠 단체, 선수 및 팬들이 탄소 영향을 줄이는 데 영감을 주고 있으며 앞으로 이러한 경기를 더 많이 늘려나간다는 계획을 세웠다.

표 13-2. 토트넘의 탄소배출 줄이기 활동

Travel	- 친환경 바이오디젤 버스 이동 - 팬들은 걸어서 이동하거나 전기차 또는 하이브리드 차로 이동
Energy Use	- 경기장 내 모든 시설은 전기, 그린가스 등 신재생 에너지 100% 운영
케이터링	- 경기장 내 모든 음식은 지역에서 키운 오가닉 재료 사용
스카이방송 중계팀	- 친환경 바이오디젤 이용 및 지역주민을 고용하여 경기장에 도착하기까지 최소한의 동선으로 이동
그 외 활동	- 경기장 주변 교통정체를 극복하기 위한 교통 인프라 개선 - 경기날 무료 셔틀버스 운영 - 경기장 내 물을 적게 소비할 수 있는 물 없는(waterless) 소변기 설치 - 재활용 재료로 만든 유니폼 착용

출처: 토트넘 홈페이지

(1) 지속가능한 발전을 위한 토트넘 홋스퍼의 조치 사항

그림 13-6. 토트넘 선수단의 지속 가능성 교육 현장

사진 왼쪽 상단부터 시계방향으로 △토트넘 1군 선수단 지속가능성 교육 현장 △토트넘 훈련장 지붕에 설치된 태양광 패널 △토트넘 홍보대사인 마이클 도슨(Michael Dawson)이 탄소배출 제로 경기를 알리는 캠페인을 위해 자전거를 이용하고 있는 모습 △토트넘 구장 내 설치된 재사용 가능 컵홀더 [사진=토트넘홋스퍼]

〈출처: 인더스트리뉴스〉

- 가능한 한 클럽 전체에서 발생하는 폐기물 재활용. 경기장에 마련된 쓰레기통에 팬들을 위한 명확한 재활용 지침 제공. 재사용 가능한 음료 컵을 이용해 '매립 쓰레기 제로' 폐기물 관리 프로그램 운영

- 토트넘 경기장의 100% 재생 에너지 및 에너지 사용에 의한 간접배출(Scope 2), LED 조명(투광 조명 포함) 및 에너지 사용을 줄

이기 위한 고효율 빌딩 서비스 시스템 설치

- 클럽 전체 대상 일회용 플라스틱 감소 조치 – 선수들은 준비된 상자의 물을 마시고, 음식은 나무 식기와 함께 재활용 가능한 포장에 담겨 제공되며, 맥주병 뚜껑도 경기장에서 재활용

- 경기장 내부에서 제공되는 모든 음식은 현지에서 지속가능한 방식으로 조달. 모든 매장과 프리미엄 라운지에서 식물성(비건) 옵션 선택 가능

- 유기농 키친 가든, 수백 그루의 새로운 나무 및 반숙성 나무, 수만 그루의 새로운 식물 및 산울타리, 벌레 호텔 및 박쥐 하우스, 야생 연못, 빗물을 포획하고 재수확하는 녹색 지붕, 태양광 패널 및 공기 열펌프 등 트레이닝 센터에 생태 서식지 조성

- 물 없는 소변기와 저유량 설비 및 고정 장치 통해 물 소비 최소화

- 토트넘 경기장으로 갈 수 있는 4곳의 전철역과 경기 당일 무료 셔틀버스 운영, 경기장 근처 180대의 자전거 주차 공간 마련 등 지역 교통 인프라 적극 투자

- 선수들이 경기장에서 착용하는 셔츠와 팬들이 구매하는 레플리

카 저지를 재활용 플라스틱병으로 만든 100% 폴리에스테르 원단으로 제작

식품 공급기업 레이놀즈(Reynolds)와의 협력을 통해 경기장으로 배달되는 모든 음식은 전기 냉장 차량으로 이동돼 탄소배출량이 0이 되도록 보장하고 있다. 아울러 토트넘 측에 따르면, 경기장 곳곳에 팬들이 사용할 수 있는 모든 플라스틱 생수를 재생 가능하고 지속가능한 재료의 경량 포장 제품으로 교체했다.

또한, 2023년 '지구의 날'을 기념해 나이키와 함께 토트넘 경기장에서 지역 학교 어린이들을 위한 최초의 업사이클링 워크숍을 제공하기도 했다.

그림 13-7. 토트넘 소속 벤 데이비스와 어린이 팬들

〈출처: 토트넘훗스퍼〉

2) 맨체스터 시티(Manchester City)

맨체스터 시티는 친환경 에너지 정책에 큰 관심을 가지고 있으며, 다양한 방법으로 탄소배출을 측정하고 있다. 맨시티는 건설·공사 작업 시 발생하는 탄소량과 경기 당일 구장에서 경호를 서는 경찰관 수, 경찰 차량 등이 배출한 탄소량까지 추적한다. 세계 축구팀 중에서 가장 많은 재생 에너지를 생산하는 시티풋볼아카데미(City Football Academy)를 훈련 시설로 만들었다. 프리미어리그를 이끌고 있는 맨체스터 시티는 매년 최대 4.39MWh의 재생 가능 에너지를 생산할 1만 887개의 태양 전지판 설치를 위해 지자체와 협의하며 맨체스터 시의회의 계획 승인을 받았다.

아무것도 없던 황무지에 세워진 시티 풋볼 아카데미는 에너지 및 환경 디자인 리더십 지침(LEED, Leadership in Energy and Environmental Design)에 따라 골드스탠다드를 달성했다. 친환경 건물 등급 시스템의 최고 수준 중 하나를 자랑하며, 남자부, 여자부, 아카데미 훈련 시설과 여자 슈퍼리그에서 가장 큰 전용 경기장을 포함하고 있다. 맨체스터 시티는 투명하고 책임감 있는 경영을 통해 지속가능한 목표를 달성하기 위해 노력하고 있으며, ESG 경영을 실현하기 위해 다방면으로 노력 중이다. 태양 전지판은 시티풋볼아카데미의 연간 사용량을 완전히 상쇄할 수 있으며, 일부는 에티하드 스타디움과 공유한다. 이 프로젝트는 2030년까지 탄소중립을 달성하기 위한 클럽의 핵심 프로젝트로 지속가능한 에너지 사용을 촉진하고 탄소배출을 줄이는 중요한 단계로 실행하고 있다. 또한 3천 개 이상의 패널은 맨체스터 시티 위민의 홈구장인 조이스타디움의 옥상에 설치하고, 3,942개의 패널은 퍼스트 팀 및 아카데미 빌딩의 옥상에 설치했으며, 추가로 3,830개의 패널은 시티풋볼 아카데미의 이동로와 경기장 옆 구역에 설치되었다.

이 패널들은 2024년 완전 가동을 목표로 진행되고 있으며, 맨체스터에 본사를 둔 재생 에너지 개발업체인 클리어볼트(Clearvolt)가 설치 및 관리 운영한다. 청정에너지 사용에 대한 맨체스터 시티의 오랜 약속을 지키기 위해 지난 8년 동안 100% 재생 가능한 전기를 구매해왔다. 이러한 노력은 지역사회에 청정에너지의 중요성을 알리고, 지속가능한 실천을 장려하는 사회적 책임을 다하는 선진사례로 평가받는다.

그림 13-8. 시티풋볼아카데미

출처: 맨체스터 시티 홈페이지

맨체스터 시티는 환경보호와 지속가능한 에너지 사용을 통해 클럽의 ESG 경영 전략을 실현하는 중요한 사례다. 맨체스터 시티는 재생에너지 사용을 극대화함으로써 환경에 긍정적인 영향을 미치고, 사회적 책임을 다하며, 투명한 경영을 통해 지속가능한 발전을 추구하고 있다는 점에서 앞으로 더 큰 발전을 도모할 수 있다.

3) 리버풀(Liverpool)

리버풀은 온라인으로 경기를 시청할 경우 사용되는 에너지양을 측정한다. 집이나 경기장이 아닌 곳에서의 축구 시청도 탄소를 배출하기 때문이다. 리버풀에 따르면, 콘텐츠 하나를 1시간 시청할 경우 탄소 55g이 배출된다. 구단은 온라인 같은 가상공간에서 발생하는 탄소량도 측정할 필요가 있다고 했으며, 웹으로 경기를 시청하는 팬들이 많기 때문에 더 친환경적인 방식으로 콘텐츠를 제공하는 방안에 대해 고려 중이라고 했다. 온라인 시청이 늘고 있는 우리나라도 이 부분에 대해 생각해봐야 할 문제다. 이 밖에도 우리나라 기업과 협약을 맺어 초등학생

그림 13-9. 리버풀 싸커스쿨(LFC Soccer School)

출처: SC제일은행

을 대상으로 한 축구 교육 프로그램 '싸커스쿨'도 진행했다. 한국의 축구팬들이 리버풀 레전드를 직접 만나고, 축구 꿈나무들이 리버풀 방식의 축구 교육 시스템을 체험할 기회를 제공하여 다양한 경험을 했다.

4) 사우샘프턴 FC(Southampton FC)

프리미어리그의 사우샘프턴은 지속가능한 환경을 만들기 위해 'Greener Game'이라는 캠페인으로 친환경 경기를 진행하고 있다. 이 캠페인은 홈과 원정 팬들을 동참시켜 사회적 영향력을 확대하고자 하는 목표를 가지고 있다. 구체적으로 사우샘프턴은 경기장까지의 차량 운행을 줄이기 위해 무료 주차장을 제공하고, 셔틀 서비스를 운영하고 있으며, 경기장 곳곳에 재활용 플라스틱 수거함을 설치하여 환경보호에 기여하고 있다.

또한 어린이 팬들에게는 바로 심을 수 있는 야생꽃 종자를 선물하고, 경기장 내에서 판매되는 음식은 비건 옵션을 포함하여 제공함으로써 다양한 방면에서 친환경적인 조치를 취하고 있다. 이러한 활동들은 단일 경기장에서의 환경보호 효과로는 한계가 있을 수 있지만, 광범위한 사회적 영향을 기대하고 있다. 또 다른 효과로 구단의 홍보 및 브랜드가치 향상에도 기여할 것이라고 보고 있다.

이 밖에도 2021년부터 헤일로 이펙트(Halo Effect) 프로그램을 운영하고 있으며, 사우샘프턴 FC의 지속가능성 전략이다. 이 전략은 지속가능성을 주된 목표로 삼고 있으며, 네 가지 핵심 사항을 목표로 실행 중이다. 첫 번째는 환경적 책임, 두 번째는 기업의 사회적 책임, 세 번째는 사회적 책임, 네 번째는 팬에 대한 책임이다. '환경적 책임' 원칙의 주요 목표는 클럽이 2030년까지 탄소중립을 달성하는 것이다. 헤일로 이니셔티브 중 하나는 '홈 성장 계획(Home Grown Scheme)'으로, 탄소상쇄를 통해 지구를 보호하겠다는 약속과 아카데미를 통해 어린 축구 선수를 육성하겠다는 약속을 결합하고 있다. 클럽은 1부리그 데뷔전을 치르는 아카데미 졸업생 한 명당 250그루의 나무를 심을 계획을 가지고 있으며, 매 시즌 평균 3명의 아카데미 1부리그 데뷔전을 한다는 기준으로 향후 4년 동안 3천 그루의 나무를 심어 3천 톤의 탄소배출량을 상쇄하는 목표를 세웠다. 실제로 2020/2021 시즌에만 5명의 아카데미 졸업생이 1부리그에 데뷔하여 사우샘프턴에서 1,250그루의 나무를 심었고, 탄소발자국 및 '나무 친구' 시스템과의 파트너십의 일환으로 아마존 열대우림에 1,250그루의 나무를 추가로 보존했다. 헤일로

그림 13-10. 헤일로 이펙트 캠페인 이미지

출처: 사우샘프턴 FC

이펙트(Halo Effect)에 이어 다양한 ESG 활동으로 사우샘프턴은 스포츠 포지티브 프리미어리그 지속가능성 순위에서 2021년 18위를 기록했지만, 2022년 6위로 급성장하는 성과를 냈다.

사우샘프턴의 이런 노력은 단순한 환경보호 활동을 넘어 미래사회에 대한 준비와 의미 있는 사회적 변화를 목표로 하고 있다. 이는 구단이 지속가능한 사회를 위한 책임 있는 행동을 취하고자 하는 의지를 보여주는 것으로 스포츠 산업 내에서도 친환경적인 접근을 모범적으로 보여주는 대표적인 사례다. 이러한 세례를 바탕으로 아스널과 아스톤 빌라 등도 향후 밸류체인 전체 탄소배출량을 공개할 계획이다.

03
스페인 프로스포츠 - 라리가(La Liga)

1) FC 바르셀로나(FC Barcelona)

　　스페인 라리가에 소속되어 있는 FC 바르셀로나는 구단주가 존재하지 않는 시민구단으로 운영되고 있다. 소씨오(Socio)는 회원권을 구입한 팬을 지칭하는 말로, 소씨오들은 FC 바르셀로나의 조합원이고 구단의 운영을 결정하는 총회에서 자신의 한 표를 행사할 수 있다. 주요 의사결정에 팬들이 참여하고 구단의 이익을 조합원에게 배당하는 방식이 아닌 클럽의 인프라 발전에 투자하는 형태의 지배구조는 구단의 지속가능 운영에 힘을 실어주고 있다.

　　여기에 그치지 않고 자신들과 밀접한 지역의 팬들과 상생을 도모하며 지역사회와 상생할 수 있는 다양한 프로젝트를 진행하고 있다. 대표적으로 바르샤 파운데이션을 살펴보면 바르셀로나 지역의 몸이 불편한 아이들이 바르셀로나 선수들을 직접 만날 수 있는 행사를 주최하고, 따돌림 등 아이들 사이에서 발생할 수 있는 폭력사태 및 집단따돌림 예방을 위한 캠페인을 진행하고 있으며 동시에 'More Than A Goal' 캠페인도 진행하고 있다.

　　바르셀로나에서 실시하고 있는 More Than A Goal 캠페인은 바르셀로나의 "More Than a Club"이라는 슬로건과 일맥상통한다. 이 슬로건은 바르셀로나가 단순한 축구클럽이 아니라 사회적 책임을 다하는 조직이라는 점을 강조하고 있으며, 'More Than A Goal' 캠페인은 이러한 철학을 구체적인 사회공헌활동으로 실현하는 하나의 예로 볼 수 있다. 캠페인은 다양한 프로그램과 프로젝트를 통해 실행되며, 전 세계 여러 나라에서 활발히 진행되고 있다. 구체적인 활동으로는 빈곤 지역의 아이들에게 축구교실을 제공하거나, 난민캠프에서 축구를 통해 심리적 지원을 제공하는 등의 활동들을 진행하고 있다.

환경적인 부문에서는 바르셀로나가 쓰고 있는 경기장을 이용하여 다양한 활동을 하고 있다. 캄프누 경기장은 전 세계에서도 손꼽히는 대규모 경기장이다. 세계에서 11번째로 크고 수용인원만 무려 10만 명이 넘는 대규모 경기장으로 경기장에서 나오는 쓰레기들이 엄청나지만, 이를 재활용할 수 있는 시스템을 만들어 환경을 먼저 생각했다. 또한 유엔환경프로그램(UNEP)과 파트너십을 맺어 기후변화에 대한 인식을 높이고 지속가능성을 실행하고 있다. 성적은 물론 자신들의 기반인 지

그림 13-11. FC 바르셀로나 ESG 캠페인

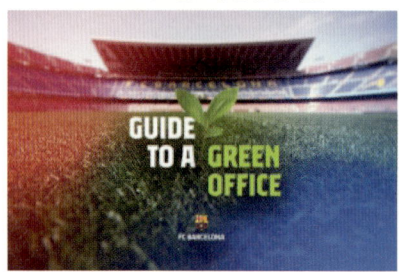

FC 바르셀로나 환경 캠페인

WASTE: 3R STRATEGY

출처: FC BARCELONA

역사회의 주민과 환경을 생각하는 활동은 ESG 경영에서도 빅클럽으로 회자된다.

2) 레알 마드리드(Real Madrid)

레알 마드리드 파운데이션(Real Madrid Foundation)의 활동은 사회적 배제나 불이익을 겪는 다양한 그룹을 지원하는 데 초점을 맞추고 있다. 특히 어린이, 청소년, 장애인, 이민자, 입원 중인 어린이, 노숙자, 가정폭력이나 테러로 영향을 받은 가족, 실직자 등을 지원하고 있다. 또한 우크라이나 난민을 위해 국제적십자사와 유엔난민기구에 100만 유로를 기부한다고 한다. 프로스포츠의 사회적 책임(CSR)과 ESG 경영의 모델이다.

레알 마드리드는 1947년 12월 개장한 산티아고 베르나베우 경기장

그림 13-12. 레알 마드리드 산티아고 베르나베우 경기장

출처: 레알 마드리드 홈페이지

을 친환경적으로 리모델링했다. 이 프로젝트에는 2조 1천억 정도가 투입되었고, 2019~2024년까지 5년가량 공사를 진행했다. 공사는 지속 가능성을 최우선으로 하여 진행했으며, 재생 가능한 스테인리스 스틸을 사용했다. 소음 및 빛 공해 감소에 신경을 썼으며, 전기 태양열 모델 설치, 물 소비량을 최소화하기 위해 빗물을 수거하여 재활용하는 등의 다양한 요소가 포함되어 있어 친환경적인 축구장으로 재탄생하기 위해 노력했다. 이러한 최신 시설의 경기장은 선수들에게 최상의 성과를 발휘할 수 있는 뛰어난 환경을 제공하며, 팬들에게는 특별한 경험을 제공한다는 장점을 가지고 있다.

04
프랑스 프로스포츠

1) 리그앙(Ligue 1)

전 세계 프로축구리그 중 가장 열정 있는 리그를 꼽으라면 프랑스를 빼놓고 생각할 수 없을 것이다. 프랑스는 전 국민이 축구를 사랑하는 열정이 매우 높으며, 이는 국가 차원에서도 명확하게 드러나고 있다. 2021년 프랑스에서 발급된 축구 선수 자격증은 190만 2,036명으로, 전체 스포츠 선수 자격증 발급자 중에서도 가장 높은 수치를 기록했다. 이는 프랑스에서 축구가 얼마나 인기 있는지를 잘 보여주는 대표적인 지표이기도 하다.

축구의 인기와 더불어 프랑스 정부는 축구를 통한 환경보호에도 관심을 가지고 다양한 정책을 시행하고 있다. 2019년 비정부기구인 풋볼 이콜로지프랑스(Football Ecologie France)를 설립하여 프랑스 축구의 탄소중립을 목표로 활동을 시작했으며 이 기구는 2023년 기준으로 회원 150명, 자원봉사자 400명, 파트너사 25개를 보유하고 있다. 또한 프랑스 내 50개 이상의 축구 구단, 관계 기관과 협력하여 축구 활동에서 발생하는 기후 문제에 대한 인식을 높이고 있다.

풋볼 이콜로지프랑스의 활동은 프랑스 축구계에서 환경보호의 중요성을 인식하고, 이를 실천에 옮기기 위한 다양한 프로그램과 캠페인을 통해 축구를 지속가능한 방향으로 이끄는 데 큰 역할을 하고 있다.

그림 13-13. Tous Eco Supporters

출처: Football Ecologie France

이러한 노력은 축구뿐만 아니라 스포츠 산업 전반에 걸쳐 환경적 지속가능성을 강조하는 국제적인 추세와도 맞닿아 있으며, 프랑스 축구가 사회적 책임을 다하는 방식 중 하나로 자리 잡고 있다. 프랑스는 다양한 분야에서 ESG를 실천하고 있다. 프랑스 프로축구팀들의 이동 방식은 환경에 상당한 영향을 미치는 중요한 요소다. 프랑스 내 프로구단 중 약 82%가 경기 및 기타 이동을 위해 전용기를 주로 사용하는 것으로 추정된다. 비행기 이용이 상대적으로 시간 효율적이긴 하지만, 탄소배출량 측면에서 큰 부담을 안기는 수단임을 시사한다.

프랑스의 축구 경기장에서 사용되는 전력은 저탄소 전기 혼합 시스템을 통해 공급되어 구단들의 탄소배출에 상대적으로 큰 영향을 미치지 않고 있다. 이는 탄소중립을 지향하는 프랑스의 에너지 정책과 연계된 결과로, 재생 가능 에너지 활용을 통해 전체적인 탄소발자국을 줄이는 데 기여하고 있다.

축구장의 잔디 관리도 탄소배출에 영향을 미친다. 살충제와 제초제 사용, 내연기관 장착 잔디깎이 사용은 추가적인 탄소배출원이며, 잔디 관리에 필요한 많은 양의 물 사용도 환경에 부담을 주는 요소다. 풋볼 이콜로지프랑스에 따르면, 프랑스에서는 매년 약 1억 m^3의 물이 축구장에 사용되며, 이는 지방 자치구 코뮌의 평균 물 소비량의 3분의 1에 해당하는 양이다. 이러한 통계는 축구장 관리가 지역 수자원에 미치는 영향을 잘 보여주며, 물 사용의 효율성 증진과 물관리 정책의 개선이 필요함을 시사하는 바다.

2) 파리 생제르맹(Paris Saint Germain)

파리 생제르맹(PSG)은 파리 지역 경제의 촉매제로서 중요한 역할을 하고 있다. 특히 주목할 만한 것은 지역 내 일자리 창출인데, 2018-2019시즌 동안 PSG는 670개의 직접 일자리(PSG 법인 중 한 곳의 급여를 받는 사람들)를 포함하여 총 2,150개의 정규직 일자리를 유지하는 데 기여했다. 여기에 클럽과 협력하는 800개 이상의 회사 네트워크를 통해 1,480개의 간접 및 유도 일자리를 추가로 창출했다.

또한 PSG는 UN의 '기후 행동을 위한 스포츠' 프로그램에 적극 참여하여 기후변화에 대한 헌신을 보여주고 있다. 기후 및 환경을 담당하는 유엔 기구인 기후변화협약(UNFCCC)의 '기후 행동을 위한 스포츠' 프로그램에 가입한 최초의 프랑스 축구클럽으로, 기후변화 대응을 위해 강력한 노력을 하고 있다. 클럽은 시설 전반에서 일회용 플라스틱 사용을 금지하고 폐기물 분리 정책을 도입했다. 파르크 데 프랭스 경기장에는 태양광 패널을 설치하여 에너지 자급자족을 목표로 하고 있으며, 경기장 내에는 협력형 채소밭과 벌통을 만들어 생물다양성을 촉진하고 있다. 이를 통해 지역 학교 어린이들에게 환경보존에 대해 교육하고 있으며, 내부 폐기물 제로 운동을 실시하고 친환경 교육센터를 설립했다.

3) 올림피크 리옹

올림피크 리옹(Olympique Lyonnais)은 프랑스 챔피언십에서 상징적인 구단으로, 자체 경기장인 '파크 올림피크 리옹(Parc Olympique Lyonnais)' 건설을 통해 경기장, 주차장, 훈련센터, 레저시설 등을 포함하는 광범위한 도시 개발 프로젝트를 진행했다. 이 프로젝트는 12만 m^3의 콘크리트 사용과 7천여 개의 주차 공간을 포함하는 매우 큰 규모의 건설로, 다양한 시설을 아우르고 있다. 콘크리트는 철과 함께 생산 과정에서 상당한 양의 이산화탄소를 배출하는 재료로 알려져 있으며, 이로 인해 올림피크 리옹의 경기장 건설은 환경에 큰 영향을 미쳤다. 구체적으로, 이 경기장 건설로 인해 발생한 이산화탄소 배출량은 약 4만 8천 톤으로 추정되며, 이는 4,800명의 프랑스인이 1년 동안 배출하는 이산화탄소양과 동일한 수준이었다. 이와 같은 상황은 축구 구단 및 관련 시설의 탄소발자국에 대한 인식을 높이고, 환경적 책임을 강조하는 중요한 예로 작용하고 있다. 올림피크 리옹의 사례를 통해 스포츠 산업이 지속가능한 건설 방식과 운영을 모색하고 탄소배출을 감소하기 위한 방안을 고려해야 할 필요성이 부각되고 있다. 이러한 문제 인식은 스포츠 구단이 환경보호를 위한 노력을 강화해야 한다는 중요한 계기가 되고 있다.

유럽의 많은 구단은 경기장 주변이나 인근 지역에 태양광 전지판을 설치하여 저탄소 전기를 자체적으로 생산하여 공급하기 위해 노력하고 있다. 특히 올림피크 리옹은 자신들의 복합단지 내에 5만 ㎡ 규모의 태양광 패널을 설치할 계획을 발표했으며, 이는 약 2,500가구의 연간 소비량에 해당하는 전력을 생산할 수 있는 규모다.

경기가 있는 날 스포츠팬들의 이동수단을 두고도 탄소중립에 악영양을 미친다는 문제가 제기되었다. 올림피크 리옹은 이러한 문제를 인식하고 대응하기 위해 리옹 근교에 위치한 6만 석 규모의 뤼미에르 경기장(Stade des Lumières)은 팬들의 이동을 편리하게 하고 환경 영향을 줄이기 위한 조치를 취했다. 경기장은 시내 중심부에서 자동차로 20분 거리에 있지만, 팬들의 편의를 증진시키고 환경에 미치는 부담을 줄이기 위해 2021년부터 새로운 트램 라인 공사에 착수했다. 새로운 트램은 경기장에 접근할 수 있는 편리성을 제공함과 동시에 접근성을 향상시켜주었고, 자동차 이용을 줄여 도심 교통 혼잡과 탄소배출 감소에 기여했으며, 경기 입장권 구매 시 대중교통 이용을 무료로 제공하는 가격 전략을 활용하고 있다. 이러한 정책의 효과로 팬들에게 개인 차량 대신 대중교통을 이용하도록 유도하고 탄소배출을 줄이는 효과적인 방법으로 자리 잡았다. 구단의 이러한 대중교통 인프라 개선은 팬들이 경기장을 더욱 지속가능하고 환경친화적인 방법으로 방문할 수 있도록 돕는 중요한 역할을 했다.

그림 13-14. 올림피크 리옹 OL 스타디움

출처: 올림피크 리옹

4) OGC 니스

축구 경기장 건설에서 건축 자재의 선택은 탄소배출량에 큰 영향을 미치는 중요한 요소다. 이를 인식한 OGC 니스(Olympique Gymnaste Club de Nice-Cote d'Azur)는 전통적인 금속 들보 대신 지속가능하게 관리되는 숲에서 채취된 목재를 사용하여 방사형 구조를 구축함으로써 환경에 미치는 부정적인 영향을 크게 줄였다. 이러한 접근은 경기장 건설 시 약 3천 톤의 이산화탄소 배출량을 감소시킬 수 있었다고 추정되며, 이는 건축 자재 선택이 경기장의 탄소발자국을 줄이는 데 얼마나 중요한지를 보여주는 사례다. 또한, 경기장의 사용률을 최대화하는 것도 중요한 전략 중 하나다. 스타드 드 프랑스(Stade de France) 국립경기장과 같이 축구 경기 외에도 다양한 행사에 사용될 수 있는 공유 사용 개념이 추진되고 있다. 이러한 접근은 경기장의 활용도를 높이고, 지속가능성을 강화하는 데 기여하고 있다.

현재 건축 추세에 따르면, 새로운 경기장을 건설하기보다 기존의 경기장을 확장하거나 개축하는 방식이 우선시되고 있다. 이는 자원의 효율적 사용과 환경적 영향을 최소화하기 위한 방법으로, 지속가능한 발전을 지향하는 현대 사회의 건축 방식과 일치한다. 이러한 경향은 장기적으로 경제적 비용을 절감하고, 건축 과정에서 발생하는 탄소배출을 줄이는 효과적인 전략으로 평가받고 있다.

그림 13-15. 알리안츠 리비에라 경기장

출처: OGC 니스

5) AS 생테티엔

　프랑스 축구 구단들은 매년 여러 세트의 새 유니폼을 출시하여 팬들의 소비를 유도하고 있다. 새 시즌의 유니폼 출시로 종종 이전 시즌의 유니폼 가치를 급격히 떨어지게 만드는 문제점이 매년 생긴다. 이 문제에 대응하기 위해 AS 생테티엔(Association Sportive Saint-Étienne Loire) 구단은 시즌이 종료된 후 재고 상품을 할인 판매하는 전략을 사용하며, 이를 통해 팬들에게 매력적인 가격으로 유니폼을 제공하고 수익금 일부를 기부하는 방식을 채택하고 있다. 더 나아가, 구단들은 상품 기획 단계에서도 지속가능성을 고려하여 혁신을 도입하고 있다.

6) FC 낭트

　FC 낭트(FC Nantes)는 국제재생표준인증(Global Recycled Standard)을 받은 재활용 폴리에스터 원단(Eco-Softlock)으로 제작된 유니폼을 선보였다. 이 유니폼은 0.5L짜리 재활용 플라스틱병 13개로 만들어졌으며, 이는 환경보호에 기여하면서도 품질을 유지한다. 또한 유니폼 재활용을 장려하기 위해 특별한 프로그램을 운영하고 있다. 팬들이 사용한 유니폼을 매장에 가져오면 10유로(약 13,500원)의 보상을 제공함으로써 제품의 수명이 다했을 때 최적의 재활용을 보장한다. 이러한 정책은 축구 유니폼의 생산 및 소비 과정에서 발생하는 환경적 영향을 최소화하고, 팬들에게도 지속가능한 소비를 장려하는 긍정적인 영향을 미치고 있다.

05 독일 프로스포츠

1) 분데스리가

독일의 프로스포츠, 특히 분데스리가(Bundesliga)는 프로스포츠를 통한 탄소배출을 지속가능한 발전의 가장 큰 도전 중 하나로 인식하고 있다. 프로스포츠 경기 관람 중에는 관중 1인당 평균 0.8kg의 쓰레기가 발생하고 있고, 프로스포츠의 총 쓰레기 배출량은 연간 약 75만 톤에

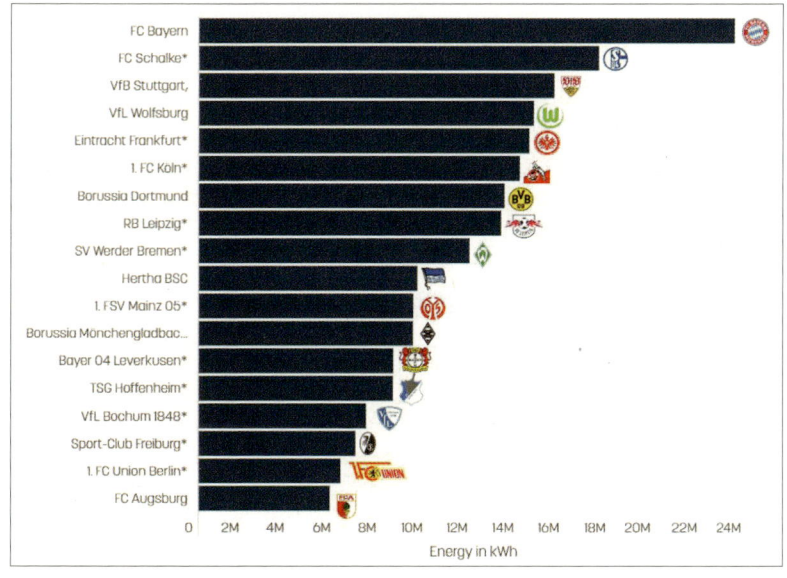

그림 13-16. 분데스리가 구단별 에너지 사용량

출처: Euractiv

달한다고 했다. 동시에 경기 관람을 위한 이동으로 인한 탄소배출이 점점 증가하고 있는 추세로 다양한 대응 방안을 고심하고 있다.

독일 외에 유럽의 다른 국가들에서도 겨울철 잔디의 난방시설 사용으로 인해 축구 구단의 전기 사용이 탄소배출의 중요한 요소로 작용하고 있다. 이는 에너지 사용량이 많아지고, 특히 비재생 에너지원에 의존할 경우 탄소배출량의 증가 원인이 되기도 한다.

이에 대응하여 독일의 프로스포츠 관련 협회, 팀, 팬클럽 등 다양한 단체들이 자발적으로 탄소배출 감소를 위한 캠페인을 우선 시행하고 있다. 이 중에서도 프로스포츠 팬클럽이 주도하는 지속가능한 프로스포츠 캠페인 '우리의 축구(Unser Fussball)'는 특히 주목받고 있으며 이 캠페인을 통해 구단과 협회, 리그가 프로축구의 지속가능한 발전을 위해 운영 방식을 재설계하여 실천하고 있다. 우리나라 축구 캠페인의 주요 활동으로는 리그와 구단의 경기당 배출되는 탄소 총량과 탄소 감축안을 공개하고, 머천다이징 상품의 제조 및 공급망 관련 정보를 투명하게 공개하며, 구단별로 환경전략을 실천하도록 요구하고 있다.

2022년 기준 총 2,668개 팬클럽의 1만 4,053명의 인원이 캠페인에 참여하고 있으며, 이러한 움직임은 독일 내에서 프로스포츠의 환경 영향을 줄이기 위한 중요한 단계로 평가받고 있다. 이러한 노력은 구단과 팬들 사이의 적극적인 참여와 협력을 통해 프로스포츠 산업의 지속가능한 발전을 도모하고 있다.

2) 보루시아 도르트문트

보루시아 도르트문트(Borussia Dortmund)는 분데스리가의 구단 중에서 최초로 유엔 글로벌 콤팩트 조약에 참여한 팀이다. 유엔 글로벌 콤팩트는 보편적인 지속가능성 원칙을 구현하고 유엔의 목표 달성을 지원하기 위해 CEO들의 약속에 기반한 자발적 이니셔티브다. 이 조약에 참여함으로써 보루시아 도르트문트는 인권, 노동, 환경, 반부패 등 유엔 글로벌 콤팩트가 명시하는 10가지 원칙과 글로벌 지속가능성 목표를 준수하고 이행할 것을 공식적으로 약속했다.

2023년 기준 전 세계적으로 2만 2,117개의 기업이 이니셔티브에 참여하고 있는 가운데 보루시아 도르트문트는 2021년 10월 조약에 서명하며 프로축구팀으로는 최초로 이 조약에 가입했다. 이는 축구 산업 내에서도 지속가능한 개발과 윤리적 경영을 추구하는 움직임이 점차 확대되고 있음을 보여주는 사례로, 이러한 행보는 다른 스포츠 팀들에게도 긍정적인 영향을 미칠 수 있는 전례가 되고 있다. 구단이 지역사회와 국제사회 내에서 사회적·환경적 책임을 다하는 데 중요한 역할을 하며, 스포츠를 통해 글로벌 지속가능성 목표에 기여하는 방법을 모색하고 있는 사례다.

3) FC 쾰른

FC 쾰른(FC Koeln)은 분데스리가 소속 구단 중 최초로 지속가능경영표준(ZNU. Standard Nachhaltiger Wirtschaften) 인증을 획득한 팀이다. 이 인증은 조직이 환경·경제·사회적 측면에서 지속가능한 경영을 달성하도록 지원하고, 지속적인 개선을 촉진하는 데 목적을 둔 통합관리 시스템을 포함한다. 추가로, FC 쾰른은 자체 플랫폼 'Lebe Nachhaltig'을 개발하여 운영하고 있다. 이 플랫폼은 구단의 지속가능한 운영을 체계화하며, 다음과 같은 다섯 가지 주요 원칙에 기반을 두고 있다.

- **탄소중립**: 구단 활동으로 인한 탄소배출을 중립화하기 위해 구체적인 조치를 실행한다.

- **모범적인 머천다이징 상품 제조 및 유통**: 환경 영향을 최소화하면서도 품질을 유지하는 머천다이징 상품을 제조하고 유통한다.

- **경기 중 쓰레기 배출 최소화**: 경기장에서의 쓰레기 배출을 줄이고, 재활용과 재사용을 최대한 촉진한다.

- **적극적인 사회활동 참여**: 지역사회와의 협력을 통해 사회적 책임 프로그램에 적극 참여하고, 지역사회의 지속가능한 발전을 지원한다.

- **지속가능성을 위한 추가 인증 절차 추진**: 구단의 지속가능한 목표를 강화하기 위해 추가 인증과 표준을 추구하며, 이를 통해 외부의 신뢰를 확보한다.

이러한 노력은 FC 쾰른을 지속가능한 스포츠 조직으로서의 위상을 강화시키고 있으며, 다른 스포츠 구단에도 긍정적인 영향을 미치는 모범사례로 작용하고 있다. 이는 구단의 장기적인 성공과 환경적 책임을 모두 실천하는 방법으로 평가된다.

4) VFL 볼프스부르크

VFL 볼프스부르크(VFL Wolfsburg)는 스포츠 포지티브 서밋(Sport Positive Summit) 기준 전 세계 스포츠 이해관계자들 중에서 환경친화적인 구단 1위로 선정되었다. 이는 볼프스부르크가 주요 ESG(환경, 사회, 지배구조) 및 지속가능성 활동을 효과적으로 수행하고 있음을 인정받은 결과다. 구단은 2011년부터 구단 소유의 모든 시설을 재생 가능 에너지로 운용하고 있었다. 이는 에너지 사용에서 지속가능한 방법을 적극적으로 채택하고 있음을 보여준다. 또한, 구단은 관계자, 자원봉사자, 팬들에게 자전거 이용, 차량 및 승차 공유, 대중교통 이용 등 환경친화적인 이동수단을 권장하고 있으며, 이는 교통수단에서 발생하는 탄소배출을 줄이기 위한 노력의 일환이다. 식품 소비 측면에서도 볼프스부르크는 경기장 내에서 다양한 채식 및 비건 식단 옵션을 제공하여 유제품 메뉴 제공 시 필요한 재료 이동을 최소화하고 있다. 이는 식품의 생산과 소비 과정에서 발생하는 환경 영향을 줄이는 데 기여하고 있다. 더욱이, 볼프스부르크는 2030년까지 2018년 대비 탄소배출을 55% 감축하기 위한 목표를 설정했고, 이를 달성하기 위해 다양한 친환경 전략을 수립했다. 구단은 이해당사자들과 협력하여 환경보호 인식을 제고하고 기후 행동에 적극적으로 참여하고 있으며, 이러한 활동들은 구단이 지역사회 및 전 세계적으로 지속가능한 스포츠 조직으로서의 역할을 강화하는 데 중요한 기여를 하고 있다는 점에서 우수한 사례로 손꼽히고 있다.

이러한 활동의 결과로 2024년 독일 지속가능성 프로젝트 상을 수상했으며 공동 이니셔티브 'From the Field to the Fan Shop'이 수상의 영예를 안았다.

그림 13-17. 환경보호를 위한 포스터

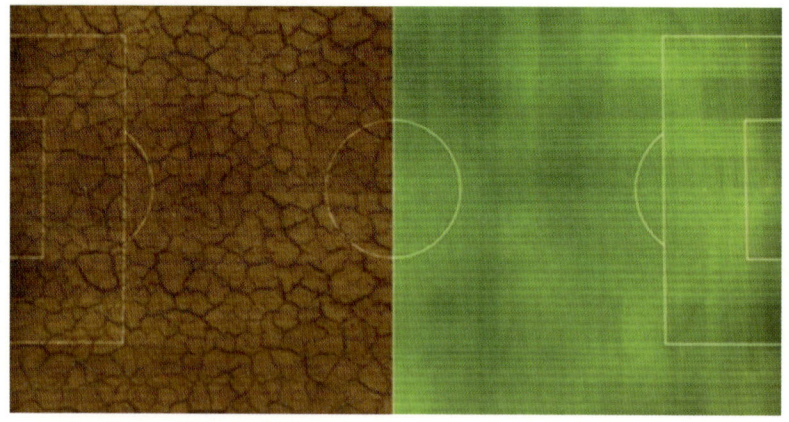

출처: VFW 볼프스부르크

5. FSV 마인츠 05

FSV 마인츠 05(FSV Mainz 05)는 2009-2010시즌부터 지속가능성과 기후 중립 목표를 달성하기 위해 '기후 지킴이(Die Klimaverteidiger)' 프로젝트를 진행하고 있다. 이 프로젝트는 경기장 운영의 지속가능성을 강화하는 다양한 활동을 포함하고 있다. 구체적으로, 구단은 경기장의 관람석 지붕에 태양광 발전 시스템을 설치하여 연간 약 70만 kWh의 에너지를 자체적으로 생산하고 있으며, 이를 통해 연간 약 470톤의 이산화탄소 배출을 감축하는 데 기여하고 있다. 이러한 시스템은 경기장이 에너지 자립을 도모하고 환경에 미치는 부정적 영향을 줄이는 중요한 역할을 한다.

또한, 다름슈타트 환경연구원(Darmstadt Öko-Institut) 같은 환경 관련 기관과 협력하여 경기, 훈련, 선수들의 이동 등 다양한 활동에서 발생하는 에너지 소비량 데이터를 정기적으로 수집하고 평가한다. 이를 통해 에너지 사용과 관련된 성능을 지속적으로 개선하기 위한 전략을 공동으로 개발하고 있다. 구단은 홈경기 시 관람객에게 대중교통을 이용하도록 권장하며, 경기 입장권을 대중교통 이용권으로도 사용할 수 있게 함으로써 대중교통 이용을 촉진하고 있다. 이 정책을 위해 구단은 연간 약 90만 유로의 예산을 투입하여 적극적인 정책을 펼치고 있다.

환경보호는 구단의 사회공헌활동에 중심적인 주제다. 구단은 어린이들을 대상으로 한 환경 교육 자료를 제공하며, 환경나침반과 어린이 친화적인 환경보호 교육자료를 포함하는 소책자를 제작하여 배포함으로써 자원 절약에 대한 구체적인 권고사항을 제공하고 있다. 이러한 활동은 구단이 지역사회와 더 넓은 사회에 대한 책임을 실천하는 방법 중 하나로 평가되고 있다.

06
이탈리아 프로스포츠

1) 세리에 A

이탈리아 프로축구 리그인 세리에 A(Serie A)는 유럽축구연맹(UEFA)과 지속가능성 전략을 강화하기 위해 협력하고 있다. 이 협력은 사회적 및 환경적 지속가능성을 촉진하기 위한 구체적인 이니셔티브를 형성하는 것을 목표로 하고 있으며, 이는 2022년 진행된 양자 간 협의를 통해 이루어졌다. 이 협의는 인권과 환경권을 포함한 11개의 주요 주제를 기반으로 진행되었다.

세리에 A는 UEFA가 발표한 '2030년 축구 지속가능성 전략'의 틀 내에서 활동하고 있으며, 유럽 축구 리그 중에서 세리에 A를 2023-2024시즌까지 명확한 지속가능성 전략을 구축해야 하는 첫 번째 리그로 선택했다. 이 전략을 통해 리그 전반에 걸친 환경적 책임과 사회적 책임을 강화하고, 경기 운영 및 관리에서 지속가능한 관행을 적극적으로 도입하고 실행하기 위한 노력을 하고 있다.

이러한 조치들은 세리에 A가 글로벌 스포츠 커뮤니티 내에서 환경보호와 사회적 책임을 우선시하는 리더로서의 역할을 강화하고, 지속가능한 미래를 위한 축구의 역할을 재정의하는 데 중요한 기여를 하고 있다. 이는 리그뿐만 아니라 소속 구단들과 팬들에게도 긍정적인 영향을 미치며, 축구 산업 전반에 걸쳐 지속가능성을 향한 중요한 변화를 촉진하고 있다.

그림 13-18. FIGC, 이탈리아 축구의 지속가능성 전략 발표

출처: 이탈리아축구연맹(FIGC)

2) 유벤투스

이탈리아의 유벤투스(Juventus FC)가 홈경기장으로 사용하는 알리안츠 스타디움은 4만 1,507명의 관중이 입장할 수 있는 축구 전용 구장으로 친환경적인 요인을 고려하여 지은 축구장이다. 당시 교토의정서의 기준을 충족시키기 위해 지속가능한 기술을 사용하여 경기장을 건설했고, 건설 당시 기존 자리에 위치한 경기장에서 철거한 콘크리트를 재활용했으며, 태양광 패널을 설치하여 전기를 생산하고 지역난방을 사용하여 난방용 온수도 생산하고 있다.

유벤투스는 2013년부터 지속가능보고서를 매년 발간하고 있으며, 여기에는 지역사회를 위한 구단의 노력과 환경적 영향을 더해 구단의

지배구조 및 의사결정 과정을 보여준다. 특히 구단의 이사회 구성과 윤리 시스템, 운영정보(전략, 협력업체 선정 과정 등)와 같이 민감한 정보까지 스포츠 지속가능보고서에 공개한다는 데 의미가 있다.

이러한 내용을 공개해야 하는 이유는 구단의 활동 성과를 효과적으로 측정 및 관리하고 이해관계자들과 함께 더 깊은 모종의 기반을 형성하고 장기적인 지속가능성 전략을 제고한다는 점에서 매우 모범적인 사례로 평가된다.

3) AC 밀란

AC 밀란(AC Milan)은 '축구 지속가능성 인식 지수 2023'에서 유럽 내에서 가장 지속가능한 10개 축구 구단 중 하나로 선정되었다. 이는 구단의 환경적·사회적 책임 활동과 관련이 있으며, 구단은 "모두를 위한 AC 밀란(AC Milan for all)"이라는 핵심 메시지를 통해 사회적 유대를 강화하고 다양한 지속가능한 관행을 적용하고 있다. 구단은 여성과 청소년 선수들의 발전을 지원하기 위한 다양한 프로그램을 운영하고 있다. 이는 국제 행사 참여 확대와 여자 청소년 선수 수 증가를 목표로 하는 활동을 포함한다. 또한, 남성 청소년 축구팀을 위해 공식 친선 경기를 주관하고 비대면 훈련 지원 시스템을 마련하여 코로나19 기간 동안 청소년 선수들의 스포츠 참여를 독려하기도 했다. 이와 더불어, 청소년 선수들을 위한 심리 교육 지원 프로그램도 진행하고 있다. 또한 경기장 안팎에서 스포츠 문화의 가치를 홍보하고 축구 교육을 지원하기 위해 밀라노 아카데미(FONDAZIONE MILAN)를 설립했다.

이 아카데미는 축구학교 모델을 구축하고, 청소년들에게 축구를 통한 교육과 성장의 기회를 제공하여 스포츠를 통한 긍정적인 사회 변화를 촉진하고 있다. 이러한 노력은 AC 밀란이 지역사회와의 연계를 강화하고, 지속가능한 발전을 위한 활동에 앞장서는 것을 목표로 하고 있다.

4) 우디네세 칼초

우디네세 칼초(Udinese Calcio)는 '축구 지속가능성 인식 지수 2023'에 따라 AC 밀란과 함께 유럽에서 가장 지속가능한 10개 축구 구단 중 하나로 선정된 이탈리아의 구단이다. 이는 우디네세 칼초가 기후변화에 대응하고 지속가능한 발전을 추구하는 노력을 인정받은 결과다. 칼초는 이탈리아에서 UN의 '기후 행동을 위한 스포츠 구단' 프로그램에 가입한 최초의 구단 중 하나로, 이 프로그램을 통해 지속가능한 스포츠 관행을 채택하고 실천하는 여러 협력 이니셔티브에 참여하고 있다. 구단은 에너지 기업 블루너지(Bluenergy)와 파트너십을 맺어 경기장에 재생 가능 에너지를 공급하고 있으며, 그 덕분에 우디네세의 홈 경기장은 유럽 최초의 탄소중립 경기장 중 하나로 변모했다. 또한, 우디네세는 유니폼 공급사 마크론(Macron)과 협력하여 재활용 플라스틱을 사용한 유니폼을 포함하여 지속가능한 소재로 만들어진 경기장 용품을 공급받고 있다. 이러한 협력은 구단이 탄소 발자국을 줄이고, 지속가능한 미래를 위한 스포츠 산업의 역할을 강화하는 데 기여하고 있다.

이와 같은 활동들은 우디네세 칼초가 스포츠 산업 내에서 지속가능성을 실천하고 증진시키는 데 중요한 역할을 하며, 다른 구단들에도 긍정적인 영향을 미치는 모범사례로 평가받고 있다.

그림 13-19. UNFCCC 스포츠 이니셔티브 합류

출처: 우디네세 칼초 홈페이지

5) 이탈리아 프로농구리그(Lega Basket Serie A)

이탈리아 프로농구리그는 실시간 대중교통 애플리케이션인 무빗(Moovit)과 파트너십을 맺고, 리그에서 주최하는 경기를 관람하러 오는 관중에게 대중교통 이용을 촉진하고 있다. 이 파트너십을 통해 관중은 무빗 앱을 활용하여 농구 경기장 주변의 버스, 지하철, 지역 열차, 전기 스쿠터, 공유 자전거, 택시 등 다양한 대중교통 옵션에 대한 정보를 쉽게 접근할 수 있게 되었다. 이는 경기 관람을 위한 접근성이 향상되고, 개인 차량 사용 줄이고 탄소배출로 인한 환경 부담을 줄이는 데 기여하고 있다.

또한, 리그는 지속가능성을 높이기 위해 폐타이어 재활용 기업인 에코프너스(Ecopneus)와도 파트너십을 맺었다. 이러한 협력을 통해 리그는 재활용 고무와 플라스틱을 활용한 농구 코트를 도입했다. 이 농구 코트는 임시로 사용이 가능하고, 이동식 경기장에도 적용 가능하다는 장점이 있으며, 고정 경기장과 동일한 품질을 제공한다는 점에서 효율적이다. 또한, 충격 흡수 및 미끄럼 방지 특성을 갖춘 바닥재는 선수들의 근육 피로를 줄이고 관절을 보호하는 데 유리한 장점을 가지고 있다. 이러한 조치들은 이탈리아 프로농구가 경기 운영 및 시설 관리에서 환경 지속가능성을 추구하고, 이를 통해 스포츠 산업의 지속가능한 발전에 기여하고자 하는 의지를 보여주는 사례다.

그림 13-20. 재활용 고무로 만든 농구 코트

출처: LBA

Environmental · Social · Governance

스포츠와
ESG
지속 가능한
가치와 미래

Part **14**

행복을 꿈꾸는 스포츠 ESG

01 스포츠, ESG 활동의 새로운 가능성을 보다
02 스포츠, 사회 변화의 선봉에 서다
03 환경오염으로 인해 다가오는 미래
04 동계 스포츠 존폐위기, 운명의 카운트다운
05 스포츠 ESG 경영 실천 이유와 효과
06 스포츠 ESG 경영의 간접적인 효과

스포츠는 우리 생활에 가장 밀접하게 들어와 있는 콘텐츠이며, 누구나 일상에서 접할 수 있다. 가장 일상적이기 때문에 다양한 부분에서 영향을 미치는데 효과적이다.

01
스포츠, ESG 활동의 새로운 가능성을 보다

사회 전반적으로 높아지는 ESG 경영에 대한 관심 속에서 스포츠 분야 또한 ESG 활동의 새로운 가능성을 제시하고 있다. 2023년 국민생활체육조사 발표에 따르면 생활체육 참여율은 62.4%로 매년 증가 추세에 있으며, 프로스포츠 관람객 또한 꾸준히 증가하고 있다. 이처럼 많은 사람이 스포츠와 밀접한 생활을 하고 있는 상황에서 스포츠를 통한 ESG 활동은 국민에게 큰 영향을 미칠 수 있다.

스포츠는 국민의 환경보호 인식을 높이는 데 효과적인 매개체 역할을 할 수 있다. 광범위한 미디어 보도를 통해 스포츠 행사를 환경보호 캠페인과 결합하거나, 선수들이 환경보호 메시지를 직접 전달하는 방식으로 대중의 환경보호 인식을 높일 수 있다. 또한 스포츠는 확장성을 통해 다양한 산업의 지속가능한 방향으로 나아갈 수 있다. 스포츠 산업 자체가 지속가능한 방향으로 발전하는 것은 물론, 스포츠를 통한 ESG 활동은 다른 산업들에도 영향을 미쳐 지속가능한 발전을 촉진할 수 있다. 동시에 스포츠는 사회적 가치 실현에 기여할 수 있다. 스포츠 구단과 기업들은 단순히 상위권 성적을 추구하는 것뿐만 아니라 사회적 약자를 위한 지원 활동, 지역사회 공헌 활동 등을 통해 사회적 가치를 실현하고 있다. 또한, 스포츠는 다양한 사람들이 참여할 기회를 제공함으로써 사회 통합과 화합에도 기여할 수 있다. 마지막으로, 스포츠는 대중의 참여를 유도하는 데 유리한 특성이 있다. 스포츠는 본연적으로 흥미롭고 재미있는 활동이기 때문에 대중의 관심을 쉽게 끌 수 있다. 이러한 특성을 활용하여 스포츠를 통한 ESG 메시지를 전달한다면 더욱 효과적인 홍보 효과를 기대할 수 있다.

이처럼 스포츠는 ESG 활동의 새로운 가능성을 제시하는 중요한 분야다. 정부, 기업, 스포츠 단체 등 다양한 이해관계자들의 협력으로 스포츠를 통한 ESG 활동을 더욱 활성화한다면, 이는 국민에게 긍정적인 영향을 미칠 뿐만 아니라 사회 전반의 지속가능한 발전에도 기여할 수 있을 것이다.

02
스포츠, 사회 변화의 선봉에 서다

미국 사회에서 농구는 누가 뭐라고 해도 아프리칸 아메리칸, 즉 흑인의 스포츠라는 인식이 매우 컸다. 이 때문에 미국 사회는 빈민가 청소년들에게 매우 친숙한 농구를 통해 비행 청소년이 늘어나는 것도 막고, 범죄율을 절감하는 방편으로 미드나잇 바스켓볼(Midnight Basketball) 프로그램을 만들었다. 주로 밤 10시부터 12시까지 마약과 범죄에 대한 예방 활동을 목적으로 만들어진 이 프로그램은 지역마다 차이는 있지만, 프로그램을 운영하는 지역의 청소년 범죄율이 평균 30%나 감소하며 그 효과를 확인했다.

그림 14-1. 미드나잇 바스켓볼

출처: MLSE Foundation

스포츠는 지금까지 우리가 살아가고 있는 사회문제에 대한 경각심을 일깨우는 데 매우 중요한 역할을 해왔으며, 지금도 그 역할을 착실하게 수행하고 있다. 특히 인권 문제가 중요한 화두가 되고 있으며, 국제올림픽위원회(IOC)와 국제축구연맹(FIFA)은 회원국 간의 분쟁이나 상업적 피해 가능성 때문에 이들이 주관하는 올림픽이나 월드컵 같은 대회에서의 정치적 의사 표현을 오랫동안 금지해왔다. 하지만 분위기는 변화하기 시작했고 인류의 보편적 가치인 인권 문제에 대한 부분에 대해 비교적 자유로운 의사 표현을 허용하기 시작했다.

스포츠는 오랫동안 사실 남성의 전유물이었지만, 지난 20년 동안에는 스포츠 양성평등에서도 큰 진전이 있었다. 이 가운데 가장 괄목할 만한 성과를 낸 국가는 네덜란드다. 네덜란드는 스포츠 양성평등뿐만 아니라 스포츠 인종평등에도 엄청난 결과물을 만들어냈다. 여성의 스포츠 참여 비율이 남성보다 오히려 높은, 사실상 세계에서 유일한 국가다. 그뿐만이 아니라 비유럽계 이주민들이 네덜란드로 많은 이민이 이루어졌는데, 이들의 스포츠 참여 비율도 기존의 네덜란드에서 살고 있는 사람들의 스포츠 참여 비율과 거의 차이가 없을 정도로 스포츠클럽 정책이 잘 운용되고 있는 대표적인 국가이기도 하다. 하지만 다양한 정책을 잘 펼치고 있는 국가에서도 환경에 대한 위기감이 감돌고 있다.

03
환경오염으로 인해 다가오는 미래

네덜란드 북부 프리슬란트주의 강과 운하를 통해 11개의 도시를 일주하는 스피드스케이팅 대회인 엘프스테덴토흐트(Elfstedentocht) 대회는 18세기부터 시작된 북부 네덜란드의 전통적인 행사다. 200km 넘게 스케이트를 타고 질주해야 하는 이 빙상 마라톤 대회는 관광객과 대회 참여자들로 이 지역 경제 활력을 유지하는 데 매우 큰 역할을 해왔다. 하지만 1998년부터 지금까지 역사 속으로 사라졌다. 그 이유는 지구온난화 현상으로 얼음이 제대로 얼지 않아서인데, 안전 문제 때문에

그림 14-2. 엘프스테덴토흐트 대회

출처: 일간스포츠

열릴 수 없는 상황이다. 네덜란드의 대표적인 겨울철 지역 축제였던 엘프스테덴토흐트는 그렇게 중단되었으며, 네덜란드 스포츠계는 이러한 현상으로 인해 지구온난화 문제에 대해 더욱 큰 관심을 가지게 되었다.

04
동계 스포츠 존폐위기, 운명의 카운트다운

알프스 스키 리조트에서 발생하고 있는 문제는 지구온난화와 스포츠가 얼마나 직결되어 있는 심각한 문제인지 잘 보여주는 대표적인 사례다. 캐나다 토론토대학 연구팀이 발표한 논문에 따르면 대한민국 평창과 베이징을 포함한 역대 동계올림픽 개최지 21곳 가운데 유일하게 일본 삿포로 한 곳만이 오는 2080년에도 야외 동계 스포츠 경기를 개최할 수 있을 것으로 분석했다.

그림 14-3. 역대 동계올림픽 개최지의 2080년 재개최 가능 여부

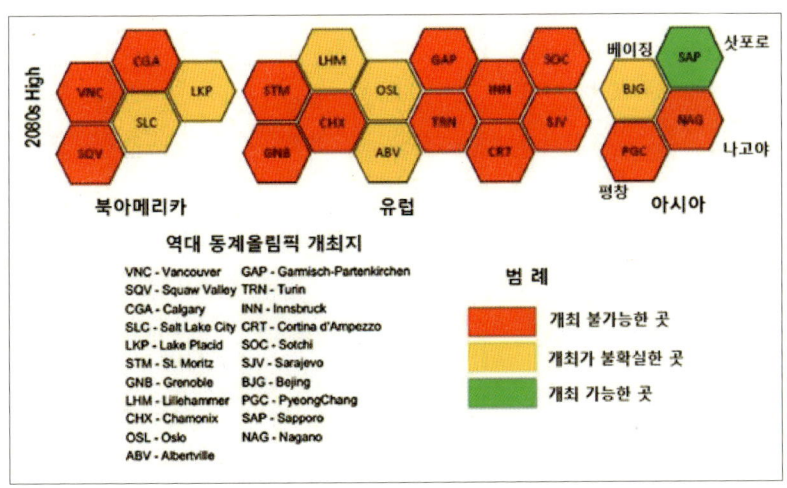

출처: Current Issues in Tourism, 2022

앞선 사례에서 보듯이 스포츠는 오랫동안 사회 현상을 고스란히 담아내고 그 문제를 해소하는 플랫폼 역할을 충실히 해왔다. 어쩌면 지금 인류가 불평등·불공정과 기후위기를 헤쳐나가야 하는 매우 중대한 시점에 스포츠가 새롭게 도전해야 할 부분 가운데 ESG의 중요성이 더욱 커지는 이유도 아마 여기에 있을 것이다. 앞으로 스포츠 경기를 보면서, 또는 스포츠를 즐기면서 ESG와 스포츠가 어떻게 관련을 맺고 있는지 알아보는 것도 스포츠를 조금 더 재미있고 깊게 파악할 수 있는, 그리고 즐길 방법이 되지 않을까 생각한다.

05
스포츠 ESG 경영 실천 이유와 효과

스포츠 산업이 ESG(환경, 사회, 지배구조) 경영을 실천하는 이유는 다양하다. 첫 번째로, 사회적 영향력 때문이다. 스포츠는 강력한 사회적 플랫폼으로, 많은 사람에게 영향을 미침과 동시에 스포츠 기업이 사회적 책임을 다하고 사회적 가치를 실현하는 것은 매우 중요한 일이다. 스포츠 행사를 개최하며 사회문제에 대한 인식을 높이고, 다양성과 포용성을 증진시키는 활동으로 사회에 긍정적인 영향을 미칠 수 있으며, 선수 복지, 정신건강, 동등한 임금, 여성 스포츠 발전, 인종차별 반대 등의 이슈를 해결할 수 있다. 스포츠 조직은 이러한 문제를 해결함으로써 지역사회의 지지를 얻고, 더 큰 팬층을 확보하며, 사회적으로 선한 영향력을 끼칠 수 있다.

두 번째로, 환경보호를 실천할 수 있다. 스포츠 산업은 자연환경을 많이 이용하고 많은 에너지와 자원을 소비한다. 따라서 스포츠 기업이 환경친화적인 운영 및 행사를 실천하여 환경보호에 기여하는 것은 매우 중요한데, 이를 통해 에너지 효율성을 높이고, 재활용을 촉진하며, 탄소배출을 줄이는 활동으로 이어갈 수 있으며 지속가능한 환경을 유지할 수 있다. 한 가지 사례로 2022년 베이징 동계올림픽은 전적으로 인공 눈을 사용했는데, 그로 인해 4,900만 갤런 이상의 물을 사용해야 했으며 이러한 자원 낭비는 심각한 환경적 문제를 초래했다. 이를 해결하기 위해 UN은 스포츠 산업에 ESG 경영을 도입하고 환경보호를 촉진하는 스포츠 기후 행동 프레임워크를 개발했다. 이처럼 스포츠와 환경은 밀접한 관계를 맺고 있다.

그림 14-4. UN 스포츠 기후 행동 프레임워크

출처: Sports for Climate Action_UNFCCC

세 번째로, 지배구조 개선이 필요하다. 스포츠 산업에서는 지배구조의 투명성과 책임성이 중요하다. 부패나 부정행위, 인권 침해 등의 문제를 방지하고 공정한 경쟁과 규칙 준수를 촉진하기 위해 지배구조를 개선하는 것이 중요하며 이를 통해 기업의 신뢰도를 높이고, 사회적 평가를 향상시킬 수 있다. FIFA는 2015년 부패 스캔들로 큰 타격을 받았으며, 이는 스포츠 조직의 투명성과 윤리적 운영이 얼마나 중요한지 보여주는 사례다.

네 번째로, 스포츠 마케팅의 효과를 들 수 있다. ESG를 실천하는 스포츠 기업은 이를 마케팅 전략의 일부로 활용할 수 있다. 사회적 책임을 다하는 기업이미지는 소비자에게 긍정적인 인상을 주고, 브랜드가치를 향상시킬 수 있으며, ESG를 실천하는 스포츠 기업은 이를 통해 새로운 시장과 고객층을 유치할 수 있다. '세계에서 가장 친환경적인 축구클럽'으로 알려진 포레스트 그린 로버스 FC(Forest Green Rovers FC)는 UN으로부터 탄소중립 인증을 받은 첫 번째 클럽으로, 환경친화적인 전략을 통해 스폰서십과 상업적 수익을 크게 증가시킨 사례는 ESG 경영이 주는 긍정적인 영향을 이야기할 수 있다.

마지막으로, 각국의 정부와 국제기구들은 점점 더 엄격한 환경 및 사회적 규제를 도입하고 있다. ESG 경영을 실천함으로써 이러한 규제를 준수할 수 있으며, 법적 리스크를 줄일 수 있다. 이는 조직이 법적 문제에 휘말리지 않고 안정적으로 운영될 수 있도록 도와준다.

표 14-1. 글로벌 스포츠와 환경 이니셔티브 현황

구분	UN 스포츠 기후 행동 협정	자연을 위한 스포츠 협정
시행연도	2020년	2022년
주관	UNFCCC(UN 기후변화협약) 주관	IUCN(국제자연보전연맹)
협정 목적	UN 파리 기후변화협정(2015년) 이행을 위한 스포츠 분야 기후 행동 동참 필요성 제기	스포츠 조직 간 협력으로 스포츠를 통한 혁신적이고 자연친화적인 행동 확산
주요 활동	협정 서명기관 모집, 다섯 가지 행동강령 홍보	네 가지 원칙 홍보, 협정 서명기관 관리
참여기관	총 254개 기관(IOC, FIFA, BBC Sport, 파리 2024 조직위, K리그 등)	총 58개 기관(IOC, ANOC, 세계태권도연맹, 파리 2024 조직위, We Play Green 등)

결론적으로, 스포츠 산업이 ESG 경영을 실천하는 것은 도덕적·윤리적 이유뿐만 아니라 장기적인 지속가능성과 경제적 성공을 위한 전략적 선택이다. 이는 환경보호, 사회적 책임, 투명한 지배구조를 통해 조직의 이미지를 개선하고 경제적 이익을 증대시키는 데 중요한 역할을 한다.

06 스포츠 ESG 경영의 간접적인 효과

스포츠 산업에서 ESG 경영을 실천하면 간접적인 효과를 볼 수 있으며, 그 효과로는 정신적·교육적·경제적 효과를 들 수 있다. 우선, 정신적인 효과를 보면 스포츠는 개인의 신체적 건강뿐만 아니라 정신적 건강에도 긍정적인 영향을 미친다. 스포츠 활동을 통해 자신감이 향상되고 스트레스를 해소하며, 사회적 연대감을 형성하고 친목을 도모할 수 있다. 따라서 스포츠 산업이 ESG를 실천하고 사회적 가치를 실현함으로써 개인들의 삶에 긍정적인 영향을 줄 수 있다.

다음으로, 교육적인 효과를 볼 수 있다. 스포츠는 리더십, 협력, 팀워크, 승리와 패배에 대한 이해 등을 학습할 수 있는 교육적 경험을 제공한다. 특히 청소년과 어린이들에게 스포츠를 통한 교육적인 경험을 제공함으로써 이러한 덕목을 학습하게 한다. ESG를 실천하는 스포츠 산업은 이러한 교육적 목적을 지원하고 촉진할 수 있다.

마지막으로, 경제적인 효과가 있다. 스포츠 산업이 지역사회에서 발전하고 성장함에 따라 경제적인 효과도 높아질 수 있다. 스포츠 이벤트나 시설이 지역 경제에 활기를 불어넣고, 일자리 창출과 관광 산업 발전을 촉진할 수 있다. 스포츠 산업이 지속가능한 경영을 추구하고 지역사회와의 파트너십을 형성함으로써 지역사회의 경제적 발전을 지원할 수 있다. 실제로 국민체육진흥공단은 스포츠시설의 에너지 효율성을 높이기 위해 전국 65개 국민체육센터에 710억 원을 투입해 제로에너지 친환경 시설을 조성했다. 현재 조성 중인 올림픽 스포츠 콤플렉스, KSPO 스포츠 가치센터 등 신규체육시설에도 50억 원을 투입해 지열·태양광 발전시설 등 에너지 자립형 그린 인프라를 구축하고 있다.

그림 14-5. 국민체육진흥공단 스포츠 가치센터

출처: 국민체육진흥공단

결론적으로, ESG를 통해 스포츠 산업은 사회적·교육적·경제적 측면에서 간접적인 효과를 가져올 수 있으며, 이는 지속가능한 발전과 사회적 가치 창출에 기여할 수 있다. ESG 실천은 스포츠를 경험하는 관중에게 긍정적인 영향을 미치며, 관중의 만족도와 애착도를 높여 스포츠의 다양한 긍정적인 효과를 증대시킬 수 있다. 애착도가 높아지면 스포츠에 대한 충성도가 강화되고, 스포츠 산업의 발전에 기여할 수 있다. 이러한 이유들로 인해 스포츠 산업에서의 ESG 경영 실천은 매우 중요하다.

Environmental · Social · Governance

Part 15

ESG와 함께하는
미래 스포츠 세상

01 스포츠 ESG의 부정적인 부분
02 ESG가 스포츠에 미칠 영향 예측

우리나라의 경우도 ESG 관련 체제가 정비되고 있다. 한국 실정에 맞춘 ESG 공시 기준을 제정해 2026년부터 시행할 계획으로 국제적인 흐름에 부합하는 조치를 취하고 있다. 탄소배출권 위탁매매업과 선물 도입으로 배출권 관련 펀드, 채권, 구조화 상품의 출시가 기대되며, 지속가능연계채권(SLB) 도입으로 기업의 ESG 채권시장 접근성이 확대될 것으로 보인다. 국내 ESG 생태계를 고도화하려는 정부와 민간의 노력이 지속적으로 진행되면 향후 더욱 체계적인 ESG 투자 확대가 이뤄질 것으로 기대된다.

01
스포츠 ESG의 부정적인 부분

스포츠 ESG 경영은 점차 확산하고 있지만, 그에 따른 문제점도 나타나고 있다. 스포츠시설 건설 및 유지 관리, 운동기구 생산, 유니폼 제작 등에 많은 자원이 사용된다. 특히, 수영장, 스키 리조트 등 대규모 시설은 막대한 양의 자원을 소모하고 환경오염을 유발할 수 있다. 여기에 티켓, 음식 포장재, 플라스틱 용기 등 경기 및 이벤트에서 발생하는 폐기물은 환경오염의 주요 원인이 되며 일회용 플라스틱 사용량은 점차 늘어나고 재활용 시스템이 미흡한 경우 심각한 문제에 다다를 수 있다. 스포츠 현장에서도 이러한 부분에서 고민이 많다. 환경을 우선적으로 생각하고 해결해야 하는 것은 모두가 인지하고 있는 사실이지만, 그에 따른 비용 증가는 당장 해결해야 할 당면과제다.

스포츠팬들의 ESG 인식에 대한 캠페인도 지속적으로 실시되어야 한다. ESG 하면 그 의미를 알고 있는 사람보다 모르는 사람이 대부분이다. 다양한 스포츠 환경에서 ESG 활동은 필수적인 요소로 이야기되고 있지만, 정작 그것을 바라보는 소비자는 모르고 있다. 스포츠 현장에서 ESG 경영의 본래 취지를 이해하고 이를 팬들이 먼저 나서서 동참한다면 현장에서의 ESG 활동은 한 걸음 더 나아갈 수 있을 것이다.

02
ESG가 스포츠에
미칠 영향 예측

　　스포츠 산업은 지속가능한 경기장과 시설을 구축하는 데 더 많은 투자를 할 것으로 예상된다. 친환경 재료를 사용하고, 탄소배출을 줄이는 등의 노력을 통해 지속가능한 경기장과 시설을 조성하게 될 것이다. 이것은 비용이 많이 들고 적게 들고를 떠나 기후위기에 따른 현상으로 인해 사회적인 합의가 이루어질 것이다. 우리가 마주한 환경문제는 이제는 비용을 많이 들이더라도 반드시 해결해야 하는 필수적인 부분이기 때문이다. 여기에 더 발전하여 친환경 경기장과 시설이 더욱 혁신적

그림 15-1. AI가 생각하는 미래 스포츠 경기장

인 방향으로 발전할 것이며 태양광 및 풍력발전소를 활용하여 자체 에너지를 생산하는 스마트 경기장, 재활용된 자재로 건설된 친환경 시설, 수도권 대중교통 네트워크와의 연계를 강화한 스포츠시설 등이 등장할 것이다.

인공지능 AI와 빅데이터 기술이 더욱 발전하여 지능형 스포츠 이벤트가 등장할 것이고, 이를 통해 경기장 내부 및 외부에서의 에너지 사용량과 탄소배출량을 실시간으로 모니터링하여 최적화된 운영 방안을 제공하는 시스템이 구축될 것이다. 탄소중립을 실현하고, 재활용 및 자원 절약을 촉진하는 등의 노력을 통해 친환경적인 운영을 실현하게 될 것이다.

사회적 참여와 다양성을 더욱 증진할 것으로 예상된다. 여러 사회적 이슈에 대한 인식을 높이고, 소외된 지역과 계층에 대한 지원을 강화하여 사회적으로 더욱 포용적인 환경을 조성할 것이다. 스포츠팬과 이해관계자들의 참여가 더욱 강화될 것이며, 환경보호와 지속가능한 발전에 관한 관심과 요구가 높아짐에 따라 팬들은 스포츠 구단 및 리그가 ESG 경영에 적극적으로 참여할 것을 요구할 것이다.

ESG 경영이 모든 구단 운영의 기본 틀이 될 것이며, 팬들은 이러한 현상을 지켜보고 있을 것이다. 투명한 지배구조와 윤리적 경영이 더욱 강화될 것이며, 부패 방지와 금융적 투명성을 향상시키고 이해관계자들의 신뢰를 얻기 위한 노력을 진행할 것이다. ESG 경영을 실현하기 위해 다양한 산업 간의 협업과 파트너십이 더욱 확대될 것으로 예상된다. 정부와 기업, 비정부 기관, 시민단체 등이 함께 협력하여 지속가능한 스포츠 산업을 구현할 것이다. 탄소중립을 실현하고 지속가능한 경영을 강화하는 데 중점을 둔 새로운 비즈니스 모델이 등장할 것이며 탄소 오프셋 프로그램, 친환경 제품 및 서비스 제공, 환경보호를 위한 기부 및 투자 등이 새로운 수익 모델의 중요한 부분이 될 것이다. 마지막으로 스포츠 경기 일정이 지속가능한 방식으로 조정될 것이다. 장거리 이동을 최소화하고, 지역 경기 일정을 우선시하여 탄소배출을 줄이는 노력이 강화될 것이다. 또한, 전기자동차 및 대중교통을 활용한 이동이 촉진될 것이다. 이러한 변화들은 스포츠 산업이 더욱 지속가능하고 사회적으로 책임 있는 방향으로 발전할 수 있도록 도와줄 것으로 기대된다. 이러한 변화들로 인해 스포츠 산업이 미래지향적이고 더욱 지속가능하며 혁신적인 방향으로 발전할 수 있을 것이다.

ESG 주요 단어

이 책에서 사용된 ESG의 주요 핵심 용어들을 보며 각 용어의 의미를 알아보도록 하겠다.

1. 모건스탠리(MSCI: Morgan Stanley Capital International)

- MSCI는 1999년부터 ESG 평가를 제공해온 선구자다. 초기 ESG 분야를 개척한 리스크메트릭스(RiskMetrics), 이노베스트(Innovest), KLD 등을 인수합병해서 2011년부터 ESG 리서치를 독자적으로 제공하고 있다. 2019년에는 기후변화 이슈에 대응하기 위해 관련 애널리틱스 기업 카본델타(Carbon Delta)를 인수하기도 했다.

2. 스탠더드앤드푸어스(S&P)

- 미국의 금융정보업체 스탠더드앤드푸어스 다우존스(S&P Dow Jones)는 스위스 지속가능경영 평가사인 로베코샘(RobecoSAM)과 1999년부터 다우존스 지속가능경영지수(DJSI, DowJones Sustainability Indices)를 개발해 매년 평가결과를 발표한다. 전 세계 상위기업을 대상으로 기업의 경제적 성과, 환경 및 사회 성과 등을 종합적으로 고려해 기업경영의 지속가능성을 분석한다.

3. FTSE Russell

- 2001년 ESG 평가를 바탕으로 한 지수인 'FTSE4Good'을 론칭했다. 이 지수는 DJSI의 S&P500 ESG 지수, MSCI의 ESG Leaders 지수와 함께 3대 ESG 지수로 꼽히며, 유럽 시장을 대표하는 지수로 분류된다.

4. 블룸버그(Bloomberg)

- 블룸버그는 2008년 9월 CDP와의 제휴를 통해 블룸버그 터미널(단말기)에서 기업의 탄소발자국, 에너지 사용량 등을 조회하도록 했으며 2009년 7월 ESG 데이터 서비스를 론칭했다. 블룸버그의 ESG 데이터는 102개국 1만 1,700개 이상의 기업에서 공개한 정보를 수집해 검증한 후 블룸버그 터미널에 공개된다.

5. CDP(Carbon Disclosure Project, 탄소정보공개프로젝트)

- 2000년 영국에서 설립된 국제 비영리기구로, 전 세계 9,600여 개 기업의 기후변화 대응 등 환경경영 관련 정보공개를 요구해 공시정보를 분석하여 투자자 및 금융기관에 제공한다. 매년 발표되는 CDP 평가 결과는 전 세계 금융기관의 ESG 투자 의사결정을 위한 정보원으로 활용되고 있다.

6. 유엔책임투자원칙(UN PRI United Nations Principles of Responsible Investment)

- 2006년 유엔 사무총장이던 코피 아난(Kofi Annan)이 주도해 창설된 UN PRI는 전 세계 기관 투자가들의 책임투자 흐름을 이끌고 있는 가장 큰 이니셔티브다. 유엔책임투자원칙에 가입·서명한 기관은 2021년 1월 기준 3,615 곳이다.

7. 기후 행동 100+(Climate Action 100+)

- 파리기후변화협약 달성을 위해 2017년 결성된 글로벌 투자자들의 이니셔티브로 블랙록(Black Rock), 캘리포니아공무원연금(CalPers) 등 545개 이상의 투자자들이 협력하기로 서명했다. CA100+의 투자자들은 기업들이 기후변화에 대한 지배구조를 개선하고, 온실가스 배출량을 억제하며, 기후 관련 금융공시를 강화할 것을 요구하고 지속적으로 모니터링한다.

8. RE100

- RE100은 '재생 에너지(Renewable Electricity) 100%'의 약자로, 기업이 사용하는 전력량의 100%를 2050년까지 풍력·태양광 등 재생 에너지 전력으로 충당하겠다는 목표를 내건 국제 캠페인이다. 2014년 영국 런던의 다국적 비영리기구 '더 클라이밋 그룹'에서 발촉되었다.

참고자료

1. 스포츠와 ESG

- KRX ESG 홈페이지
- ESG 경영관리 플랫폼
- 산업통산자원부 지속가능경영지원센터
- 파이낸셜리뷰(2023), [역사속 경제리뷰] "전두환의 3S 정책"

2. ESG의 탄생 그 시작에 대해

- Blackrock.com
- 매일경제(2021), "이것이 ESG다"
- ESG 경영관리 플랫폼
- ESG경제(2024), "래리 핑크, 2024 연례 서한 키워드는 '에너지 전환, 은퇴 설계, 청년 미래'"

3. 스포츠 산업 CSR에서 ESG까지

- 정보통신신문(2024), "ESG, 지속가능경영의 이해"
- 김상용(2023), "ESG vs. CSR 어떤 차이가 있을까"
- 조신(2021), 『넥스트자본주의 ESG』, 사회평론출판사.

4. 누구나 이야기하는 ESG, 진짜 좋은가

- 조선비즈(2017), "'매출 7700억원' 美 3대 아웃도어 매출 1%는 환경보호에 기부"
- 매일경제(2021), "이것이 ESG다"

5. 스포츠는 왜 ESG인가?

- MLSE Foundation 홈페이지
- 일간스포츠(2018), "Elfstedentocht 대회에 대하여"

- 문화일보(2022), "온실가스 배출 급증으로 2080년 이후 동계올림픽 개최지 중 삿포로만 가능"

6. 스포츠 산업의 변화, ESG로부터
- 스포츠 비즈니스 3.0(수업자료 발췌)
- 한스경제(2023), "'한 지붕 두 가족' 야구장과 쓰레기, 어떻게 공생할까"

7. 뒷북치는 스포츠 ESG, 이대로는 안 된다
- 경향신문(2023), "관중 700만 앞둔 프로야구, 넘쳐나는 야구장 쓰레기엔 무책임·무대책"
- 중앙일보(2022), "1억명 마실 물로 만든 '인공 눈' NASA 위성이 포착한 올림픽"
- 뉴스프리존(2024), "K리그, '탄소중립' 한다더니 속빈 강정"

8. 스포츠 현장의 탄소중립
- 경향신문(2023), "관중 700만 앞둔 프로야구, 넘쳐나는 야구장 쓰레기엔 무책임·무대책"
- 서울대학교(2024), 「2022 ESG 보고서」
- 한스경제(2021), "스포츠 분야도 이제는 '탄소중립' 실천해야 한다"

9. 상생의 키워드 스포츠 ESG

10. 국내 스포츠 ESG
- 소비자평가(2022), "'프로야구 1위' 구단 SSG, 'ESG 경영도 1위' 등극하나?"
- 스포츠조선(2022), "프로야구도 ESG 경영, 야구 잘하는 KT 위즈, 일회용컵 없애기 등 다양한 시도"
- 스포츠조선(2023), "'생활밀착형' K리그 환경 지키기는 일회성 이벤트가 아니다"
- 이노토믹데일리(2023), "프로야구장 비닐 막대풍선 사라진다. 스포츠 업계 ESG 활동에 '힘'"

- 조선일보(2023), "'생활밀착형' K리그 환경 지키기는 일회성 이벤트가 아니다"
- 국민체육진흥공단(2024), "환경보호와 일자리 창출을 동시에? 서울올림픽기념 국민체육진흥공단의 ESG 이야기"
- 이뉴스투데이(2023), "휠라 지속가능경영"
- 신세계그룹(2023), "SSG랜더스, '함께 으쓱 프로젝트'로 구단의 스포츠 ESG 통합 운영"
- 한스경제(2023), "프로농구 DB, 유니폼 재활용해 지갑·에코백 제작. 스포츠 ESG 활동 눈길"
- 이지경제(2018), "대한항공 점보스 배구단, '사랑의 빨간 밥차' 무료급식 봉사활동"
- 한스경제(2021), "배구 신생팀 창단 페퍼저축은행, ESG 경영은 '베테랑'"
- 한스경제(2023), "블랙야크 강태선 회장, ESG 아웃도어 NO.1 그룹으로 이끈다"
- 한스경제(2023), "스포츠산업에 불붙은 ESG 선의의 경쟁"
- 이미디어(2020), "아디다스, 재생 가능한 플라스틱을 향한 변화"
- 연합뉴스(2021), "대한체육회 등 체육계 공공기관, ESG 경영 실천 업무협약"
- 서울스포츠(2023), "친환경을 실천하는 스포츠 기업들"
- 서울스포츠(2023), "스포츠에 스며든 ESG 경영"
- 무예신문(2024), "아마추어 선수 육성에 진심인 SK텔레콤, 스포츠 ESG 지속 실천"

11. 해외 스포츠 ESG

- 한국스포츠정책과학원(2022), 이슈페이퍼
- H. David Goldblatt(2020), Playing Against the Clock: Global Sport, the Climate Emergency and the Case for Rapid Change.
- FC BARCELONA, Guide to a green office
- 토트넘의 탄소배출 줄이기 위한 활동, 토트넘 홈페이지
- NBA 홈페이지, NBA 케어 프로그램
- GO Green 캠페인, 필라델피아 이글스 홈페이지
- Ecotextile(2021), Adidas to launch fungi-based vegan shoe.
- 스포츠 피플 타임즈(2023), "ESG 경영 - 스포츠 산업의 실천사례"

12. 스포츠에서 ESG, 어떤 것이 먼저

- 전국경제인연합회(2021), 홈페이지 자료 참고

13. 앞서가는 ESG, 스포츠의 대응

- 한국프로축구연맹, 스포츠 기후 행동 협정 참여.
- UN 홈페이지, UN 스포츠 기후 행동 5원칙.
- 한국스포츠정책과학원(2022), 이슈페이퍼
- 한스경제(2021), "KBO, 야구 통한 사회공헌 사업 '활발'"

14. 메가스포츠 이벤트 ESG

- ESG경제(2023), "2030 월드컵 개최국 늘린 FIFA, 환경 피해 논란 진화에 진땀"
- FIFA 홈페이지
- FIFA World Cup Qatar 2022 Sustainability strategy report
- FIFA의 지속가능한 운영전략, 국민체육진흥공단
- ESG경제(2024), "파리가 올림픽을 통해 남기고 싶어하는 것"
- 그린캠퍼스(2024), "침체된 국제올림픽위원회(IOC) 구원 투수: 올림픽 ESG 파트너 딜로이트"
- 디자인플러스(2024), "2024 파리 올림픽의 모든 것"

15. 스포츠 ESG를 위한 비재무적 경영 평가지표

- Sustainable Sport Index(2021), 2021 Benchmarking Report.
- BBC Sport 홈페이지
- 2023 Sustainable Sport Index Report
- Green Sports Alliance 홈페이지
- IOC 2020 올림픽 폐막보고서

스포츠와 ESG의 연관성

스포츠는 단순한 경기 이상의 의미를 지닌다. 선수들의 땀과 열정, 그리고 승부를 넘어 스포츠는 사회와 환경에 깊은 영향을 미치는 강력한 플랫폼이다. 이러한 맥락에서 ESG(환경, 사회, 지배구조) 원칙이 스포츠와 결합되는 것은 필연적이며, 이는 더 나은 세상을 만드는 데 중요한 역할을 할 것이다.

환경과 스포츠

전 세계 다양한 국가에서 펼쳐지는 스포츠 이벤트는 종종 대규모 인프라와 자원을 필요로 하며, 이는 환경에 큰 영향을 미칠 수 있다. 친환경 경기장 건설, 에너지 효율적인 시설 운영, 재활용 프로그램 도입 등은 스포츠가 환경보호에 기여할 수 있는 구체적인 방법이다. 미국의 여러 프로스포츠 구단은 탄소발자국을 줄이기 위해 친환경 에너지 사용을 늘리고 있으며, 팬들과 지역사회에 긍정적인 메시지를 전달하고 있다.

사회적 책임과 스포츠

스포츠는 사회적 책임을 수행하는 데 중요한 역할을 한다. 지역사회와의 관계를 강화하고, 다양한 사회공헌활동을 통해 사회적 통합을 도모하고 있다. 청소년 스포츠 프로그램 지원, 지역사회 봉사활동, 소외계층 지원 등은 스포츠 구단이 지역사회와 함께 성장할 수 있는 중요한 요소다. 영국의 여러 축구 클럽들이 지역 청소년들에게 교육과 운동 기회를 제공하여 건강하고 긍정적인 삶을 살 수 있도록 돕고 있는 사례는 스포츠 ESG의 중요성에 대해 다시 한번 되짚어보는 계기가 된다.

지배구조와 스포츠

투명한 운영과 윤리적 경영은 스포츠 조직의 신뢰성을 높이는 데 필수다. 이는 팬들과 투자자들로부터 신뢰를 얻는 데 중요한 요소이며, 장기적인 성공을 위한 기반이 된다. 스포츠 구단의 지배구조 개선 사례는 이러한 점을 잘 보여주고 있다. 일부 프로스포츠 구단들은 독립적인 감사위원회를 구성하고, 경영 투명성을 높이기 위한 다양한 조치를 취하고 있으며, 투명한 경영을 하기 위한 노력을 지속하고 있다.

스포츠 ESG의 시너지 효과

스포츠와 ESG의 결합은 단순히 윤리적 선택이 아니라, 전략적으로 꼭 필요한 필수사항이다. 스포츠 구단과 관련 공공기관이 ESG 원칙을 도입하고 실천함으로써 얻을 수 있는 혜택은 무궁무진하며, 이는 조직의 이미지 제고, 팬들과의 관계 강화, 장기적인 재정 안정성 등으로 이어질 수 있다. 더 나아가 이러한 노력이 지역사회와 환경에 긍정적인 영향을 미친다면, 이는 스포츠의 진정한 가치를 실현하는 길이 될 것이다.

이 책은 이러한 연관성을 바탕으로, 스포츠와 ESG의 구체적인 적용 사례와 효과를 심도 있게 탐구하고자 한다. 이를 통해 독자들은 스포츠가 어떻게 더 나은 세상을 만드는 데 기여할 수 있는지 새로운 시각을 가지게 될 것이며, 이 책에서의 다양한 사례와 연구를 통해 스포츠 ESG의 상호작용을 자세히 알아보도록 하겠다.

목적과 기대 효과

스포츠 ESG의 목적

이 책의 주요 목적은 스포츠 분야에서 ESG(환경, 사회, 지배구조) 원칙을 어떻게 효과적으로 도입하고 실천할 수 있는지에 대한 종합적인 지침을 제공하는 것이다. 구체적으로는 다음과 같은 목적을 가지고 있다.

ESG 원칙의 이해 증진

독자들이 ESG 원칙이 무엇이며, 왜 중요한지를 이해할 수 있도록 도울 것이다. 이를 위해 ESG의 각 요소인 환경, 사회, 지배구조에 대한 자세한 설명과 스포츠 분야에 대한 적용 방안을 다루고 있다.

프로스포츠 구단과 공공기관의 사례 분석

다양한 프로스포츠 구단과 스포츠 관련 공공기관이 어떻게 ESG 원칙을 실천하고 있는지에 대한 사례를 제공하고 있다. 성공적인 사례뿐만 아니라 실패와 교훈도 함께 다루어 현실적인 시각을 제시하고 있다.

ESG 실천 방안 제시

스포츠 조직이 ESG 원칙을 효과적으로 실천할 수 있는 구체적인 전략과 방법론을 제시한다. 이를 통해 독자들이 실제로 적용할 수 있는 실천적 지침을 제공하고 있다.

미래 전망과 도전과제

스포츠 분야에서 ESG의 미래 전망과 함께 예상되는 도전 과제들을 분석한다. 이를 통해 장기적인 전략 수립에 도움을 줄 수 있을 것이며, 스포츠가 나아가야 할 방향성에 대해 생각해보는 계기를 마련했다.

스포츠 ESG의 기대 효과

스포츠 ESG에 대한 깊은 이해

독자들은 ESG 원칙의 중요성과 이를 스포츠 분야에 적용하는 방법을 깊이 있게 이해하게 될 것이다. 이는 스포츠 조직뿐만 아니라 개인에게도 지속가능한 경영과 사회적 책임의 중요성에 대해 제시하고 있다.

구체적인 실천 지침

이 책은 구체적인 사례와 함께 실천할 수 있는 지침을 제공함으로써 독자들이 실제로 ESG 원칙을 적용하는 데 필요한 도구와 전략을 얻을 수 있도록 한다. 이는 스포츠 조직이 더욱 책임감 있게 운영될 수 있도록 도울 것이며, 스포츠 ESG 경영과 관련된 가이드라인이 될 것이다.

성공적인 사례 공유

성공적인 ESG 실천 사례를 공유함으로써 독자들은 다른 조직의 모범적인 활동을 벤치마킹할 수 있다. 이는 스포츠 구단과 공공기관이 기관에 적합한 ESG 전략을 수립하는 데 큰 도움이 될 것이다.

스포츠를 통한 미래 준비

ESG의 미래 전망과 도전 과제에 대한 분석을 통해 독자들은 앞으로 다가올 변화에 대비할 능력을 키울 수 있다. 이는 스포츠 산업의 지속가능한 발전을 위해 필수적인 요소이며, 더욱 다양한 요소를 개발하기 위한 첫걸음일 것이다.

사회적 영향력 강화

스포츠 조직이 ESG 원칙을 실천함으로써 지역사회와 환경에 긍정적인 영향을 미칠 수 있다. 이는 사회적 책임을 다하는 동시에 팬들과의 관계를 강화하는 데 기여할 것이며, 팬들과의 관계를 다시 한번 생각해볼 기회가 될 것이다.

이 책은 스포츠와 ESG의 연관성을 심도 있게 탐구하고, 이를 통해 더 나은 세상을 만드는 데 기여하고자 한다. 독자들은 이 책을 통해 스포츠 조직이 지속가능한 미래를 위해 어떤 역할을 할 수 있는지, 그리고 그 과정에서 직면할 도전과 기회를 명확하게 이해하며 새로운 세계를 탐구할 수 있을 것이다.

저자 소개

김 도 균

경희대학교 체육대학원 교수
경희대학교 대학평의원회 의장
경희대학교 교수의회 전체지회 의장

학력

중동고등학교
경희대학교 체육대학 학사
경희대학교 체육과학대학원 석사
중앙대학교 국제경영대학원 경영학석사
한국체육대학교 대학원 체육학박사

경력

- 現 스포츠 AI빅데이터 학회장
- 現 데상트스포츠재단 이사장
- 現 대한장애인체육회 마케팅 위원장
- 前 항저우 장애인 아시안 게임 지원 부단장
- 前 베이징 동계 패럴림픽 지원 부단장
- 前 대한장애인체육회 이사
- 前 대한체육회 이사
- 前 도쿄하계패럴림픽 지원 부단장
- 前 제27대 한국체육학회 회장
- 前 평창 동계 올림픽 권익 위원장
- 前 한국스포츠산업협회 회장
- 前 한국이벤트컨벤션학회 회장
- 前 한국 3대3농구연맹 회장
- 前 경기도체육회 이사
- 前 대한체육회 미래전략위원회 위원
- 前 문화체육관광부 스포츠산업 잡페어 준비위원장
- 前 평창동계올림픽조직위원회 자문위원
- 前 국민체육진흥공단 자문위원
- 前 삼성경제연구소 스포테인먼트 경영 진행 교수
- 前 나이키 스포츠 코리아 이벤트 마케팅 팀장

정 인 욱

경희대학교 체육대학원 객원교수
강원FC 프로축구단 팀장

학력

서울체육고등학교
한국체육대학교 학사(육상 단거리)
한국체육대학교 체육학석사
경희대학교 경영대학원 경영학석사 수료(MBA)
경희대학교 대학원 체육학박사

경력

- 現 대한체육회 선수경력자 선수 멘토(스포츠마케팅)
- 現 경희대학교 스포츠 DNA+ 연구센터 센터장
- 現 트렌드코리아 트렌드헌터 'Trenders 날'
- 前 국민체육진흥공단 스포츠산업 전문가 예비평가위원
- 前 강원동계청소년 올림픽대회 홍보영상 제작 예비평가위원
- 前 대한체육회 선수진로지원사업 홍보 운영 심사위원
- 前 삼성전자 멘토링 프로그램 참여
- 前 한국체육학회 88올림픽기념 국제학술대회 101인 101강
- 前 SK스포츠단 ESG 방향성 연구 용역
- 前 국민체육진흥공단 스포츠산업분야 현직자 멘토(스포츠마케팅)